出る順 宅建士 2021年版

合格のLEC

合格テキスト
③ 法令上の制限・税・その他

＜はしがき＞

　本書では、はじめて**宅地建物取引士**試験の受験勉強をする方がスムーズに受験対策に入れるように、試験に「出る順」に解説し、無駄のない勉強方法を提供しています。また、難解な法律用語は**日常生活で使う用語に置き換えて**、わかりやすく解説することで、これまで多くの方のご支持をいただいてまいりました。

　宅建士試験の範囲は非常に広くかつ難解です。ただ何となく字面を暗記するのではなく、**理解し正確に暗記する必要**があります。本書ではその理解のために、ページを割いて、言葉を尽くして、制度の趣旨目的まで解説し、試験に合格する知識が身に付くよう編集しています。このようなコンセプトから、「権利関係」・「宅建業法」・「法令上の制限・税・その他」の３分冊で展開しております。是非３冊をお手元に揃えていただき、試験合格のための座右の書としていただければ幸いです。

＜本書の特長＞

①合格に必要な知識をまとめた「**合格ステップ**」

　各項目の解説の最後に「合格ステップ」として、知識を正確に覚えることが出来るノウハウを掲載しています。「合格ステップ」は数学の公式と同じです。是非暗記して解法の武器にしてください！

②「**宅建試験に出る！問題**」ですぐに復習

　「合格ステップ」を読んだら、すぐにその下に掲載している「宅建試験に出る！問題」を解いてみてください。知識の確認が出来ると共に、**実際に試験問題でどう出題されるのかを把握**することで、試験問題の言い回しに少しずつ慣れることが出来ます。

　さらに本書の姉妹本である『**出る順宅建士ウォーク問過去問題集**』と完全リンクしているので、該当問題番号を確認し、すぐに本番形式での問題練習が出来るようになっています。

③**LECのMyページ登録**で読者をバックアップ

　本書の目次の次ページにて、Myページ登録のご案内を掲載しています。ご登録いただくことで、「**法改正情報**」や試験対策に欠かせない「**最新統計情報**」をMyページ上で公開いたします。是非登録していただき、ご活用ください。

　上記のような点から、LECの『**出る順宅建士合格テキスト**』は、正確な理解と暗記による知識を以って、真正面から宅建士試験合格へ突き進む方のための**本格派テキスト**と言えます。本書を利用して、是非2021年度の宅建士試験合格を勝ち取りましょう！

本書の使い方

本書は、近年の宅建士試験の出題傾向をおさえ、合格に欠かせない万全の実力が身につくよう配慮したテキストです。

◆章のはじまり

◆本文

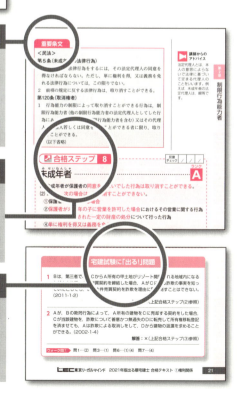

過去の出題問題数
過去10年間の本試験で出題された、この項目に関する問題数を表記しています。出題数が多い項目は、要チェックです！

ケーススタディ
これから学習する内容を元に、「もしこんなときにはどうなるのだろう？」という例を提示しています。意識しながら学習していくことで、知識の定着をより強固なものにしていきます。ケーススタディの答えの表記場所は、文末を参照してください。

重要条文
近年の本試験において、条文に規定があるかを問う出題や、判決文を読ませて解答させる出題があります。これらの傾向に対応すべく、解説に関連があり、中でも重要な条文を掲載しています。なお、判例につきましては、説明文中に記載しています。

合格ステップ
「ここだけはおさえてほしい！」という重要事項をまとめ、重要度もランク付けしています。

- A 最も重要な項目
- B 合格点のためにはずせない項目
- C 重要度低の項目

宅建士試験に「出る！」問題
合格ステップの知識が、本試験ではどのように出題されているかがわかるように、過去問を掲載しています。その他関連のある過去問は『ウォーク問過去問題集』での掲載番号を記載しています。

出る順 宅建士 第❸巻
法令上の制限・税・その他

目次

はしがき ……………………………………………… iii
本書の使い方 ………………………………………… iv
インターネット情報提供サービス ………………… xi

序章──超合理的合格法ガイダンス ………… 1

1：宅建士試験とは ………………………………… 1
2：超合理的宅建士合格法 ………………………… 2
3：試験情報 ………………………………………… 6
4：法令上の制限の全体構造 ……………………… 8
5：税法の全体構造 ……………………………… 10
6：価格の評定の全体構造 ……………………… 14
7：免除科目の全体構造 ………………………… 15

法令上の制限

第1章──都市計画法 …………………………… 21

1：都市計画法の構造 …………………………… 23
2：都市計画区域・準都市計画区域 …………… 25
3：都市計画の内容 ……………………………… 31
4：都市計画の決定手続き ……………………… 58
5：開発行為の規制等 …………………………… 63
6：都市計画事業 ………………………………… 92

第2章 — 建築基準法 ... 99

1：建築基準法の構造 ... 101
2：用途規制 ... 102
3：建蔽率・容積率など ... 112
4：斜線制限・日影規制 ... 132
5：道路規制 ... 142
6：防火・準防火地域内の建築制限 ... 151
7：壁の位置に関する規制 ... 161
8：都市計画区域及び準都市計画区域以外の区域内の
建築制限 ... 163
9：単体規定など ... 164
10：建築確認 ... 174

第3章 — 国土利用計画法 ... 191

1：国土利用計画法の構造 ... 193
2：事後届出制 ... 194
3：事前届出制（注視区域・監視区域） ... 205
4：許可制 ... 211
5：遊休土地に関する措置 ... 212

第4章 — 農地法 ... 215

1：農地法の構造 ... 217
2：農地・採草放牧地の意味 ... 218
3：権利移動，転用，転用目的権利移動 ... 220
4：農地の賃借人を保護する規定 ... 227

第5章 — 土地区画整理法 ... 229

1：土地区画整理法の構造 ... 231
2：土地区画整理事業の施行者 ... 235
3：建築行為等の制限 ... 239
4：換地計画 ... 240
5：仮換地の指定と効果 ... 244
6：換地処分とその効果 ... 251
7：換地処分に伴う登記等 ... 257

第6章 — 宅地造成等規制法等 ・・・・・・ 259
1：宅地造成等規制法 ・・・・・・・・・・・・・・・・・・・・・・・・ 261
2：その他の法令上の制限 ・・・・・・・・・・・・・・・・・ 270

税・価格

第1章 — 不動産取得税 ・・・・・・・・・・・・・・・・・ 281
1：不動産取得税の基本事項 ・・・・・・・・・・・・・・ 283
2：不動産取得税の特例 ・・・・・・・・・・・・・・・・・・・ 288

第2章 — 固定資産税 ・・・・・・・・・・・・・・・・・・・・・・・ 293
1：固定資産税の基本事項 ・・・・・・・・・・・・・・・・・ 295
2：固定資産税の特例 ・・・・・・・・・・・・・・・・・・・・・・ 301

第3章 — 所得税（譲渡所得）・・・・・・・・・・・・ 305
1：所得税の基本的枠組み ・・・・・・・・・・・・・・・・ 307
2：特別控除の特例 ・・・・・・・・・・・・・・・・・・・・・・・・ 311
3：買換え特例など ・・・・・・・・・・・・・・・・・・・・・・・・ 315
4：軽減税率の特例 ・・・・・・・・・・・・・・・・・・・・・・・・ 318
5：住宅ローン控除 ・・・・・・・・・・・・・・・・・・・・・・・・ 320
6：譲渡損失の繰越控除など ・・・・・・・・・・・・・ 323
7：特例相互の適用関係 ・・・・・・・・・・・・・・・・・・ 325

第4章 — 印紙税 ・・・・・・・・・・・・・・・・・・・・・・・・・・・・・ 329
1：印紙税の基本事項 ・・・・・・・・・・・・・・・・・・・・・ 331
2：課税文書・非課税文書 ・・・・・・・・・・・・・・・・ 332
3：納税義務者 ・・・・・・・・・・・・・・・・・・・・・・・・・・・・・ 334
4：課税標準 ・・・・・・・・・・・・・・・・・・・・・・・・・・・・・・・ 334
5：印紙税の納付方法・消印 ・・・・・・・・・・・・・ 338
6：過怠税 ・・・・・・・・・・・・・・・・・・・・・・・・・・・・・・・・・・ 339
7：非課税 ・・・・・・・・・・・・・・・・・・・・・・・・・・・・・・・・・・ 340

第5章──登録免許税 341

1：登録免許税の基本事項 343
2：課税標準 343
3：納税義務者 344
4：税率・住宅用家屋の軽減税率 345
5：納付期日と納付方法 348
6：非課税 349

第6章──贈与税 351

1：贈与税とは 353
2：住宅取得資金などの贈与を受けた場合 356
3：贈与税の配偶者控除 358

第7章──地価公示法 359

1：地価公示法の目的 361
2：地価公示の手続き 361
3：公示価格の効力 368

第8章──不動産鑑定評価基準 371

1：不動産の鑑定評価とは 373
2：価格を形成する要因 374
3：不動産の価格に関する諸原則 378
4：鑑定評価の基本的事項 380
5：鑑定評価の方式 384

免除科目

第1章──住宅金融支援機構法 401

1：住宅金融支援機構の目的 403
2：住宅金融支援機構の業務 403
3：業務の委託 409

4：その他 ………………………………………………………… 409

第2章——不動産の需給・統計 413

1：地価公示に関する統計 ……………………………………… 415
2：新設住宅着工戸数に関する統計 ………………………… 415
3：その他の統計 …………………………………………………… 415
4：取引の実務 ……………………………………………………… 416

第3章——不当景品類及び不当表示防止法 419

1：不当景品類及び不当表示防止法の目的 …………………… 421
2：不当な表示の禁止 ………………………………………… 422
3：景品類の制限・禁止 ……………………………………… 432
4：違反をした場合の措置 …………………………………… 433

第4章——土地 437

1：宅地としての適否 ………………………………………… 439
2：造成された宅地の注意点 ………………………………… 448
3：宅地選定の資料 …………………………………………… 451

第5章——建物 453

1：木造 ………………………………………………………… 455
2：組積造 ……………………………………………………… 460
3：鉄骨造 ……………………………………………………… 461
4：鉄筋コンクリート造 ……………………………………… 461
5：建築物の基礎 ……………………………………………… 463
6：耐震性による建物構造の分類 …………………………… 465

重要項目索引 ………………………………………………… 466
合格ステップ索引 …………………………………………… 471

インターネット情報提供サービス

登録無料

お届けするフォロー内容

- 法改正情報
- 宅建NEWS

アクセスして試験に役立つ最新情報を手にしてください。

登録方法

情報閲覧にはLECのMyページ登録が必要です。

LEC東京リーガルマインドのサイトにアクセス
http://www.lec-jp.com/

↓

 をクリック

↓

Myページid・会員番号をお持ちの方	Myページお持ちでない方 LECで初めてお申込頂く方
Myページログイン	**Myページ登録**

↓

必須

Myページ内希望資格として **宅地建物取引士** を選択して、 をクリックしてください。

ご選択頂けない場合は、情報提供が受けられません。
また、ご登録情報反映に半日程度時間を要します。しばらく経ってから再度ログインをお願いします(時間は通信環境により異なる可能性がございます)。

※サービス提供方法は変更となる場合がございます。その場合もMyページ上でご案内いたします。
※インターネット環境をお持ちでない方はご利用いただけません。ご承承ください。
※上記の図は、登録の手順を示すものです。Webの実際の画面と異なります。

注目 本書ご購入者のための特典

① 2021年法改正情報 (2021年8月末公開予定)
② 2021年「宅建NEWS」(2021年8月末までに2回公開予定)

〈注意〉上記情報提供サービスは、2021年宅建士試験前日までとさせていただきます。予めご了承ください。

お得情報!
LECの講座が無料で受講できます!

LECの講座に興味があるけど、なかなか受講料が高くて始めるのに迷っている方におススメの制度です。

【対象講座】

2021年合格目標

スーパー合格講座

【通学講座】各科目(「権利関係」・「宅建業法」・「法令上の制限・税・その他」)の1回目、各2.5時間
【通信講座】「権利関係」の1回目〜3回目、各2.5時間

通学講座 無料体験入学

LEC各本校で上記の講座を無料で体験できます。実施校・スケジュール等の詳細につきましてはLECコールセンターへお問い合わせいただくか、LEC宅建士ホームページをご覧ください。

通信講座 お試しWeb受講
(2020年12月上旬から順次UP予定)

【受講方法】

http://www.lec-jp.com/

インフォメーション一覧

おためしWeb受講制度

対象講座・対象クラス一覧

宅地建物取引士

おためしWeb受講利用申込

序章 超合理的合格法ガイダンス

1 宅建士試験とは

宅建士試験とは，正確には，「宅地建物取引士資格試験」といいます。この宅建士試験は，2020年度では26万1,030人の申込みがあった非常に人気のある資格です。では，なぜ宅建士試験がこれほど多くの人に受験されているのか，その秘密を探ってみましょう。

（1）受験しやすい出題形式

宅建士試験は，4つある選択肢のなかから正しいもの，あるいは誤っているものなどを1つ選ぶ「四肢択一」式の問題が50問出題されています。記述式の問題や論述式の問題と違って，時間配分さえ注意すれば，後は正解肢を選択することに専念できますので，比較的受験しやすい出題形式といえます。

（2）誰でも受験できる

宅建士試験を受験するにあたっては，学歴や年齢といった制約がありませんので，誰でも受験することができます。たとえば，過去には，最年長で90歳，最年少で12歳の人が合格を勝ち取っています。

（3）就職や転職の武器となる

宅建士試験は，不動産を取引するにあたって必要な基礎知識が身に付いているかどうかを試す試験です。このような知識は不動産会社のみならず，金融機関や建築関係，また，店舗の取得を必要とする企業など，さまざまな業種で必要とされています。このため，就職や転職にあたって宅建士の資格をもっていることは，自分をアピールするための強い武器となります。

LEC東京リーガルマインド　2021年版出る順宅建士 合格テキスト ③法令上の制限・税・その他

（4）他の資格試験を受験する足がかりとなる

　これらの他に，宅建士試験が，他の難関資格にチャレンジする足がかりとなるという点も見逃せません。たとえば，**マンション管理士試験**や，**管理業務主任者試験**は出題形式や内容が非常に似ています。宅建士試験は**民法が毎年10問以上出題される**ことから，民法に関する出題の多い**司法書士試験**や**司法試験**，また民法の他に行政法規とも内容が重複する**不動産鑑定士試験**を受験するにあたっての基礎固めとすることもできます。さらに，**土地家屋調査士試験**や**行政書士試験**などの試験とも内容が一部重なります。

超合理的宅建士合格法

（1）宅建士試験の現状と対策

　「近年の宅建士試験は，年々難しくなっている」と言われています。実際，宅建士試験の**出題範囲は非常に広い**し，**試験会場で初めて目にする問題**や，**ひっかけ問題**も多く出題されるようになっています。たしかに，宅建士試験は簡単には合格させてもらえない試験です。しかし，合格者の多くが不動産会社，建設会社や金融機関に勤務しており，**限られた学習時間のなかで合格を勝ち取っている**のも事実です。

【過去の合格ライン】

出題年度	'12	'13	'14	'15	'16	'17	'18	'19	'20
合格ライン	33点	33点	32点	31点	35点	35点	37点	35点	

　このデータから，宅建士試験に合格するためには，**7割程度の点数を取れるかどうかが目安となる**ことが分かります。宅建士試験の難易度が上がっているといっても，すべての問題が難問で埋めつくされているわけではありません。また，本試験で**満点を取る必要はない**のです。そこで，**対策の立て方**について検討します。宅建士試験に合格するためには，「**合格に必要な知識を身に付ける**」必要がありますが，その知識は，実はかなり限られています。そして，それは，過去の本試験問題を見れば一目瞭然です。つまり，**重要な知識は，かたちを変えて何度も繰り返し出題されている**のです。

（2）科目ごとの対策の立て方

　次に，科目ごとの対策の立て方について検討します。年によって多少差はありますが，**各科目ごとに問題の出題のされ方が異なる**のです。そこで，各科目の特徴について説明します。

〔権利関係〕

　権利関係の分野では，民法を中心に，借地借家法や不動産登記法，建物区分所有法から出題されています。

　近年の本試験では，かなり難易度の高い問題も多く出題されるようになっています。**内容的には非常に面白く，ついつい時間をかけて勉強したくなる**科目ではありますが，**かけた時間のわりに点数に結びつきにくいことが多い**のです。そこで，権利関係については，**試験でよく出題される分野で，かつ，点数の取りやすい項目を優先的に押さえ，あまり深入りしないほうが無難**です。

　なお，**事例式の問題**が出題されることも多いので，**図を描くクセ**をつける必要があります。

〔宅建業法〕

　狭い範囲から多く出題されている科目です。というのも，出題数が20問と多く，他の科目と異なり，宅建業法（及び住宅瑕疵担保履行法）という法律だけが出題されているからです。

　そして，宅建士試験は，**宅建業法でどれだけ点数を稼げたかで勝負が決まる**と言っても過言ではありません。実際，合格者は8〜9割（16〜18点）程度得点しています。

　なお，**宅建業法はひっかけ問題が多く出題されている**という点にも注意する必要があります。

〔法令上の制限〕

　法令上の制限の分野では，都市計画法，建築基準法，国土利用計画法，農地法，土地区画整理法，宅地造成等規制法，その他の法令が出題されています。

　出題される法律の数が多く，内容も技術的・専門的で，初学者にとっては非常にとっつきにくい科目といえます。そのため，**合格者と不合格者との間の正答率に差がつきやすい**のも法令上の制限の特徴です。なぜなら，この科目は守備範囲がかなり広く，**いかにポイントをしぼって正確な知識を身に付けられるかどうかで勝負が決まる**科目だからです。

〔税法・価格の評定〕

　税法の分野では，不動産取得税，固定資産税，所得税，印紙税，登録免許税，贈与税などから２問が出題されています。

　まず税法の分野の特徴として，**難しい問題と基本的な問題との差がはっきりしている**という点があげられます。専門用語が多くとっつきにくい分野ですが，**本試験では基本的な問題が出題されることも多い分野です。**

　次に，価格の評定の分野では，①地価公示法と②不動産鑑定評価基準のいずれかから１問出題されています。**地価公示法は守備範囲が狭く，本試験でも基本的な問題が出題されます**ので，確実に１点を取るべき分野です。これに対し，**不動産鑑定評価基準は，本試験で出題されるところはかなり限られていますが，正誤の判断がつきにくく，正答率は低い場合が多く**なっています。

〔免除科目〕

　免除科目とは，宅建業に従事している人が登録講習を受講し修了してから３年以内に実施される試験について免除される科目をいいます。

　免除科目では，住宅金融支援機構法，不動産の需給・統計，景品表示法，土地，建物に関する問題が出題されています。

　税法の分野と同様，**難しい問題と基本的な問題との差がはっきりしています。**本試験で初めて目にするような細かな知識が問われることがある一方，何度も繰り返し出題されているおなじみの問題も出題されます。また，常識で正解を導き出せる問題が出題されることもあります。

　あまり時間をかけるべき科目ではありませんが，**何度も繰り返し出題されている項目**については，しっかりと押さえておく必要があります。

〔まとめ〕

　以上，各科目の特徴について見てきましたが，各科目ごとの出題数と得点目標を次の表にまとめておきます。まずは，宅建業法を徹底的に学習し，得点源としましょう。

【各科目ごとの出題数と得点目標】

出題科目	テキスト構成	出題数	得点目標
権利関係	出る順宅建士 ①	14問	9点
宅建業法	出る順宅建士 ②	20問	18点
法令上の制限	出る順宅建士 ③	8問	7点
税法・価格の評定	出る順宅建士 ③	3問	2点
免除科目	出る順宅建士 ③	5問	4点

（3）知識の身に付け方（インプット）

　まずは『出る順宅建士 合格テキスト』（以下『出る順宅建士』）を最初から最後まで目を通し，試験に必要な内容に一通り触れることが大切です。ただ，一気にすべてのページを読み通すのは大変ですので，１つの章ごとに本文を読みます。あわせて，「重要条文」を使って本文の内容を確認してください。その後，「合格ステップ」を使って本文の内容を整理してください。そのうえで，「宅建試験に『出る！』問題」を必ず解いてください。そうすれば，**合格ステップに掲載されている知識が本試験でどのようなかたちで出題されているかを確認すること**ができます。テキストを読んで理解できなかったところでも，問題に目を通すことで初めて理解できることも多いです。知識を身に付ける段階でも，問題を検討することは重要なのです。

　次に，その知識を身に付ける作業（＝インプット）に取り組みます。『**出る順宅建士**』を熟読し，「宅建試験に『出る！』問題」の下部に記されているウォーク問番号を参考にしながら，項目ごとに『ウォーク問 過去問題集』（以下『ウォーク問』）**の問題を時間を計って解いてみる**ことが効率的です。『ウォーク問』を解いてみて間違ったときに，自分がどの部分を理解できていなかったかを確認するのです。

　後は，ひたすら「『**出る順宅建士**』を読む→『**ウォーク問**』を解く」という作業を繰り返していきます。そうすることで記憶が強化され，応用力が身に付くのです。

【インプット学習の仕方】

3 試験情報

(1) 試験概要

〔受験資格〕　年齢，性別，学歴等に関係なく，誰でも受験することができる
〔願書配布〕　7月上旬（予定）
〔願書受付〕　郵送による申込み：配布日から7月下旬まで（予定）
　　　　　　インターネットによる申込み：配布日から7月中旬まで（予定）
〔受験手数料〕7,000円（予定）
〔試験日〕　　10月第3日曜日　午後1時～3時（予定）
〔合格発表〕　11月下旬～12月上旬（予定）
〔問い合わせ先〕（一財）不動産適正取引推進機構　試験部
　　　　　　〒105-0001　東京都港区虎ノ門3-8-21　第33森ビル3階
　　　　　　http://www.retio.or.jp

(2) 出題形式

〔出題数〕　　50問四肢択一
〔解答方法〕　マークシート方式
〔解答時間〕　2時間（午後1時～3時）
　　　　　　ただし登録講習修了者は，午後1時10分～3時
〔出題内容〕　以下の7つの項目について出題されます

【出題項目】

①	土地の形質，地積，地目及び種別ならびに建物の形質，構造及び種別に関すること（土地・建物）
②	土地及び建物についての権利及び権利の変動に関する法令に関すること（民法・借地借家法・建物区分所有法・不動産登記法）
③	土地及び建物についての法令上の制限に関すること（都市計画法・建築基準法・農地法・国土利用計画法・土地区画整理法）
④	宅地及び建物についての税に関する法令に関すること（固定資産税・不動産取得税・所得税）
⑤	宅地及び建物の需給に関する法令及び実務に関すること（統計・需給・独立行政法人住宅金融支援機構法・景品表示法）
⑥	宅地及び建物の価格の評定に関すること（地価公示法・不動産鑑定評価基準）
⑦	宅地建物取引業法及び同法の関係法令に関すること（宅建業法・住宅瑕疵担保履行法）

（3）受験者数・合格率・合格点

過去10年間の宅建士試験の状況は下記の表のとおりです。

【過去10年間の試験状況】

年度	申込者数（人）	受験者数（人）	合格者数（人）	合格率	合格点
'11	231,596	188,572	30,391	16.1%	36点
'12	236,350	191,169	32,000	16.7%	33点
'13	234,586	186,304	28,470	15.3%	33点
'14	238,343	192,029	33,670	17.5%	32点
'15	243,199	194,926	30,028	15.4%	31点
'16	245,742	198,463	30,589	15.4%	35点
'17	258,511	209,354	32,644	15.6%	35点
'18	265,444	213,993	33,360	15.6%	37点
'19	276,019	220,797	37,481	17.0%	35点
'20	261,030				

（4）試験当日に注意すべき点

試験当日は混雑が予想されますので，早目に試験会場に到着するほうがよいです。また，①受験票，②BかHBの硬さの黒鉛筆又はシャープペンシル，③プラスチック製の消しゴム，の3つを持参する必要があります。そして，鉛筆削り，腕時計や，温度調節ができるよう上着も用意したほうがよいでしょう。

その他に注意すべき点として、出題の根拠となる法令は、試験が実施される年の4月1日現在施行されているものとなる、法令集・計算機類の使用は禁止される、試験時間中の途中退出は禁止されるという点があげられます。

4 法令上の制限の全体構造

(1) 出題傾向

「法令上の制限」の分野は、例年**8問**出題されています。法令上の制限は内容が非常に抽象的であり、また、暗記しておかなければ対応できない問題が多いことから苦手意識をもつ受験者が多いのですが、本試験では**同じような問題が繰り返し出題**されており、合格者と不合格者の正答率も差がつきやすい科目です。そこで、ここでは、**範囲をしぼって、正確な知識を身に付ける必要があり**ます。

【過去10年間の出題傾向】

	学習項目	'11	'12	'13	'14	'15	'16	'17	'18	'19	'20※
1	都市計画法	★	★	★	★	★	★	★	★	★	★
2	建築基準法	★	★	★	★	★	★	★	★	★	★
3	国土利用計画法	★	★	★	★	★	★	★	★	★	★
4	農地法	★	★	★	★	★	★	★	★	★	★
5	土地区画整理法	★	★	★	★	★	★	★	★	★	★
6	宅地造成等規制法等	★	★	★	★	★	★	★	★	★	★

※2020年10月実施分

(2) 法令上の制限の全体像

宅建士試験にいう「宅建」とは、宅地・建物を略したものですが、宅地などの土地や建物に関しては、法律でさまざまな規制がかけられています。そして、宅建士試験では、土地や建物を売ったり、買ったりする場合や、造成工事をしたり、家を建てたりする場合に、どのような法律で、どのような規制がかけられているのかという「法令上の制限」について出題がなされています。

そこで，代表的な法令について説明します。

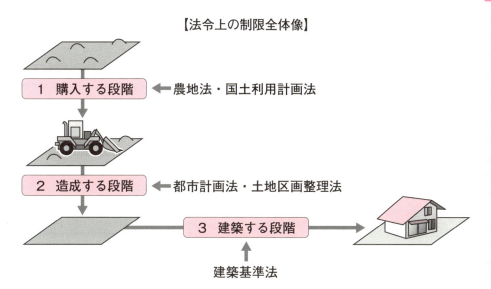

(a) 土地を購入する段階

　まず，購入しようとする土地が農地である場合，**農地法**による規制がかかります。つまり，自由に農地を手放したり，また，農地を宅地に変えたりできるとすると，日本で自給できるお米や野菜などの食料が少なくなりますから，農地の取引をするにあたっては，お役所の許可をもらわなければならないことになっています。

　また，日本の国土は非常に狭いことから，国内で大規模な土地の取引がなされると，まわりに大きな影響を与えます。そこで，一定規模以上の土地を購入するような場合には**国土利用計画法**による規制により，その土地の利用目的などをお役所に届け出る必要があります。

(b) 土地を造成する段階

　土地を購入しても，その土地の上に建物を建てるためには宅地の造成が必要となる場合があります。そして，無計画な宅地造成がなされると，道路や下水道などが整備されないまま市街地がつくられてしまうことになります。そこで，建物を建てる目的で造成工事を行うような場合には**都市計画法**の規制により，お役所の許可を受ける必要があります。

また、きれいな街並みをつくるため、土地の区画整理事業が行われている場所で宅地造成を行うときにも、**土地区画整理法**の規制により、お役所の許可が必要となります。

（c）建物を建築する段階

　宅地造成が終了すると、建物の建築に入ることになります。自分の土地の上に自分の建物を建てるのだから自由に建てられるかといえば、そうではありません。あまりにも大きな建物を建てられると、まわりの日当たりが悪くなりますし、火災が発生したときに消防自動車が入っていけないような場所に建物が建てられると大惨事につながりますので、**建築基準法**の規制がかかるのです。

5 税法の全体構造

（1）出題傾向

　税法の分野は、毎年2問出題されています。そしてその内訳は、近年の本試験では、地方税として**固定資産税**、**不動産取得税**、国税として**所得税**、**印紙税**、**登録免許税**などからいずれか2問となっています。

　税法の分野は専門用語が多く、なじみにくいことからついつい後回しにしがちですが、本試験では非常に基本的な問題が多く出題されているので、**基本的な数字などを、しっかりと押さえておく必要があります**。

【過去10年間の出題傾向】

	学習項目	'11	'12	'13	'14	'15	'16	'17	'18	'19	'20※
1	不動産取得税		★		★		★		★		★
2	固定資産税	★		★			★	★	★		
3	所得税			★				★	★		
4	印紙税	★		★			★				★
5	登録免許税					★			★		
6	贈与税					★					

※2020年10月実施分

(2) 税法の全体像
(a) 税金の種類

　不動産の取引をするにあたっては，さまざまな**税金**がかかります。そこで，どのような場合に，どのような税金がかかるのかみていきましょう。

【税法の全体像】

　たとえば，AさんとBさんとの間で建物の売買契約が成立した場合を考えてみましょう。

　この場合，まずBさんは，建物という不動産を取得したわけですから，**不動産取得税**を納めなければなりません。また，建物という固定の資産をもっているということで，**固定資産税**も納めることになります。不動産取得税は，土地や建物を購入したときに一度納めればよいのですが，固定資産税は，もっている限り毎年納めなければなりません。

　次に，Aさんは，建物を売ったことで5,000万円を収入として得ていますが，ここからもうけがあれば，**所得税**を納めなければなりません。

　また，通常，売買契約を結んだときは契約書を作りますが，この際，その契約書に印紙を貼るというかたちで**印紙税**を納めることになります。

　そして，その建物の登記をAさん名義からBさん名義に移すときは，Aさんとbさんは**登録免許税**を納めなければなりません。

(b) 税金の基本的な算式

　宅建士試験では，税金に関する計算問題は出題されていません。ただ「どのような方法で納めるべき税金の額が決まるのか」というシステムを知ることは，これから勉強するさまざまな内容を理解するうえで非常に重要です。

　たとえば，お店で1万円の買い物をした場合，消費税が10％であれば1,000円の消費税を支払います。このことは，日常誰もが経験していることです。その際には，頭のなかで，消費税を1万円（品物の値段）×10％（消費税率）＝1,000円（消費税額）と計算していることになります。そして，これから勉強する各種

の税も納付税額を求める場合にはこの計算式が基本となります。

　すなわち，

　　　課税標準 × 税率 ＝ 税額

が，税金を求めるうえでの基本的な算式になります。

　なお，ここで税金に関する基本的な用語をまとめておくので，参考にしてください。

税金を勉強するときは，上記の算式を念頭に置くとわかりやすいのじゃ。

【税法の基本用語】

税法用語	どういう意味か
(1)課税主体	どこが課税権を有しているのか。国かそれとも地方公共団体（都道府県・市町村）か。
(2)課税客体	何に着目して課税するのか（課税対象）。
(3)納税義務者	誰が税金を納めるのか。
(4)課税標準	課税客体を金額に直したもの。税額を計算するもとになるもの。課税の基準となる金額はどれくらいなのか。
(5)税率	課税標準にどういう割合をかけるのか。
(6)税額	納める税金の額である。 **課税標準(4)×税率(5)＝税額(6)** 課税標準(4)×税率(5)＝税額(6)　どの税金もこの算式が基本になっている。
(7)税額控除	(6)の税額から控除されるものである。したがって，税額控除がある場合には(6)から(7)を控除した額が納付税額となる。
(8)納付方法	どのようにして税金を納めるのか。
(9)納付期日	いつまでに税金を納めるのか。
(10)非課税 　　（免税点）	どのような場合に課税されないのか。

(c)特例措置

　土地や建物の値段は高く，ちょっとした取引でも，何千万円，ときには何億円という破格のお金がかかります。そして，このもとになる数字が大きいことから，納めるべき税金の額も非常に高いものとなってしまいます。

　そこで，一定の場合には，この税金が安くなるという**特例措置**が設けられています。そして，**宅建士試験では，特例措置に関する問題が非常によく出題されています**。

【特例措置の種類】

 価格の評定の全体構造

(1)出題傾向

価格の評定の分野は，毎年1問出題されています。そしてその内訳は，**地価公示法**又は**不動産鑑定評価基準**のいずれかから1問となっています。

出題傾向としては，地価公示法は学習する分量が少なく，また，基本的な問題が出題されることから，必ず得点源としておく必要があります。

これに対し，不動産鑑定評価基準は，試験で出題される内容は，かなり限られてはいますが，難しい問題が多く，点を取りにくい科目といえます。

【過去10年間の出題傾向】

学習項目	'11	'12	'13	'14	'15	'16	'17	'18	'19	'20※
1 地価公示法	★		★	★	★		★		★	
2 不動産鑑定評価基準		★				★		★		★

※2020年10月実施分

(2)価格の評定の全体像

(a)地価公示法

何か物を買ったり，売ったりするときに，それがいくらぐらいの値段のものであるかは非常に重要です。たとえば，スーパーで買い物をしているとき，「このシイタケは少し高いから，今日はマイタケにしよう」と考えることがあるかもしれません。これはシイタケの相場が分かって初めてできることです。

ところが，土地の場合，場所によって相場はまったく異なります。どの程度の値段で取引するのが妥当かという判断がつきにくいのです。

そこで、**地価公示法**という法律が作られ、標準的ないくつかの土地の価格を公表することで、取引をする場合の目安を与えているのです。

(b)不動産鑑定評価基準

　不動産の価格を判断することは難しく、だいたいの相場が分かったとしても、その不動産がいくらぐらいの価値があるのかを決めることはなかなか大変です。同じ不動産であっても、人によっていろいろな見方をすることができるからです。

　しかし、不動産はいうまでもなく、とても重要な財産ですから、客観的にいくらぐらいの経済的な価値があるのかを判定して、その価格を表示する必要があります。

　そこで、**不動産鑑定評価基準**という基準を作り、この基準にしたがって不動産の価値を判断することで、なるべく客観的に不動産の価値を判定できるようにしているのです。

7 免除科目の全体構造

(1)出題傾向

　免除科目の分野は、毎年5問出題されています。その内訳は、例年、①独立行政法人住宅金融支援機構法1問、②不動産の需給・統計1問、③不当景品類及び不当表示防止法1問、④土地1問、⑤建物1問となっています。ここは、

合格者でも手薄な人が多いですが，本試験では，難しい問題と基本的な問題の差が激しいところですので，あまり時間をかけずに過去の本試験で出題された内容を中心に知識を整理しておきましょう。

【過去10年間の出題傾向】

学習項目	'11	'12	'13	'14	'15	'16	'17	'18	'19	'20※
1　住宅金融支援機構法	★	★	★	★	★	★	★	★	★	★
2　不動産の需給・統計	★	★	★	★	★	★	★	★	★	★
3　不当景品類及び不当表示防止法	★	★	★	★	★	★	★	★	★	★
4　土地	★	★	★	★	★	★	★	★	★	★
5　建物	★	★	★	★	★	★	★	★	★	★

※2020年10月実施分

（2）免除科目の全体像

　免除科目では，非常に実務的な内容について出題されます。つまり，不動産の取引を行うにあたって重要な内容について出題されているのです。

　たとえば，お客さんにあるマンションを売却する契約を締結する場合，通常お客さんは手元にあるお金だけでマンションを購入することは少なく，銀行などの一定の金融機関からお金を借りて購入することのほうが多いものです。この際，お客さんからすれば，なるべく良い条件でお金を借りたいのが人情です。そのようなお客さんのニーズに対応するために登場するのが**住宅金融支援機構**です。住宅金融支援機構は，住宅ローンや住宅の建設・購入等に関する情報の提供を行ったり，民間の金融機関がお客さんに長期・固定の住宅ローンを供給できるように支援する業務を行っています。住宅金融支援機構は平成19年に設立されたもので，業務内容を中心に，基本的な内容は一通り押さえておくべきです。

　次に，たとえば，毎年３月の末頃になると，「今年の地価○○年ぶりの上昇」などという記事が新聞で掲載されていますが，このような不動産に関する情報は宅建業者であれば，当然知っておかなければなりません。そのような**不動産に関する需要と供給**に関する内容は本試験で例年１問出題されているのです。

　また，宅建業者がお客さんに土地や建物を販売したいというような場合に，

最も有効なツールは広告です。新聞の折込チラシを見ても，毎日のように不動産に関する広告を目にします。この場合に，広告の内容に誤解を招く，あるいはそもそもウソの内容があると，お客さんは大きな損害を被る危険性があります。そこで，宅建業者などが広告を掲載するにあたっては，「このような広告は認められない」といった内容について，**不当景品類及び不当表示防止法**という法律及び不動産の表示に関する公正競争規約等で規制されています。宅建士試験では，具体的な広告内容を見て，不当な広告にあたるかどうかを判断させる問題が出題されています。

　そして，宅建業者であれば，人の土地や建物の売却を仲介したり，自分で仕入れてきてお客さんに販売したりしますが，その際，どういう土地であれば宅地として安全か，また，どういう建物が地震に強いかといった**土地**や**建物**に関する内容も知っておく必要があります。宅建士試験では土地と建物に関して，毎年1問ずつ出題されています。

序章

超合理的合格法ガイダンス

法令上の制限

第1章	都市計画法
第2章	建築基準法
第3章	国土利用計画法
第4章	農地法
第5章	土地区画整理法
第6章	宅地造成等規制法等

第1章 都市計画法

超頻出Aランク

学習のポイント

学習項目	'11	'12	'13	'14	'15	'16	'17	'18	'19	'20
1 都市計画法の構造										
2 都市計画区域・準都市計画区域	★									
3 都市計画の内容	★	★	★	★	★	★	★	★	★	★
4 都市計画の決定手続き		★			★					
5 開発行為の規制等	★	★	★	★		★	★	★	★	★
6 都市計画事業		★	★			★	★			★

　「都市計画法」は，例年2問出題されている非常に重要な項目です。都市計画法では，大きく分けて，①都市計画の内容と，②各種規制，の2つに関する問題が出題されています。

　まず，①都市計画の内容については，近年では，難易度の高い問題が出題されることがありますが，基本的な用語の意味をしっかりと押さえておきましょう。

　次に，②各種規制については，特に開発行為の規制が重要です。この開発行為の規制については，（ⅰ）どのような行為が開発行為に該当するのか，（ⅱ）開発許可の例外という点について，非常によく出題されていますので，確実に押さえておく必要があります。

何を学ぶか？ どこに着目するか？

何を学ぶか？

個人が好き勝手に建物を建てたり，思いつきで区画を変えたりすると，住みにくい不便な街ができてしまいます。このような事態を予防するために都市計画法という法律があります。本章ではこの都市計画法について学習します。

具体的にはどんな法律？

講師のコメント

都市計画法は，計画的な街づくりの方法を規定した法律です。どんな街づくりをするかを決め，それにしたがって土地の利用や建物の建築を制限していきます。例えば，住宅街を決めて，そこでは高いビルを建てられないようにする，といった具合です。

だれがどうやって計画を決めるの？

講師のコメント

計画を決めるのは，市町村，都道府県，国土交通大臣です。ただし，この計画は専門的な知識が必要ですし，実際に住むのは住民1人1人です。そこで，住民の意見を聴いたり，専門家の意見を聴く機会を設けています。

他には？

講師のコメント

個人の自由な建築や開発を制限しただけでは，街づくりは成立しません。そこで，道路や公園，水道といった公共的な施設を造ることも，都市計画法の役割です。

合格への着眼点は？

講師のコメント

都市計画法には聞いたことのない言葉がたくさん出てきます。まずはこれらの意味を覚えていきましょう。丸暗記は困難ですので，実際にある街をイメージする等の工夫が必要です。

1 都市計画法の構造

都市計画法は，計画的な街づくりの方法を規定した法律です。個々の説明に入る前に，都市計画法の全体像をイメージしてもらうために，都市計画法が規定する街づくりの大まかな3つのステップについて説明しておきましょう。

(1) 都市計画区域（場所の指定）

都市計画を行う際に，まずしなければならないことは，どの場所で計画的に街づくりをしていくのかという，場所を指定することです。この街づくりを行っていく場所のことを，**都市計画区域**といいます。

(2) 都市計画（メニューの決定）

都市計画区域を指定したら，そのなかで計画的な街づくりを行っていくわけですが，都市計画法は，その方法としていくつもの方法（メニュー）を用意しています。実際に計画的な街づくりを行っていく国や各都道府県や市町村は，都市計画法が用意しているたくさんの方法（メニュー）のなかから，適したものをいくつか選んで実行していくのです。ここでは，オーソドックスなパターンを紹介しておきましょう。

(a) まず，都市計画区域のなか（都市計画区域内）を，積極的に開発を行う場所と，開発を抑える場所の2つに大きく分けます。

積極的に開発を行う場所を**市街化区域**といい，開発を抑える場所を**市街化調整区域**といいます。つまり，市街化区域は，商業地や工業地帯や住宅街にする場所で，市街化調整区域は，自然を残し，あるいは農業や林業や漁業を行っていく場所です。

(b) 都市計画区域のなかを市街化区域と市街化調整区域の

２つに分けたら，次に，市街化区域のなかで商業を行う地域，工業を行う地域，住宅街にする地域に分けます。これを**用途地域の指定**といいます。

（３）実現のための２つの手段

　都市計画区域のなかを前述のような区域や地域に分けたとしても，それらは街づくりの計画段階にすぎません。そこで，次に，その区域や地域ごとの計画を実現していくための手段として２つのものを規定しています。

（ａ）まず，１つめの手段として，それぞれの区域や地域の計画を実現していくために，必要な道路・公園・上下水道・送電設備・学校・病院等の施設を設置するというものがあげられます。これらの施設のことを，**都市施設**といいます。

　これらの施設を単体で設置していくこともちろんできますが，一定の区域を決めてそのなかにこれらの施設を総合的に整備していくこともできます。これを，**市街地開発事業**といいます。

（ｂ）もう１つの手段として，個人（私人）が勝手に，その区域や地域の計画に反する開発や建築を行わないように，開発や建築を制限するというものがあげられます。この制限の内容が，都市計画法や建築基準法等に規定されています。これを，都市計画を実現するための制限という意味で，**都市計画制限**といいます。

　なお，都市計画法は，都市施設の建設事業や市街地開発事業が行われる場所では，個人（私人）がこれらの事業の施行を妨げるおそれのある建築等を行わないように，建築等を制限します。これもまた都市計画を実現するための制限で，**都市計画制限**と呼ばれています。

2 都市計画区域・準都市計画区域

(1) 都市計画区域の指定

> **計画的街づくりの第一歩とは？**
>
> A県北部の湿地帯は，従来，都市計画が行われていない地域でしたが，近年，新幹線の整備により都心への通勤圏となり，無秩序な宅地化が目立ち始めました。そこで，ここに都市計画法を適用して計画的な街づくりを行っていくには，まず，何から手をつけなければならないでしょうか。（➡解答は26頁）

(a) 都市計画区域とは

街づくりを行おうとする場合，最初にしなければならないことは，街づくりを行う場所を決めることです。

この，街づくりを行う場所のことを，**都市計画区域**といいます(5条1項前段)。

計画的に街づくりを行う場所を，都市計画区域というのじゃ。

そして，都市計画法は，**街づくりの方法**を規定した法律ですから，原則として，都市計画法は，街づくりを行う場所，すなわち，都市計画区域内にまず適用されます。

ケーススタディ1-1の答え

計画的な街づくりを行っていくには，まず，都市計画区域を定めることから手をつける必要があります。

（b）都市計画区域はどこに指定されるか

都市計画区域は，どこに指定されるのでしょうか。

都市は，都道府県や市町村等の行政区画とは無関係に発展しますので，市町村や都道府県ごとにバラバラに都市計画が行われたのでは，よい街づくりはできません。

そこで，都市計画法は，一体の都市として総合的に**整備し，開発し，保全**する必要があると認められるときは，**都市計画区域を行政区画とは無関係に指定できる**ものとしました（5条1項後段，4項）。市境や県境とは無関係に指定されるのです。

（c）都市計画区域は誰が指定するか

では，都市計画区域は，いったい，誰が指定するのでしょうか。

この点について法律は，1つの都道府県内に指定する場合と，2つ以上の都府県にわたって指定する場合とに分けて規定しています。**1つの都道府県**内に指定する場合には，**都道府県**が指定します（5条1項）。**2つ以上の都府県**にわたって指定する場合には，**国土交通大臣**が指定します（5条4項）。その流れについて，以下図示します。

【都市計画区域の指定の流れ】

```
1つの都道府県に              2つ以上の都府県に
指定する場合                  わたって指定する場合
      ↓                            ↓
関係市町村および都道府県        関係都府県の
都市計画審議会の意見を聴き      意見を聴き
      ↓                            ↓
国土交通大臣に協議し
その同意を得て
      ↓                            ↓
都道府県が指定する            国土交通大臣が指定する
```

合格ステップ 1

都市計画区域 ……………………………………………… ランク B

(1) 一体の都市として総合的に整備し，開発し，及び保全する必要があるとして指定された区域を**都市計画区域**という。
都市計画区域は**行政区画とは関係なく**定められる。
(2) 都市計画区域は**都道府県**が指定する。
ただし，複数の都府県にわたる場合は，国土交通大臣が指定する。

宅建試験に「出る!」問題

都道府県が都市計画区域を指定する場合には，一体の都市として総合的に整備し，開発し，及び保全する必要がある区域を市町村の行政区域に沿って指定しなければならない。(1997-17-1)

解答：×（上記合格ステップ(1)参照）

ウォーク問③ 問1…(1) 問6…(1)

重要条文

〈都市計画法〉

5条（都市計画区域）

1　都道府県は，市又は人口，就業者数その他の事項が政令で定める要件に該当する町村の中心の市街地を含み，かつ，自然的及び社会的条件並びに人口，土地利用，交通量その他国土交通省令で定める事項に関する現況及び推移を勘案して，一体の都市として総合的に整備し，開発し，及び保全する必要がある区域を都市計画区域として指定するものとする。この場合において，必要があるときは，当該市町村の区域外にわたり，都市計画区域を指定することができる。

2　都道府県は，前項の規定によるもののほか，首都圏整備法による都市開発区域，近畿圏整備法による都市開発区域，中部圏開発整備法による都市開発区域その他新たに住居都市，工業都市その他の都市として開発し，及び保全する必要がある区域を都市計画区域として指定するものとする。

3　都道府県は，前二項の規定により都市計画区域を指定しようとするときは，あらかじめ，関係市町村及び都道府県都市計画審議会の意見を聴くとともに，国土交通省令で定めるところにより，国土交通大臣に協議し，その同意を得なければならない。

4　二以上の都府県の区域にわたる都市計画区域は，第一項及び第二項の規定にかかわらず，国土交通大臣が，あらかじめ，関係都府県の意見を聴いて指定するものとする。この場合において，関係都府県が意見を述べようとするときは，あらかじめ，関係市町村及び都道府県都市計画審議会の意見を聴かなければならない。

（2）準都市計画区域の指定

（a）準都市計画区域とは

　都市計画区域の指定をしないところは，街づくりをしない場所です。こうした都市計画区域外の場所であっても，高速道路のインターチェンジなど，周辺で大規模な開発や建築が行われる場所が全国のあちこちで見られるようになりまし

た。ここは，本来街づくりをしない場所なのですから，こうしたことがあってはならないのですが，都市計画区域に指定されていないことから，後で見るような規制が及ばず，かえって開発が進んでしまっているのです。

そこで，このような**都市計画区域外**の場所について，街づくりはしないけれども，乱開発を防止し，環境を保全するために，都市計画区域とほぼ同様の規制をかけることを目的として，**準都市計画区域**として指定できることとされています（5条の2）。

高速道路のインターチェンジ周辺など乱開発を防止するために，準都市計画区域が指定されるのじゃ。

(b) 準都市計画区域は誰が指定するのか

準都市計画区域を指定すべきかどうかの判断は，広域的な視点で規制をかけることができる都道府県に任せることが適当です。したがって，準都市計画区域は**都道府県**が指定することになっています。

【準都市計画区域の指定の流れ】

あらかじめ，関係市町村および都道府県都市計画審議会の意見を聴く
▼
都道府県が指定する

合格ステップ 2

反復チェック ／ ／ ／

準都市計画区域

ランク **B**

(1) 準都市計画区域は，都市計画区域外の一定の区域に指定される。

(2) 準都市計画区域は都道府県が指定する。

宅建試験に「出る!」問題

準都市計画区域は，都市計画区域外の区域のうち，新たに住居都市，工業都市その他の都市として開発し，及び保全する必要がある区域に指定するものとされている。
(2010-16-2)

解答：×（上記合格ステップ(1)参照）

ウォーク問③ 問3…(2)　問7…(2)

重要条文

〈都市計画法〉

5条の2（準都市計画区域）

1　都道府県は，都市計画区域外の区域のうち，相当数の建築物その他の工作物（以下「建築物等」という。）の建築若しくは建設又はこれらの敷地の造成が現に行われ，又は行われると見込まれる区域を含み，かつ，自然的及び社会的条件並びに農業振興地域の整備に関する法律その他の法令による土地利用の規制の状況その他国土交通省令で定める事項に関する現況及び推移を勘案して，そのまま土地利用を整序し，又は環境を保全するための措置を講ずることなく放置すれば，将来における一体の都市としての整備，開発及び保全に支障が生じるおそれがあると認められる一定の区域を，準都市計画区域として指定することができる。

3 都市計画の内容

(1) 都市計画のマスタープラン

都市計画区域が指定されると，次にそのなかで街づくりが始まるわけです。しかし，街づくりを行うといっても，何か具体的なプランがなければなりません。この具体的なプランのことを**都市計画**といいます。都市計画区域のなかで，個々の具体的なプランを決めていくこととなるのです。

ただ，この具体的なプランを決めるためには，それを決めるための方針が必要となります。このような方針として，都市計画区域には，**都市計画区域の整備，開発及び保全の方針**を定めるものとされています（6条の2第1項）。

(2) 区域区分

市街化を進めるか抑えるか？

Aさんは，人里離れた郊外の田園地帯にある土地を所有していました。Aさんは，定年を迎えたので家庭菜園でも楽しもうと思い，そこに家を建てようとしましたが，その土地は，市街化調整区域内にあるので自由に建築物を建築できないといわれてしまいました。市街化調整区域って何なのでしょう。（解答は32頁）

(a) 市街化区域と市街化調整区域の区分

都市計画区域で街づくりをするといっても，大都市などではいきなりその区域すべてを街づくりするわけにはいきません。宅地の造成をしたり，建築物の建築をしたりするには，いろいろな調整が必要ですし，それなりの資金も必要です。

そこで，このような場合には都市計画区域を，積極的に街

づくりをする場所と，今のところは街づくりを行わない場所に分け，順に街として整備することが考えられます。都市計画法は，このような考えに立って，都市計画区域内を二分し，その役割分担をはっきりさせることができるとしています。

このような区分を<u>区域区分</u>といいます（7条）。区域区分を定めると，都市計画区域は，市街化を積極的に進める<u>市街化区域</u>と，市街化を当面は行わない<u>市街化調整区域</u>に二分されることになります。なお，区域区分を定めて都市計画区域を二分することを俗に「線引き」と呼びます。

ケーススタディ1-2の答え

市街化調整区域とは，一言で言えば，市街化を当面は行わず，自然を残そうという区域です。

（b）区域区分が定められていない都市計画区域

小さな都市では先に述べたような区域区分を定めることが必要でないところもあります。この場合には，その都市計画区域全体を一体として街づくりを進めていけばよいのです。

このような都市計画区域を**区域区分が定められていない都市計画区域**といいます（俗に，「非線引き都市計画区域」といわれます）。このことから分かるように，区域区分は必ず定めるというものではありません。もっとも，その例外として，三大都市圏の一定の区域，指定都市の区域を含む都市計画区域については，区域区分を定めることが義務付けられています。しかし，指定都市の区域の一部を含む都市計画区域であってその区域内の人口が50万未満であるものについて，区域区分を定めなくても良いことになりました（施行令3条）。

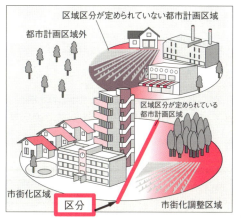

(c) 市街化区域と市街化調整区域

　都市計画区域に区域区分が定められると，その区域は市街化区域と市街化調整区域に区分されます。

　これらのうち，**市街化区域**は，すでに**市街地**を形成している区域及びおおむね10年以内に**優先的かつ計画的に市街化を図るべき区域**です（7条2項）。

　これに対して，**市街化調整区域**は，**市街化を抑制すべき区域**です（7条3項）。市街化調整区域内では自由に建築物の建築ができません（詳細は後述します）。建築物の乱立は市街化を招いてしまうので，その場所を市街化を抑制する区域に指定した意味がなくなってしまうからです。

　以上のことから，日本全国は全部で以下の5つの区域に分かれます。

【都市計画区域と準都市計画区域】

合格ステップ 3

区域区分の定め　ランク A

(1) **都市計画区域**について無秩序な市街化を防止し、計画的な市街化を図るため必要があるときは、都市計画に、**市街化区域と市街化調整区域との区分（区域区分）**を定めることが**できる**。

(2)

市街化区域	すでに**市街地**を形成している区域　及び　おおむね10年以内に**優先的かつ計画的に市街化を図**るべき区域
市街化調整区域	**市街化を抑制**すべき区域

宅建試験に「出る！」問題

1　区域区分は、都市計画区域について無秩序な市街化を防止し、計画的な市街化を図るため必要があるときに、都市計画に定める市街化区域と市街化調整区域との区分をいう。(2005-19-1)

解答：○（上記合格ステップ(1)参照）

2　市街化区域は、既に市街地を形成している区域であり、市街化調整区域は、おおむね10年以内に市街化を図る予定の区域及び市街化を抑制すべき区域である。(2002-17-3)

解答：×（上記合格ステップ(2)参照）

ウォーク問3　問1…(3)(4)　問3…(1)　問6…(4)　問7…(3)

(3) 用途地域

　都市計画区域内で，区域区分の定めなどをしただけでは，まだ具体的にどこをどのような地区にしていくかということは決まりません。そこで，そのような土地の計画的な利用という観点からの，より細かなプランが必要となります。この利用目的別プランのことを**地域地区**といいます。

　地域地区は，大きく分けて，**用途地域**と**補助的地域地区**の2つに分かれます（8条1項）。

　これらのうち，地域地区の基本となる用途地域から見ていきましょう。

(a) 用途地域の種類

　用途地域は，大きく分けて，住居系の建物を建てるべき地域，商業系の建物を建てるべき地域，工業系の建物を建てるべき地域に分かれます。さらに，細かく分類すると**13種類**の地域に分かれます（8条1項1号，9条1項～13項）。

　まずは，13種類の地域の具体的イメージを押さえてください。

〔住居系〕

① 第一種低層住居専用地域

　一戸建ての並ぶ閑静な住宅街のことです。

②第二種低層住居専用地域

第一種低層住居専用地域と同様の一戸建ての並ぶ閑静な住宅街ですが，喫茶店や焼きたてのパンを売る店などごく小さな店舗が存在するところです。

③田園住居地域

農産物直売所，地元産の農産物を材料とする料理を提供するレストラン，農作物の集荷貯蔵施設，農機具収納施設がある低層住宅と農地が混在し調和しているところです。

④第一種中高層住居専用地域

中高層のマンションや小さめな店舗が建ち並んでいる住宅地です。

⑤第二種中高層住居専用地域

やや大きめな店舗，事務所などが存在し，第一種中高層住居専用地域よりは，比較的大きな中高層マンションが建ち並び，にぎわっている住宅地です。

⑥第一種住居地域

一戸建て住宅と中高層マンション，大きめな店舗やホテルなどが混在するところです。

⑦第二種住居地域

ぱちんこ屋・マージャン屋などの店舗が存在し，第一種住居地域と比べると，大規模な店舗や事務所が多めに混在するところです。

⑧準住居地域

比較的大きな道路沿いの地域で，大きなパーキングがある大型スーパーマーケットや自動車のショールーム，営業用倉庫などと住宅とが調和して存在するところです。

〔商業系〕

⑨近隣商業地域

住宅地に近接した商店街のことです。

⑩商業地域

いわゆる繁華街のことです。

商業地域はデパートやオフィスビルなどが立ち並ぶ繁華街のことじゃ。

〔工業系〕

⑪準工業地域

危険な製品を製造する工場などを除き,あらゆる種類の建物が混在するところです。

⑫工業地域

次の工業専用地域に比べると,住宅や店舗などが比較的存在する工業地帯のことです。

⑬工業専用地域

石油コンビナートなど,工場ばかりが建ち並ぶ工業地帯のことです。

ラクしておぼえる L式暗記法

　用途地域に関しては，言葉の意味を理解できているかどうかを試す問題が出題されることがありますが，その場合，「主として」というキーワードが入っているかどうかをチェックする必要があります。

	「主として」がつくもの
住居系	第二種低層住居専用地域 第二種中高層住居専用地域 第二種住居地域
商業系	商業地域
工業系	準工業地域 工業地域

【用途地域の言葉の意味】
・住居系→「第二種」だけ，「主として」というキーワードが入るとおぼえましょう。
・商業系・工業系→漢字で4文字(商業地域・工業地域)と5文字(準工業地域)のものだけ，「主として」というキーワードが入るとおぼえましょう。

まずは，それぞれの用途地域の用語に早く慣れて，覚えることじゃ。

合格ステップ 4

用途地域 ランク B

	地域	内容
住居系	①第一種低層住居専用地域	低層住宅に係る良好な住居の環境を保護するため定める地域
	②第二種低層住居専用地域	主として低層住宅に係る良好な住居の環境を保護するため定める地域
	③田園住居地域	農業の利便の増進を図りつつ，これと調和した低層住宅に係る良好な住居の環境を保護するため定める地域
	④第一種中高層住居専用地域	中高層住宅に係る良好な住居の環境を保護するため定める地域
	⑤第二種中高層住居専用地域	主として中高層住宅に係る良好な住居の環境を保護するため定める地域
	⑥第一種住居地域	住居の環境を保護するため定める地域
	⑦第二種住居地域	主として住居の環境を保護するため定める地域
	⑧準住居地域	道路の沿道としての地域の特性にふさわしい業務の利便の増進を図りつつ，これと調和した住居の環境を保護するため定める地域
商業系	⑨近隣商業地域	近隣の住宅地の住民に対する日用品の供給を行うことを主たる内容とする商業等の業務の利便を増進するため定める地域
	⑩商業地域	主として商業等の業務の利便を増進するため定める地域
工業系	⑪準工業地域	主として環境の悪化をもたらすおそれのない工業の利便を増進するため定める地域
	⑫工業地域	主として工業の利便を増進するため定める地域
	⑬工業専用地域	工業の利便を増進するため定める地域

第1章 都市計画法

宅建試験に「出る!」問題

準住居地域は，主として住居の環境を保護するため定める地域である。(1991-18-4改題)

解答：×（上記合格ステップ参照）

ウォーク問③ 問186…(3)

(b) 用途地域はどこに定めるのか

用途地域は，**都市計画区域内**に定めることができます（8条1項1号）。

都市計画区域のなかでも，**市街化区域**は，積極的に街づくりをする場所なので，**必ず**用途地域を定めます。

これに対して，**市街化調整区域**は，市街化を抑制する区域であり，街づくりを進めるための都市計画である用途地域は，**原則として定めない**こととされます（13条1項7号）。

また，**区域区分が定められていない都市計画区域**や**準都市計画区域**内においても，用途地域は定めることができます（8条1項1号，2項）。

合格ステップ 5　反復チェック ／／／

用途地域と市街化区域・市街化調整区域

(1) 市街化区域→少なくとも（必ず）用途地域を定める。
(2) 市街化調整区域→原則として用途地域を定めない。

宅建試験に「出る!」問題

市街化区域については，少なくとも用途地域を定めるものとし，市街化調整区域については，原則として用途地域を定めないものとされている。(2010-16-1)

解答：○（上記合格ステップ参照）

ウォーク問③ 問4…(3)　問6…(3)　問7…(1)

（ｃ）用途地域を指定することによる制限

　用途地域として指定されると，その地域の種類にふさわしくない建築物の建築が制限されることとなります。

　こうした制限としては，建物の種類の制限（用途制限），建物の大きさ（容積率制限，建蔽率制限など），敷地面積の最低限度などがあります。これらの言葉の意味や制限の内容などの詳細については，「第2章　建築基準法」（97頁以下）のところで述べます。ここでは，用途地域を指定した場合にその都市計画に定めなければならない事項についてのみ次の合格ステップにまとめておきます（8条3項2号）。

📋 合格ステップ **6**

反復チェック ／　／　／

用途地域を指定することによる制限………**B**

ランク

　用途地域に関する都市計画には，次の事項を定めなければならない。

(1)必ず定める	①容積率の限度 ②建蔽率の限度（商業地域を除く） ③高さの限度（第一種・第二種低層住居専用地域，田園住居地域のみ） 　→10m又は12mのうちいずれかの数値を選んで，建築物の高さの限度を定めなければならない。
(2)必要な場合に定める	敷地面積の最低限度 　→敷地面積の最低限度は，200m²を超えない範囲で定められる。

宅建試験に「出る！」問題

第一種中高層住居専用地域は，中高層住宅に係る良好な住居の環境を保護するために定める地域であり，その都市計画には，建築物の高さの最低限度又は最高限度を定めなければならない。（1999-17-2）

解答：×（上記合格ステップ(1)③参照）

（4）補助的地域地区

　用途地域の指定により，地域の色分けの基本的なことは決まりましたが，さらに地域の特色を出していくためには，より多様な色分けを加えておく必要があります。このために指定される地域地区を**補助的地域地区**といいます。

　補助的地域地区の主なものについてみてみましょう。

　なお，以下のもののうち特別用途地区，特例容積率適用地区，高度地区，高度利用地区，高層住居誘導地区については，用途地域内にのみ指定されます。

（a）特別用途地区

　特別用途地区とは，用途地域内の一定の地区における当該地区の特性にふさわしい土地利用の増進，環境の保護等の特別の目的の実現を図るため，当該**用途地域の指定を補完**して定める地区をいいます（9条14項）。

　たとえば，用途地域の指定された地区の一部について，学校・図書館などを優先的に建築して，それにふさわしい環境を整備したいというように，特にその地区の状況に応じた効果的な街づくりをしたいという場合に定められます。

（b）特例容積率適用地区

　特例容積率適用地区とは，一定の用途地域内（＝第一種低層住居専用地域・第二種低層住居専用地域・田園住居地域・工業専用地域を除いた用途地域内）の適正な配置及び規模の公共施設を備えた土地の区域において，建築物の容積率の限度からみて未利用となっている建築物の容積の活用を促進して土地の高度利用を図るため定める地区をいいます（9条16項）。

　特例容積率適用地区に指定されると，他の敷地の未利用容積を移転して，建築物の共同化や老朽マンションの建替え等を円滑に進めることができるようになります。

（c）高度地区

　高度地区とは，**用途地域内**において市街地の環境を維持

し，又は土地利用の増進を図るため，**建築物の高さの最高限度又は最低限度を定める地区**をいいます(9条18項)。

　たとえば，低層住宅が立ち並んでいる地区の日照を確保するために，高層ビルの建築を規制すべく高さの最高限度を定める高度地区が指定されることがあります。逆に，道路の沿道などで，土地の合理的利用のため建物の高層化を図り，周辺への騒音を防止したい場合は，高さの最低限度を定める高度地区が指定されることがあります。

(d)高度利用地区

　高度利用地区とは，**用途地域内**の市街地における土地の合理的かつ健全な高度利用と都市機能の更新とを図るため，**容積率の最高限度及び最低限度**，建蔽率の最高限度，建築面積の最低限度ならびに壁面の位置の制限を定める地区をいいます(9条19項)。

　容積率などは建築物の大きさにかかわる数値であるため，この地区を指定して，建築物の大きさをそろえて，土地の合理的な利用を図ろうとするのです。

(e)高層住居誘導地区

　高層住居誘導地区とは，土地の有効高度利用を通じ，利便性の高い**高層住宅の建設を誘導**し，職住近接の都市構造を実現するため，一定の**用途地域**に定められる地区をいいます(9条17項)。この高層住居誘導地区は，第一種住居地域，第二種住居地域，準住居地域，近隣商業地域，準工業地域でこれらの地域に関する都市計画において用途地域ごとの容積率の制限が10分の40又は10分の50と定められた地区において定められます。都心にマンションを誘導して職住近接の都市構造を実現しようとするのです。

(f) 特定街区

特定街区とは，市街地の整備改善を図るため街区の整備又は造成が行われる地区について，その街区内における**容積率ならびに建築物の高さの最高限度及び壁面の位置の制限**を定める街区をいいます（9条20項）。

特定街区に指定されると，建物の高さ制限や容積率の規制が周囲の一般の地区より緩和されます。その結果超高層ビルの建築が可能になります。

(g) 防火地域・準防火地域

防火地域・準防火地域とは，市街地における火災の危険を防除するため定める地域をいいます（9条21項）。防火地域・準防火地域については建築基準法で詳しく述べます。

(h) 景観地区

景観地区とは，市街地の良好な景観の形成を図るため，市町村が，**都市計画区域又は準都市計画区域に定める地区**をいいます（8条1項6号，4項，景観法61条1項）。景観地区に関する都市計画には建築物の形態意匠の制限等を定めます。

市街地の良好な景観の形成を図るのが景観地区じゃ。

(i) 風致地区

風致地区とは，**都市の風致（自然美）を維持するため定める地区**をいいます（9条22項）。風致地区の例として，東京の明治神宮外苑，神奈川の鎌倉市一帯などがあります。

風致地区は，美しい街並みを守っていこうという地区ですから，これに似つかわしくない建築物の建築を規制する必要があります。そこで，必要な制限を地方公共団体の条例で定めることができます（58条1項）。

(j) 特定用途制限地域

用途地域が指定されると，原則として特定の用途の建築物しか建築できませんが，用途地域外ではこのような制限はされません。

市街化調整区域においては建築物の建築が原則として制限されていますが，区域区分が定められていない都市計画区域や準都市計画区域で，用途地域外であれば，特定の用途の建築を特に制限したい場合があります。

この場合に指定されるのが**特定用途制限地域**です。この地域は，**用途地域が定められていない土地の区域（市街化調整区域を除く）**内において，その良好な環境の形成又は保持のため当該地域の特性に応じて合理的な土地利用が行われるよう，**制限すべき特定の建築物等の用途の概要**を定める地域です（9条15項）。

合格ステップ 7

反復チェック / / /

補助的地域地区 ………………………… ランク A

(1) 用途地域内にのみ定められるもの

(a)特別用途地区	用途地域内の一定の地区における当該地区の特性にふさわしい土地利用の増進，環境の保護等の特別の目的の実現を図るため当該用途地域の指定を補完して定める地区
(b)特例容積率適用地区	第一種中高層住居専用地域，第二種中高層住居専用地域，第一種住居地域，第二種住居地域，準住居地域，近隣商業地域，商業地域，準工業地域又は工業地域内の適正な配置及び規模の公共施設を備えた土地の区域において，建築物の容積率の限度からみて未利用となっている建築物の容積の活用を促進して土地の高度利用を図るため定める地区
(c)高度地区	用途地域内において市街地の環境を維持し，又は土地利用の増進を図るため,建築物の高さの最高限度又は最低限度を定める地区
(d)高度利用地区	用途地域内の市街地における土地の合理的かつ健全な高度利用と都市機能の更新とを図るため,建築物の容積率の最高限度及び最低限度，建築物の建蔽率の最高限度，建築物の建築面積の最低限度ならびに壁面の位置の制限を定める地区
(e)高層住居誘導地区	住居と住居以外の用途とを適正に配分し,利便性の高い高層住宅の建設を誘導するため，一定の用途地域で，建築物の容積率が10分の40又は10分の50と定められたもののうちにおいて，建築物の容積率の最高限度,建築物の建蔽率の最高限度及び建築物の敷地面積の最低限度を定める地区

(2) 用途地域外でも定められるもの

(f)特定街区	市街地の整備改善を図るため街区の整備又は造成が行われる地区について，その街区内における建築物の容積率ならびに建築物の高さの最高限度及び壁面の位置の制限を定める街区
(g)防火地域・準防火地域	市街地における火災の危険を防除するため定める地域
(h)景観地区	市街地の良好な景観の形成を図る地区
(i)風致地区	都市の風致を維持するため定める地区

(3) 用途地域外にのみ定められるもの

(j)特定用途制限地域	用途地域が定められていない土地の区域（市街化調整区域を除く）内において、その良好な環境の形成又は保持のため当該地域の特性に応じて合理的な土地利用が行われるよう、制限すべき特定の建築物等の用途の概要を定める地域

宅建試験に「出る！」問題

1 特別用途地区は、用途地域内の一定の地区における当該地区の特性にふさわしい土地利用の増進、環境の保護等の特別の目的の実現を図るため当該用途地域の指定を補完して定める地区である。(2006-18-4)

解答：○（上記合格ステップ(a)参照）

2 高度地区は、用途地域内において市街地の環境を維持し、又は土地利用の増進を図るため、容積率の最高限度又は最低限度を定める地区である。(1991-18-1)

解答：×（上記合格ステップ(c)参照）

ウォーク問3 問2…(1)(2)(4) 問3…(4) 問5…(2)(4) 問7…(4) 問8…(3)
問30…(1) 問32…(2) 問37…(3)

ラクしておぼえる L式暗記法

補助的地域地区に関しても、言葉の意味を理解できているかどうかを試す問題が出題されます。その場合、用途地域内にのみ定められるものかどうかという点をチェックする必要があります。そこで、以下のゴロ合わせを使って、確実に押さえておきましょう。

用途地域内は **特**別
特別用途地区
特例容積率適用地区

高い
高層住居誘導地区
高度地区
高度利用地区

(5) 都市施設

(a) 都市施設とは

都市施設というのは、人が都市で生活していくうえでなくてはならない共同の施設のことをいいます。たとえば、道路、都市高速鉄道、公園、上下水道、学校、病院などです。

このような都市施設については、法律上のメニューのなかから必要なものを選び出すことになります(11条1項)。

道路や公園などの公共施設のことを都市施設というのじゃ。

なかでも、**道路、公園、下水道**の整備は街づくりのうえで特に重要ですから、この3つについては**市街化区域及び区域区分が定められていない都市計画区域**内には必ず定めなければならないことになっています。さらに、小・中学校などの**義務教育施設**は、子供の通学の便宜のため、**住居系の用途地域**内には必ず定めなくてはなりません(13条1項11号)。

(b) 都市施設はどこに定められるのか

都市計画は都市計画区域内で定めるのが原則ですが、都市施設については、特に必要があるときは、**都市計画区域外**においても定めることができます(11条1項)。都市に必要な施設であっても都市計画区域外につくらざるを得ない場合があるからです(上水道の水源地に供給施設を定める場合など)。

【区域外における都市施設】

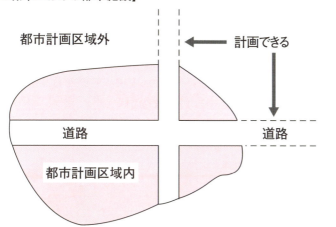

合格ステップ 8

都市施設 ランクB

(1) 定めることができる場所	特に必要があるときは、**都市計画区域外**にも定めることができる。
(2) **市街化区域** 　区域区分が定められていない都市計画区域	**道路・公園・下水道**の3つを必ず定める。
(3) **住居系の用途地域**	**義務教育施設**を必ず定める。

宅建試験に「出る!」問題

都市計画は、都市計画区域内において定められるものであるが、道路や公園などの都市施設については特に必要があるときは当該都市計画区域外においても定めることができる。(2002-17-2)

　　　　　　　　　　　　解答：○(上記合格ステップ(1)参照)

ウォーク問③ 問1…(2)　問30…(2)

(6)地区計画等

(a)地区計画

①地区計画とは何か

地区計画とは，比較的小規模な地区を単位として，それぞれの区域の特性にふさわしい街づくりを行う都市計画をいいます（いわゆる「小さな街づくり」）。

地区計画は「小さな街づくり」なのじゃ。

つまり，地域地区が都市計画区域全体の健全な発展という観点から定められるのに対し，地区計画は，その大枠に従いつつ，当該地区（地元）の要請に応えてきめ細かな土地利用等の計画を行うものです。

②地区計画はどこに定められるのか

地区計画は，きめ細かな街づくりを行うための，住民に身近な都市計画ですから，定めることのできる地域はできるだけ広いほうがよいでしょう。そこで，**用途地域が定められている土地の区域**においてはどこにでも定めることができます（12条の5第1項1号）。また，**用途地域が定められていない区域**でも健全な住宅市街地の良好な居住環境が形成されている区域など一定の区域には定めることができます（12条の5第1項2号）。

③地区計画には何を定めることができるか

地区計画については，当該地区計画の目標その他当該区域の整備，開発及び保全に関する方針を定め，そしてこの方針に沿って，具体的な建築規制等を盛り込んだ地区整備計

画を定めることとされています(12条の5第2項)。

地区整備計画とは，地区施設(主として街区内の居住者などの利用に供される施設)及び建築物などの整備ならびに土地利用に関する計画をいいます。地区整備計画には，次の事項を定めることができます(12条の5第7項)。

(i)地区施設の配置及び規模

(ii)建築物等の用途の制限

(iii)建蔽率の最高限度・容積率の最高限度又は最低限度・建築物等の高さの最高限度又は最低限度，建築物の敷地面積又は建築面積の最低限度等，建築物の形態の制限

(iv)現に存する農地(耕作の目的に供される土地)で農業の利便の増進と調和した良好な居住環境を確保するため必要なものにおける土地の形質の変更その他の行為の制限

ただし，市街化調整区域内の土地の区域について定められる地区計画の地区整備計画においては，容積率の最低限度，建蔽率の最低限度及び建築物等の高さの最低限度を定めることはできません。

④再開発等促進区

一定の土地の区域における**地区計画**については，土地の合理的かつ健全な高度利用と都市機能の増進とを図るため，一体的かつ総合的な市街地の再開発又は開発整備を実施すべき区域として，**再開発等促進区**を都市計画に定めることができます(12条の5第3項)。

⑤開発整備促進区

一定の土地の区域における地区計画については，劇場，店舗，飲食店等の用途に供する大規模な建築物の整備による商業その他の業務の利便の増進を図るため，一体的かつ総合的な市街地の開発整備を実施すべき区域として，**開発整備促進区**を都市計画に定めることができます(12条の5第4項)。この開発整備促進区は，平成18年の改正により新設

されたもので，一定の区域とは，第二種住居地域，準住居地域，工業地域又は用途地域が定められていない土地の区域（市街化調整区域を除く）で，これらの地域の用途規制を緩和して，床面積10,000m²を超える店舗，劇場等の大規模集客施設の立地を認めようとするものです。

⑥地区計画の区域内ではどのような制限があるか

（i）地区計画の区域のうち，道路，公園等の施設の配置及び規模が定められている再開発等促進区，開発整備促進区，又は地区整備計画の定められている区域内においては，具体的な計画実現を阻害しないため，**土地の区画形質の変更や建築物の建築，工作物の建設等の行為**をする場合は，一定の場合を除き，**行為着手の30日前**までに，必要事項を**市町村長へ届け出**なければなりません（58条の2第1項）。

この届出が地区計画に適合しない場合，市町村長はその届出にかかる行為に関し，設計の変更その他の必要な措置をとることを勧告することができます（58条の2第3項）。「勧告」とは，強い要望というような意味であり，「命令」と違って強制力はありません。

（ii）市町村は，地区計画農地保全条例で，地区計画の区域（地区整備計画において一定の事項が定められている区域に限る。）内の農地の区域内において土地の形質の変更，建築物の建築その他工作物の建設又は土石その他の一定の物件の堆積について，市町村長の許可を受けなければならないこととすることができます（58条の3第1項）。

合格ステップ 9

地区計画

(1)地区計画	地区計画は，建築物の建築形態，公共施設その他の施設の配置等からみて，一体としてそれぞれの区域の特性にふさわしい態様を備えた良好な環境の各街区を整備し，開発し，及び保全するための計画である。
(2)指定できる区域	①用途地域が定められている土地の区域 ②用途地域が定められていない土地の区域の一定の区域
(3)建築等の届出	①地区計画の区域のうち，一定の再開発等促進区，開発整備促進区又は地区整備計画が定められている区域内で次の行為をする場合は，一定の場合を除き，行為着手の30日前までに，必要事項を市町村長へ届け出なくてはならない。 (ⅰ)土地の区画形質の変更 (ⅱ)建築物の建築 など ②この届出が地区計画に適合しない場合，市町村長は計画変更の勧告をすることができる。

宅建試験に「出る！」問題

地区計画の区域のうち地区整備計画が定められている区域内において，建築物の建築等の行為を行った者は，一定の行為を除き，当該行為の完了した日から30日以内に，行為の種類，場所等を市町村長に届け出なければならない。(2012-16-4)

解答：×（上記合格ステップ(3)①参照）

ウォーク問③ 問5…(1) 問27…(4) 問28…(4) 問29…(イ) 問31…(1)

(b)地区計画以外の地区計画等

地区計画以外に，①防災街区整備地区計画（密集市街地における防災街区の整備の促進に関する法律（以下，密集市街地整備法という。）32条1項），②歴史的風致維持向上地区計画（地域における歴史的風致の維持及び向上に関する法律（以下，歴史的風致維持向上法という。）31条1項），③沿道地

区計画(幹線道路の沿道の整備に関する法律9条1項),④集落地区計画(集落地域整備法5条1項)という特殊な地区計画があります(12条の4)。これらと地区計画をあわせて,**地区計画等**といいます。このうち歴史的風致維持向上地区計画は,平成20年の「地域における歴史的風致の維持及び向上に関する法律」の制定に伴い,新たに地区計画等の1つとして設けられました。

防災街区整備地区計画の区域,歴史的風致維持向上地区計画の区域,沿道地区計画の区域,集落地区計画の区域内の一定の区域においては,土地の区画形質の変更,建築物の建築等の行為について届出が必要となりますが,この点は地区計画の場合とほぼ同じです(密集市街地整備法33条,歴史的風致維持向上法33条,幹線道路の沿道の整備に関する法律10条,集落地域整備法6条)。

(7)市街地を開発する事業
(a)市街地開発事業

市街地開発事業とは,法12条1項各号に掲げる事業で,具体的には,①土地区画整理法による「**土地区画整理事業**」,②新住宅市街地開発法による「**新住宅市街地開発事業**」,③首都圏の近郊整備地帯及び都市開発区域の整備に関する法律又は近畿圏の近郊整備区域及び都市開発区域の整備及び開発に関する法律による「**工業団地造成事業**」,④都市再開発法による「**市街地再開発事業**」,⑤新都市基盤整備法による「**新都市基盤整備事業**」,⑥大都市地域における住宅及び住宅地の供給の促進に関する特別措置法による「**住宅街区整備事業**」,⑦密集市街地整備法による「**防災街区整備事業**」をいいます(4条7項)。都市計画区域について,都市計画に,①~⑦の事業で必要なものが定められます。

この市街地開発事業は,市街化区域又は区域区分が定められていない都市計画区域内において,一体的に開発し,又

は整備する必要がある土地の区域について定められます（13条1項12号）。

（b）市街地開発事業等予定区域

　市街地開発事業等予定区域とは，法12条の2第1項各号に掲げる予定区域で，具体的には，①新住宅市街地開発事業の予定区域，②工業団地造成事業の予定区域，③新都市基盤整備事業の予定区域，④区域の面積が20ヘクタール以上の一団地の住宅施設の予定区域，⑤一団地の官公庁施設の予定区域，⑥流通業務団地の予定区域，をいいます（4条8項）。

　市街地開発事業等予定区域は，市街地開発事業に係るものにあっては，市街化区域又は区域区分が定められていない都市計画区域内において，一体的に開発し，又は整備する必要がある土地の区域について定められます（13条1項13号）。

（c）促進区域

　促進区域とは，都市計画区域における法10条の2第1項各号に掲げる区域で，具体的には，①都市再開発法の規定による「**市街地再開発促進区域**」，②大都市地域における住宅及び住宅地の供給の促進に関する特別措置法の規定による「**土地区画整理促進区域**」，③大都市地域における住宅及び住宅地の供給の促進に関する特別措置法の規定による「**住宅街区整備促進区域**」，④地方拠点都市地域の整備及び産業業務施設の再配置の促進に関する法律の規定による「**拠点業務市街地整備土地区画整理促進区域**」をいいます（4条4項）。

　この促進区域は，市街化区域又は区域区分が定められていない都市計画区域内において，主として関係権利者による市街地の計画的な整備又は開発を促進する必要があると認められる土地の区域について定められます（13条1項8号）。

（8）その他の地区・地域

（a）遊休土地転換利用促進地区

　遊休土地転換利用促進地区とは，市街化区域内にある，一定規模の区域の土地が，相当期間にわたり住宅の用，事業の用に供する施設の用その他の用途に供されていない場合等において，そのことが当該区域及びその周辺の地域における計画的な土地利用の増進を図る上で著しく支障となっており，当該区域内の土地の有効かつ適切な利用を促進することが，当該都市の機能の増進に寄与する土地の区域について定められる地区です（10条の3）。

（b）被災市街地復興推進地域

　被災市街地復興推進地域とは，大規模な火災，震災その他の災害により相当数の建築物が滅失した市街地の計画的な整備改善を推進して，その緊急かつ健全な復興を図る必要があると認められる土地の区域について定められる地域です（10条の4，13条1項10号）。

【都市計画の内容のまとめ】

第1章 都市計画法

種類	都市計画区域			都市計画区域外	
	市街化区域	市街化調整区域	区分なし	準都市計画区域	その他
区域区分（市街化区域と市街化調整区域との区分）		○		×	
地域地区 用途地域	◎		○	○	×
地域地区 補助的地域地区 特別用途地区／高度地区		○（用途地域のみ）		○（用途地域のみ）	×
地域地区 補助的地域地区 高度利用地区		○（用途地域のみ）		×	
地域地区 補助的地域地区 特例容積率適用地区／高層住居誘導地区		○（一定の用途地域のみ）			
地域地区 補助的地域地区 特定用途制限地域	×		○（用途地域外のみ）	○（用途地域外のみ）	×
地域地区 補助的地域地区 特定街区／防火・準防火地域		○		×	
地域地区 補助的地域地区 景観地区・風致地区		○		○	×
地区計画等		○		×	
都市施設 道路・公園・下水道	◎		◎		
都市施設 義務教育施設	◎（住居系）／○（その他）	○	◎（住居系）／○（その他）	○	
都市施設 その他	○		○		
市街地開発事業	○	×	○	×	
市街地開発事業等予定区域 市街地開発事業に関するもの	○	×	○	×	
市街地開発事業等予定区域 都市施設に関するもの		○		○	
促進区域	○	×	○	×	
遊休土地転換利用促進地区	○	×		×	
被災市街地復興推進地域		○		×	

◎…必ず定める　○…定めることができる　×…定めることができない

4 都市計画の決定手続き

(1) 各都市計画の内容は、誰が定めるのか

(a) 都市計画区域内の都市計画の決定

都市計画は、**市町村**が決定します(15条1項)。しかし、広域的な観点から定めるべき都市計画や、大都市に関するものは、**都道府県**が決定します。市街化区域・市街化調整区域の区分(区域区分)等については、都道府県が決定することとされます。

【都市計画の決定権者】

内容			都道府県	市町村
整備、開発及び保全の方針			○	―
都市再開発方針等			○	―
区域区分(市街化区域,市街化調整区域)			○	―
地域地区		用途地域	―	○
	補助的地域地区	特別用途地区 特例容積率適用地区 高度地区 高度利用地区 高層住居誘導地区 特定街区 防火・準防火地域 景観地区 特定用途制限地域	―	○
		風致地区	○※	○
地区計画等			―	○
都市施設			○ (大規模なものなど)	○
市街地開発事業			○ (大規模なものなど)	○
市街地開発事業等予定区域			○ (一定の場合)	○
促進区域			―	○
遊休土地転換利用促進地区			―	○
被災市街地復興推進地域			―	○

※ 面積が10ha以上で、二以上の市町村の区域にわたる場合

もっとも，2以上の都府県の区域にわたる都市計画区域に係る都市計画の場合は，前記の表のなかで都道府県が決定すべきものについては，都道府県に代わって**国土交通大臣**が決定します。この場合でも市町村が決定すべきものについては市町村が決定します(22条1項)。

(b) 都道府県が定める都市計画と市町村が定める都市計画との調整

市町村が定める都市計画は，議会の議決を経て定められた当該市町村の建設に関する基本構想に即し，かつ，都道府県が定めた都市計画に適合したものでなければなりません(15条3項)。また，市町村は，議会の議決を経て定められた当該市町村の建設に関する基本構想だけでなく，都市計画区域の整備，開発及び保全の方針に即し，都市計画に関する基本的な方針(マスタープラン)を定める必要があります(18条の2)。

市町村が定めた都市計画が，都道府県が定めた都市計画と抵触するときは，その限りにおいて，**都道府県が定めた都市計画が優先**します(15条4項)。

(c) 準都市計画区域内の都市計画の決定

準都市計画区域内の都市計画は，都道府県又は市町村が定めることとされています。

合格ステップ 10
都市計画の決定権者

(1) 都市計画区域内の都市計画は，原則として都道府県又は市町村が定める。複数の都府県にわたる都市計画区域に係る都市計画の決定は，国土交通大臣及び市町村が行う。

(2) 市町村が定めた都市計画が，都道府県が定めた都市計画と抵触するときには，その限りにおいて，都道府県が定めた都市計画が優先する。

(3) 準都市計画区域内の都市計画は，都道府県又は市町村が定める。

（2）都市計画の決定手続きの流れ

都市計画はおおまかには次のような手続きで定められます。

【都市計画の決定手続きの概要】

都市計画は，都市の将来を左右するものであり，また，土地所有権等に制約を加えたり住民の生活に影響を与えたりするものですから，各種の行政機関との調整や土地権利者・住民等の利害関係人との調整が必要です。そこで，このような観点から，都市計画の決定手続きについて説明しましょう。

①原案の作成

まず，決定しようとする都市計画の**原案を作成**します。

この際，必要に応じて**公聴会**など住民の意見を反映させるための**措置**を講ずることができます（16条1項）。

②公衆の縦覧と意見書の提出

次に，都市計画を決定する旨を**公告**し，原案を2週間**公衆の縦覧**（自由に見られること）に供します（17条1項）。この場合，決定しようとする都市計画の内容だけでなく，都市計画を決定しようとする理由も縦覧に供されます。

この期間中，住民や利害関係人は**意見書を提出**することができます（17条2項）。都市計画の決定によって不利益を被る住民や利害関係人との調整を図る趣旨です。

プラスアルファ

土地所有者等，街づくりの推進を目的とする特定非営利活動法人（NPO法人）などは，都道府県又は市町村に対し都市計画の提案をすることができます（21条の2第2項）。この提案は，当該提案に係る都市計画の素案の対象となる土地の区域内の土地所有者の3分の2以上の同意を得て行います（21条の2第3項）。

③審議会の議など

そして，関係機関との調整をすることとなります。この点は，都道府県が決定する場合と，市町村が決定する場合で，手続きが異なるので，分けて説明しましょう。

(ア)都道府県が決定する場合

都道府県は**関係市町村の意見**を聴き，さらに，**都道府県都市計画審議会の議**を経て，都市計画を決定することになります(18条1項)。この都道府県都市計画審議会の議を経ることは，各種の行政機関との調整，住民・利害関係人の利益保護のために必要とされるものです。そこで，都道府県は，都市計画の案を都道府県都市計画審議会に付議しようとするときは，住民・利害関係人から提出された意見書の要旨を都道府県都市計画審議会に提出しなければならないとされています(18条2項)。

さらに，都市計画が国の利害に重大な関係がある場合には，**国土交通大臣に協議し，その同意を得なければなりません**(18条3項)。

(イ)市町村が決定する場合

市町村は，**市町村都市計画審議会の議**を経なければなりません(19条1項)。なお，市町村によっては，市町村都市計画審議会が置かれていない場合があります。その場合には，代わりに都道府県都市計画審議会の議を経ます。さらに，市町村は，都市計画区域又は準都市計画区域について都市計画を決定しようとするときは，あらかじめ，都道府県知事に協議しなければならないとされています(19条3項)。都道府県知事の同意を得る必要はありません。

④都市計画の決定

このようにして決定された都市計画は，告示・縦覧に供され，**告示のあった日からその効力が生じます**(20条3項)。都市計画は，総括図，計画図及び計画書によって表示

され，土地に関し権利を有する者は，当該都市計画が定められている土地の存する都道府県，又は市町村の事務所においてこれらの図書，又はその写しを縦覧することができます(14条1項，20条2項)。

では，今まで述べたところを次の合格ステップにまとめてみましょう。

合格ステップ 11

反復チェック / / /

都市計画の決定手続き

(1) 都市計画の原案を作成する

必要があると認めたときは，公聴会の開催等住民の意見を反映させるための必要な措置を講ずる

↓

(2) 原案を公表し住民などの意見を求める

都市計画を決定しようとする旨を公告し，原案を，その理由を記載した書面とともに，2週間公衆の縦覧に供する
↓
縦覧期間中に住民などは意見書を提出することができる

↓

(3) 審議会の議などを経る

都道府県が決定する場合	市町村が決定する場合
①関係市町村の意見を聴く ②都道府県都市計画審議会の議を経る ③国の利害に重大な関係がある場合，国土交通大臣に協議し，その同意を得る	①市町村都市計画審議会（市町村都市計画審議会が置かれていないときは，都道府県都市計画審議会）の議を経る ②都道府県知事に協議する

↓

(4) 都市計画の決定→告示

告示があった日から効力が生じる

宅建試験に「出る!」問題

市町村は，都市計画を決定しようとするときは，あらかじめ，都道府県知事に協議し，その同意を得なければならない。(2012-16-3)

解答：×(上記合格ステップ(3)参照)

ウォーク問③ 問27…(3)

5 開発行為の規制等

(1)開発行為の規制の趣旨と内容
(a)なぜ開発行為を規制する必要があるのか

建物を建てるためには，土地の工事をして建物を建てられる土地に造成しなければならない場所があります。このように建物を建てる目的で土地を造成することを都市計画法では**開発行為**と呼んでいますが，都市計画法はこの開発行為も制限しています。いろいろな都市計画を決めても，無秩序な開発がされてしまったのでは意味がなくなってしまうため，都市計画法は，開発行為の後で建てようとする建物が都市計画に合致しないような開発行為はもちろんのこと，都市計画に合致する建物を建てることを目的とする開発行為も規制し，そのチェックをしようとしているのです。

(b)開発行為は，どのように規制されているのか

では，開発行為の規制はどのように行われるのでしょうか。
開発行為の規制はいわゆる乱開発の防止のためのチェックを目的としています。加えて，いったん開発がされてしまうと，もとに戻すことは難しくなります。

そこで，**開発行為**については事前にチェックをする必要がありますので，**都道府県知事の許可制**が採られています(29

条)。なお、指定都市や中核市といった大都市においては、都道府県知事ではなく、その市長の許可が必要とされます。この開発行為に対する都道府県知事の許可のことを**開発許可**といいます。

開発行為の内容、規模はさまざまです。「開発行為」に該当する場合であっても、乱開発のおそれがなく、規制する必要がない場合もあります。そこで、都市計画法は、許可を要しない開発行為を定めています。このように開発許可は、「開発行為」に該当するかを検討した後に、「許可を要しない開発行為」に該当するかを検討するという仕組みで規制されています。

合格ステップ 12

開発行為の許可制　ランク A

開発行為をしようとする者は、原則として、**都道府県知事の許可（開発許可）**を受けなければならない。

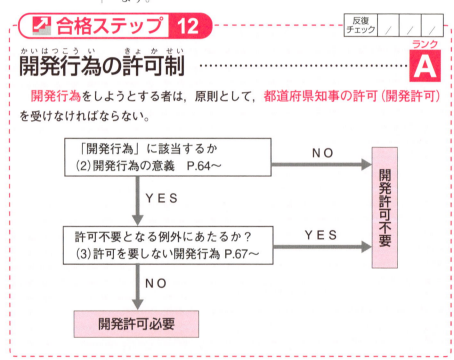

(2)開発行為の意義

> **どのような行為が開発行為にあたるか？**
>
> (1) Aさんは，所有している土地が「遊んでいる」ため，そこを駐車場にしたいと思っています。
> 建築物の建築を行わない青空駐車場の用に供する目的で行う土地の区画形質の変更は，開発行為にあたるのでしょうか。
> (2) Bさんは，テニススクールを経営し，最近うれしいことに会員が増加してきたので，テニスコートを増設したいと考えています。
> 2,000m²規模のテニスコートを建設する目的で行う土地の区画形質の変更は，開発行為にあたるのでしょうか。（解答は67頁）

(a) 開発行為とは

開発行為とは，主として**建築物の建築**又は**特定工作物**の建設の用に供する目的で行う**土地の区画形質の変更**をいいます（4条12項）。

【開発行為】

開発行為とは一定の宅地造成工事などのことをいうのじゃ。

土地の区画形質の変更とは，土地の区画変更，形状変更，性質変更のことで，敷地分割，造成(盛土や切土など)，地目変更(農地を宅地にすることなど)などがこれにあたります。建築物の建築とは，建築物の新築,増改築,移転をいいます(4条10項，建築基準法2条1号，13号)。

　つまり，開発行為とは，建物を建てるために土地の工事をすることなのです。

　特定工作物については，その意義が問題となりますので，改めて説明しましょう。

(b)特定工作物とは

　特定工作物には，第一種特定工作物と第二種特定工作物の2つがあります(4条11項)。

①**第一種特定工作物**

　第一種特定工作物とは，周辺の地域の環境悪化をもたらすおそれのある一定の工作物をいいます(4条11項，施行令1条1項)。

　たとえば**コンクリートプラント，アスファルトプラント，クラッシャープラント**などがあります。

第一種特定工作物とは，コンクリートプラントなどのことをいうのじゃ。

②**第二種特定工作物**

　第二種特定工作物とは，次の工作物をいいます(4条11項，施行令1条2項)。

(ア) ゴルフコース
(イ) 1ha以上の野球場・庭球場・動物園その他の運動・レジャー施設や墓園など。なお1ヘクタール(ha)＝10,000m²です。

ゴルフコースは規模に関係なく第二種特定工作物なのじゃ。

ケーススタディ1-3の答え

　まず，青空駐車場は，建築物にも特定工作物にもあたりません。よって，その用に供する目的で行う土地の区画形質の変更は，開発行為にあたりません。
　次に，テニスコートは，そのすべてが第二種特定工作物にあたるわけではなく，1ha以上のテニスコートに限られます。よって，2,000m²規模のテニスコートは第二種特定工作物にあたらないので，その用に供する目的で行う土地の区画形質の変更は，開発行為にあたりません。
　もちろん，開発行為にあたらない以上，都道府県知事の許可は不要となります。

合格ステップ 13

開発行為とは

ランク A

(1)開発行為とは	開発行為とは，主として建築物の建築又は特定工作物の建設の用に供する目的で行う土地の区画形質の変更をいう。
(2)特定工作物	①第一種特定工作物 　コンクリートプラント・アスファルトプラント等
	②第二種特定工作物 　ゴルフコース 　又は1ha以上の野球場・庭球場などの運動・レジャー施設，墓園など

宅建試験に「出る!」問題

1　開発行為とは，主として建築物の建築の用に供する目的で行う土地の区画形質の変更を指し，特定工作物の建設の用に供する目的で行う土地の区画形質の変更は開発行為には該当しない。(2013-16-1)
　　　　　　　　　　　　　　解答：×（上記合格ステップ(1)参照）

2　区域区分の定められていない都市計画区域内の土地において，10,000m^{2}のゴルフコースの建設を目的とする土地の区画形質の変更を行おうとする者は，あらかじめ，都道府県知事の許可を受けなければならない。(2009-17-1)
　　　　　　　　　　　　　　解答：〇（上記合格ステップ(1)(2)参照）

ウォーク問3　問9…(3)　問11…(1)　問12…(1)　問17…(2)　問18…(1)

(3)許可を要しない開発行為
(a)許可不要な開発行為にあたるもの

　開発行為にあたるとしても，例外的に許可が不要なものがあります。乱開発のおそれの少ないものはそもそも許可を要求してチェックする必要がないと考えられるからです。
　開発行為について許可不要な場合には大きく分けて4種

類あり，その１つに該当すれば，許可不要となります（29条
１項但書，２項但書）。

①公益上必要な建築物を建築するため行うもの
②都市計画事業の施行として行うもの等
③規模の小さいもの
④農林漁業用建築物を建築するため行うもの

では，以下，順に説明しましょう。

（b）区域にかかわらず開発許可が不要とされるもの

まずはどこで行うかにかかわらず，開発許可が不要となる
場合を見ていきます。

①公益上必要な建築物を建築するため行うもの

まず，**公益上必要な建築物**のうち開発区域及びその周
辺の地域における適正かつ合理的な土地利用及び環境の
保全を図る上で支障がないものを**建築する目的で開発行
為**を行う場合は，**許可が不要**です（29条１項３号，２項２号，
施行令21条）。たとえば，**駅舎，図書館，公民館，変電所**
などをつくる目的で行う開発行為の場合です。

なお，学校，医療施設（病院，診療所等），社会福祉施設（老
人ホーム等）の建築目的である場合は，原則として許可が
必要です。

②都市計画事業の施行として行うもの等

さらに，**都市計画事業**や**土地区画整理事業**などの**施行
として行うものは開発許可が不要**です（29条１項４号〜８
号）。

これらの事業は，都市計画の１つとして施行されるの
で，こうした事業の施行として行うのであれば，乱開発の
チェックは，その事業の手続きのなかで行われるので，許
可不要とされたものです。なお，「事業の施行として」行う
場合にのみ開発許可が不要になるのであって，「事業を施
行している区域」や「以前施行された区域」というだけでは，
開発許可は不要となりません。また，「事業」にあたれば民

間事業者が行っても開発許可は不要です。

　そのほか，**非常災害のため必要な応急措置**，通常の管理行為，仮設建築物や車庫などの付属建築物の建築のための**軽易な行為**などとして行う開発行為については，開発**許可が不要**です（29条1項10号，11号，施行令22条）。

（c）区域によって開発許可の要否が分かれるもの

　これまで述べた2つの場合は，区域にかかわらず開発許可が不要となる場合でした。では，区域によって開発許可の要否が分かれるものとして，どのようなものがあるか見ておきましょう。

①規模が小さいもの

　まず，開発行為の規模が一定の大きさに満たないものについては，開発許可が不要とされます。この不要とされる規模が区域によって異なるので，その点について以下で説明することにします。

　（ア）**市街化区域**では，**1,000m²未満の開発行為であれば許可が不要**です（29条1項1号，施行令19条1項）。また，**区域区分が定められていない都市計画区域や準都市計画区域**では，**3,000m²未満の開発行為は許可不要**とされています（29条1項1号，施行令19条1項）。

　（イ）**市街化調整区域**では，規模が小さいということで開発許可が不要となることはありません。市街化調整区域は，当面は市街地になることを抑制する区域です。だから，建物を建てるための開発行為などは，基本的にはやってほしくない区域なのです。そこで，**どんな小さな開発行為でも許可を必要とした**のです。

　（ウ）**都市計画区域及び準都市計画区域以外の区域内**，すなわち都市計画区域でも，準都市計画区域でもないところでも，乱開発のおそれはあるため，開発

行為に許可は必要とされます。しかし，街のなかで
はないため，**1ha（10,000m²）未満の開発行為は許
可不要**とされます（29条2項，施行令22条の2）。

②**農林漁業用建築物を建築するため行うもの**

次に，**市街化区域以外**で**農林漁業用建築物**や**農林漁業
を営む者の住居**を建てるための開発行為には**許可が不要**
です（29条1項2号，2項1号）。農林漁業用建築物とは，
たとえば，畜舎，温室，サイロなどをいいます（29条1項
2号，2項1号，施行令20条）。

なお，農産物の加工に必要な建築物は，農林漁業用建
築物にはあたりません。

市街化区域は，住宅を建てたり商業や工業を行う場所
としてほしい区域であり，農林漁業はなるべくやってほし
くない区域ですから，宅地などの他の土地と区別する理由
がありません。

したがって，**市街化区域内では，農林漁業用建築物を
建築するために行う開発行為は，原則として許可が必要**
となります。

しかし，市街化区域以外の，市街化調整区域，準都市
計画区域，都市計画区域及び準都市計画区域以外の区域
といったところは，現段階では市街化をしないところなの
で，農林漁業のための建築物を建てるための開発行為な
らばチェックする必要はないとしたのです。市街化区域と
同じく，区域区分が定められていない都市計画区域は，市
街化をする区域ではありますが，中小都市に指定されるこ
とが予定されており，農林漁業を規制すべきとは考えられ
ないからです。

（4）開発許可の特例

国又は都道府県等が行う開発行為も，原則として許可を
受ける必要があります。しかし，国又は都道府県等が行う開

発行為については，**国の機関又は都道府県等と都道府県知事との協議が成立**することをもって，**開発許可があったものとみなされる**ことになっています(34条の2第1項)。

重要条文

＜都市計画法＞

第29条（開発行為の許可）

1　都市計画区域又は準都市計画区域内において開発行為をしようとする者は，あらかじめ，国土交通省令で定めるところにより，都道府県知事…(略)…の許可を受けなければならない。ただし，次に掲げる開発行為については，この限りでない。

一　市街化区域，区域区分が定められていない都市計画区域又は準都市計画区域内において行う開発行為で，その規模が，それぞれの区域の区分に応じて政令で定める規模(施行令第19条参照)未満であるもの

二　市街化調整区域，区域区分が定められていない都市計画区域又は準都市計画区域内において行う開発行為で，農業，林業若しくは漁業の用に供する政令で定める建築物(施行令第20条参照)又はこれらの業務を営む者の居住の用に供する建築物の建築の用に供する目的で行うもの

三　駅舎その他の鉄道の施設，図書館，公民館，変電所その他これらに類する公益上必要な建築物のうち開発区域及びその周辺の地域における適正かつ合理的な土地利用及び環境の保全を図る上で支障がないものとして政令で定める建築物の建築の用に供する目的で行う開発行為

四～九　（略）

十　非常災害のため必要な応急措置として行う開発行為

合格ステップ 14

反復チェック / / /

開発許可の例外 …… ランク

開発行為の種類		①規模の小さい開発行為	②農林漁業用建築物を建築する目的の開発行為※1	③公益上必要な建築物を建築する目的の開発行為※2	④都市計画事業の施行として行う開発行為など※3 ※4
都市計画区域	(1)市街化区域	1,000m² 未満は不要※5	不要	不要	不要
	(2)市街化調整区域	必要			
	(3)区域区分が定められていない都市計画区域	3,000m²未満は不要			
都市計画区域外	(4)準都市計画区域				
	(5)都市計画区域及び準都市計画区域以外の区域内	1ha(10,000m²)未満は不要			

※1 農林漁業用建築物とは、たとえば、畜舎，温室，サイロなどをいう。また、農林漁業者の居住の用に供する建築物なども許可が不要な場合に含まれる。
※2 公益上必要な建築物とは、駅舎，公民館，図書館，変電所などをいう。
※3 ここでいう事業としては、都市計画事業，土地区画整理事業，市街地再開発事業，住宅街区整備事業などである。ただし、許可不要となるのは、これらの事業の施行として行う開発行為に限られ、これらの事業の施行区域で行われるだけでは不要とはならない。
※4 その他の場合としては、公有水面の埋立て、非常災害のため必要な応急措置，通常の管理行為，仮設建築物の建築等の軽易な行為などがある。
※5 市街化の状況により、無秩序な市街化を防止するため特に必要があると認められる場合には、都道府県は、条例で、区域を限り、300m²以上1,000m²未満の範囲内で、その規模を別に定めることができる。

宅建試験に「出る!」問題

1 市街化区域内において，農業を営む者の居住の用に供する建築物の建築の用に供する目的で開発行為（規模は，1,000m²であるものとする）を行う場合，開発許可を受けなければならない。(2006-19-1)

解答：○（上記合格ステップ(1)②参照）

2 都市計画区域でも準都市計画区域でもない区域内における住宅団地の建設を目的とした6,000m²の土地の区画形質の変更には，常に開発許可が不要である。(2003-18-3)

解答：○（上記合格ステップ(5)①参照）

ウォーク問③ 問9…(1)(2)(4)　問10…(1)(2)(4)　問11…(2)(3)(4)　問12…(2)　問13
問14…(イ)(ウ)　問15…(2)(3)(4)　問18…(1)(2)　問20…(4)

(5) 開発許可の手続き

(a) 事前の手続き

許可申請をするには，あらかじめ**開発行為に関係がある公共施設**の管理者と協議し，その**同意**を得なければなりません（32条1項）。また，**開発行為などにより設置される公共施設**を管理することとなる者等との**協議**を経ることを要します（32条2項）。

さらに，**土地等の権利者の相当数の同意**を得ることが必要です（33条1項14号）。これは，あらかじめ関係者との意見調整をすることによって，後にトラブルが起こるのを避ける趣旨です。

このことから，開発許可の申請は，自己が所有していない土地についても，することができます。

なお，1ha以上の開発行為には有資格者の設計が必要です（31条，規則18条）。大規模な開発にずさんな設計がなされると，後で事故が起きたとき大事故になる危険性があるからです。

(b)許可申請

事前の手続きを経て許可申請をするわけですが，許可申請は**必ず書面**で行うことが必要です(30条)。

申請書には，開発区域，予定建築物等(開発区域内において予定される建築物・特定工作物)の用途，設計，工事施行者等を記載します(30条1項)。

そして，さらに申請書には，前述の**事前手続きに関する同意を得たことを証する書面や協議の経過を示す書面**を添付しなければなりません(30条2項)。

【申請書の記載事項と添付書類】

申請書の記載事項	①開発区域の位置，区域及び規模
	②予定建築物等の用途
	③設計(面積が1ha以上の開発行為の場合，一定の資格を有する者が作成することが必要)
	④工事施行者
	⑤その他(工事着手予定年月日，完了予定年月日，資金計画等)
申請書の添付書類	①開発区域の位置図，区域図
	②事前手続に関する同意書や協議書

(c)許可・不許可の審査

①開発許可基準とは

許可申請がなされると，都道府県知事は，遅滞なく，許可か不許可かの処分をしなければなりません(35条1項)。

では，都道府県知事は許可・不許可をまったく自由に決めることができるのでしょうか。都市計画法は，一定の基準を満たした場合には都道府県知事は必ず許可しなければならないとか，一定の基準を満たしていない場合には許可してはならないというように，開発許可の基準を設けました。これを**開発許可基準**といいます。

②主な開発許可基準の内容

開発許可基準の代表的なものは次の表のとおりです（33条）。

この開発許可基準を満たすとき，都道府県知事は開発行為を許可しなければなりません。

【開発許可の基準】

・予定建築物等の用途が用途地域等に適合していること（33条1項1号） ・排水施設が，開発区域内の下水を有効に排出するとともに，その排出によって開発区域及びその周辺の地域に溢水等による被害が生じないような構造及び能力で適当に配置されるように設計が定められていること（33条1項3号）	
一定の規模以上の開発行為	開発区域における植物の生育の確保上必要な樹木の保存，表土の保全その他の必要な措置が講ぜられるように設計が定められていること（33条1項9号）
主として自己の居住の用に供する住宅の建築の用に供する目的で行う開発行為以外の開発行為※	・道路，公園などの公共空地が，環境の保全上などの支障がないような規模及び構造で適当に配置され，かつ，開発区域内の主要な道路が，開発区域外の相当規模の道路に接続するように設計が定められていること（33条1項2号） ・給水施設が，開発区域について想定される需要に支障を来さないような構造及び能力で適当に配置されるように設計が定められていること（33条1項4号） ・開発区域内に災害危険区域などの開発行為を行うのに適当でない区域内の土地を含まないこと（33条1項8号） ・申請者に当該開発行為を行うために必要な資力及び信用があること（33条1項12号）

※　主として自己の居住の用に供する住宅の建築の用に供する目的で行う開発行為についてはこれらの許可基準は考慮されない。

平成18年の法改正により，開発許可基準として，「開発区域内の土地の全部又は一部が宅地造成等規制法の宅地造成工事規制区域内の土地であるときは，当該土地における開発行為に関する工事の計画が，宅地造成等規制法9条に定める基準に適合していること」が追加されました。

③市街化調整区域内の開発行為に関する開発許可基準

主として第二種特定工作物の建設の用に供する目的で行う開発行為以外の市街化調整区域内の開発行為については，先述（せんじゅつ）した開発許可基準に加え，次に挙（あ）げる基準のいずれかに該当する場合でなければ，開発許可をすることができません（34条）。

　この基準について主なものを挙げておきます。

・主として開発区域の周辺の地域において居住している者の利用に供する一定の公益上必要な建築物又はこれらの者の日常生活のため必要な物品，加工，修理等の業務を営む店舗，事業場その他これらに類する建築物の建築の用に供する目的で行う開発行為であること（34条1号）
・市街化調整区域内に存する鉱物資源，観光資源その他の資源の有効な利用上必要な建築物又は第一種特定工作物の建築又は建設の用に供する目的で行う開発行為であること（34条2号）
・市街化調整区域内において生産される農産物等の加工等に必要な建築物等の建築等の用に供する目的で行う開発行為であること（34条4号）
・都道府県知事が開発審査会の議を経て，開発区域の周辺における市街化を促進するおそれがなく，かつ，市街化区域内において行うことが困難又は著しく不適当と認められる開発行為であること（34条14号）

（d）許可された場合のその後の流れ

①文書による通知

　都道府県知事は，申請された開発行為について審査して，遅滞なく許可するかどうか決定すると，その**許可又は不許可の処分を，文書をもって申請者に通知**して行います（35条1項，2項）。

②開発登録簿への登録

次に，都道府県知事は，開発行為を許可した土地について一定の事項を**開発登録簿**に登録しなければなりません(47条1項)。これからどんな開発行為が始まるのか一般の人が知ることができるようにするためです。開発登録簿は都道府県知事が保管し，誰でもこれを閲覧することができ，その写しの交付を請求することもできます(47条5項)。

開発登録簿に登録すべき事項(47条1項)
　①開発許可の年月日
　②予定建築物等の用途
　③公共施設の種類，位置及び区域
　④ ①から③以外の開発許可の内容
　⑤用途地域の定められていない土地の区域における
　　開発行為について開発許可をする場合に定めた建
　　築物の敷地，構造，設備に関する制限の内容

---

③許可に付けられた条件

　都道府県知事は，**用途地域が定められていない区域**の開発行為について開発許可をする場合に，必要があると認めるときは，その開発区域内の土地について，**建築物の建蔽率，建築物の高さ，壁面の位置，その他建築物の敷地，構造，設備に関する制限**を定めることができます(41条1項)。

　このようにして建築物の敷地，構造，設備に関する制限を定められた土地の区域内においては，建築物はこれらの制限に違反して建築してはなりません(41条2項本文)。ただし，都道府県知事の許可があればその制限に反する建築物を建築することができます(41条2項但書)。

④工事の施行，工事完了の公告

　開発許可の通知を受けたら，いよいよ工事の施行です。

　この工事が完了した場合，開発許可を受けた者は，都道府県知事の検査を受けるために，**工事が完了した旨の**

届出をしなければなりません（36条1項）。

この届出を受けた都道府県知事は、まず、工事が開発許可の内容に適合しているかどうかを**検査**し、次に、検査に通れば**検査済証を交付**します（36条2項）。最後に、**工事完了の公告**を行います（36条3項）。これで、開発行為は終了となります。

⑤公共施設の帰属

開発行為によって、道路や上下水道などの公共施設が設置された場合、その**公共施設**は、**工事完了の公告の日の翌日**において原則として所在**市町村の管理**に属します（39条本文）。

ただし、他の法律に基づく管理者が別にあるとき、又は、将来設置される公共施設を管理することとなる者等との協議で別段の定めをしたときは、それらの者の管理に属します（39条但書）。

そして、その公共施設の敷地は、その施設の管理者に、その所有権が帰属します（40条2項）。

⑥知事の判断に不服がある場合

開発行為を不許可にされたり、許可されてもその内容に満足できなかったりするときは、**開発審査会に審査請求**をすることができます（50条1項）。

なお、審査請求を経ることなく、裁判所に取消しの訴えを提起することができます。

合格ステップ 15

開発許可の手続き①（事前手続） ランク

① 1ha以上の開発行為は、有資格者の設計が必要
② 開発行為に関係がある公共施設の管理者との協議、及び管理者の同意
③ 設置される公共施設の管理者等との協議
④ 土地等の権利者の相当数の同意

合格ステップ 16

開発許可の手続き②（申請後の手続き） …… ランク B

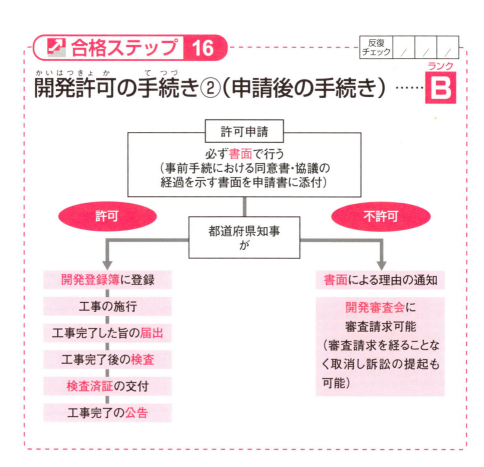

宅建試験に「出る！」問題

開発許可を申請しようとする者は、開発行為に関係がある公共施設の管理者の同意を得たことを証する書面を、申請書に添付しなければならない。（1999-19-2）

解答：○（合格ステップ15②、合格ステップ16参照）

ウォーク問3 問12…(3)　問17…(4)　問19…(2)(4)　問20…(1)　問21…(2)
問26…(1)(2)(4)

（6）開発行為の内容の変更など

（a）開発許可を受けた者が，開発行為の内容を変更しようとする場合

　開発許可を受けた者が**開発行為の内容を変更**しようとする場合には，原則として**都道府県知事の許可を再び受けな**ければなりません（35条の2第1項本文）。具体的には，①開発区域の位置，区域，規模，②予定建築物等の用途，③設計など，開発許可の申請書に記載された事項が変更される場合です。開発許可を受けた開発行為の内容が変わるのですから，変更後の開発行為が街づくりの妨げにならないかもう一度判断する必要があるからです。

　ただし，**開発許可を要しない開発行為**に変更する場合，又は一定の**軽微な変更**に該当する場合には，例外的に**許可は不要**です（35条の2第1項但書）。ここでいう軽微な変更とは，①工事の着手予定年月日又は工事の完了予定年月日の変更，②予定建築物等の敷地の小規模な形状の変更などです（規則28条の4）。そして，この**軽微な変更**をした場合には，遅滞なく，その旨を**都道府県知事に届出**をしなければなりません（35条の2第3項）。

（b）開発許可を受けた者が工事を廃止した場合

　開発許可を受けた者が開発行為に関する**工事を廃止**した場合には，**遅滞なく**その旨を**都道府県知事に届出**をしなければなりません（38条）。工事が中途で廃止されれば，周辺の地域の環境を害したりするおそれがあるので，都道府県知事は，許可した開発行為に関する工事がいつ廃止されたかを知っておく必要があるからです。

（c）開発許可を受けた者から，開発行為を行う権原を取得した場合

　土地の売買などによって開発許可を受けた者からその土地の所有権その他開発行為を行う**権原を取得した場合**，その取得者は，**都道府県知事の承認**を受けて，開発許可に基

づく地位を承継することができます(45条)。開発行為をする人が代わることになるものの、開発行為の内容自体は変わらないので、承認で足りるとされるのです。

　これに対して、相続の場合は、開発許可に基づく地位は直ちに承継されます。都道府県知事の承認を得る必要はありません。開発許可を受けた者の**相続人**その他の**一般承継人**は、被承継人が有していた当該許可に基づく地位を**当然に承継**するとされるのです(44条)。

【許可後の変更など】

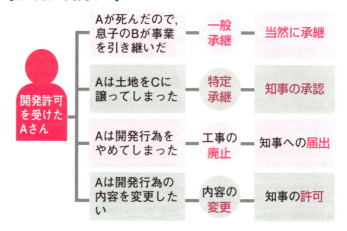

合格ステップ 17

| 反復チェック | / | / | / |

開発行為の内容の変更など

ランク **A**

	原則		都道府県知事の許可
(1)開発行為の**内容の変更**	例外	①**開発許可を要しない開発行為**に変更	許可・届出とも不要
		②軽微な変更	都道府県知事への届出
(2)**工事の廃止**			都道府県知事への届出
(3)**人の変更**	①一般承継(**相続人**その他の一般承継人)		当然に承継
	②特定承継(土地の所有権その他**開発行為を行う権原を取得した者**)		都道府県知事の承認を受けて承継

宅建試験に「出る!」問題

開発許可を受けた者は,開発行為に関する工事を廃止したときは,その旨を都道府県知事に報告し,その同意を得なければならない。(2006-20-3)

解答:×(上記合格ステップ(2)参照)

ウォーク問③ 問16…(3)　問17…(3)　問22…(1)　問25…(1)(3)　問26…(3)　問187…(4)

---

(7)開発行為に関連した建築規制

開発許可のあった区域内ではどんな建築規制があるか?

　Aさんは,所有する山林を宅地に造成して建売住宅を分譲しようと思い,開発許可を受けましたが,造成工事が思うように進みません。そこで,造成の終わった部分だけでもとりあえず住宅を建てて資金の回収を図りたいと考えています。そのようなことは許されるのでしょうか。(━ 解答は86頁)

ケーススタディ 1-4

(a) 開発許可を受けた開発区域内における建築規制

　開発行為を許可制にして，土地の工事を制限しても，そこに何を建ててもよいというのでは，乱開発を防ぐことはできません。そこで，開発行為に関連して，建築物の建築などについても，規制されています。
　ここでは，その内容を見ていきましょう。

【開発行為に関連する開発行為の建築規制】

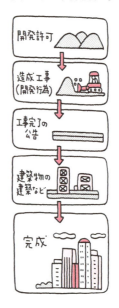

　開発行為に関連する建築規制については，開発許可を受けた開発区域内の建築規制と，開発許可を受けた開発区域以外の区域内の建築規制があります。開発許可を受けた開発区域内の建築規制については，①工事完了の公告前の建築規制と，②工事完了の公告後の建築規制とに分かれます。

①工事完了の公告前の建築規制

　開発許可を受けた開発区域では，**工事完了の公告がある**までの間は，原則として**建築物の建築**や特定工作物の建設をしてはなりません(37条)。いわば造成工事が完了し

ていない状態なのですから，当然です。

　ただし，例外として，次の場合は建築物を建築，又は特定工作物を建設することができます。

　まず第1に，開発行為の工事のための仮設建築物(たとえば，工事作業員用仮設小屋やプレハブの道具置場)を建築するときなどです。これは，当該工事に必要なものですから，建てることができて当然でしょう。

　第2に，都道府県知事が支障がないと認めたときです。

　第3に，開発行為の許可申請をするには，開発区域の土地等の権利者の相当数の同意を得ることが必要であることを「許可手続き」のところで述べましたが，この同意をしなかった土地等の権利者が建築・建設する場合です。土地等の権利者からすれば，開発行為に同意していないのですから，工事完了の公告前であっても，自分の土地等の権利の行使として，建築物等を建築・建設できて当然，ということになるでしょう。

②工事完了の公告後の建築規制

　では，次に，工事完了の公告後はどのような制限があるのでしょうか。

　開発行為が完了したのですから，建築物の建築などをしてもよいのですが，どんな建物でも建ててよいかといえば，そうではありません。原則として，当該開発許可に係る予定建築物等以外の建築物又は特定工作物を新築し，又は新設してはならず，また，建築物を改築し，又はその用途を変更して当該開発許可に係る予定の建築物以外の建築物にすることが禁止されます(42条1項)。都道府県知事は，開発許可申請書に記載された予定建築物等を見て開発許可をすべきかどうかを判断して許可したのですから，予定建築物・特定工作物以外のものを建てたり，予定建築物を建ててからそれ以外のものに変えてしまえるのであれば，乱開発は防げないからです。

ただし，次の場合は例外とされます(42条1項但書)。

(ⅰ)**都道府県知事が許可したとき**

なお，開発許可を受けた土地において，工事完了の公告があった後，国又は都道府県等が行う建築行為については，国の機関又は都道府県等と都道府県知事との協議が成立することをもって，許可があったものとみなされ，予定建築物以外の建築物を建築することができます(42条2項)。

(ⅱ)**用途地域等が定められているとき**

建築基準法のところで述べるように，用途地域が定められると用途規制によって，建てられる建築物等の種類が制限されますので，乱開発のおそれがないからです。

ケーススタディ1-4の答え

工事完了の公告前ですので，Aさんは，原則として，住宅を建てることができません。

合格ステップ 18

開発許可を受けた開発区域内における建築規制 …… ランク A

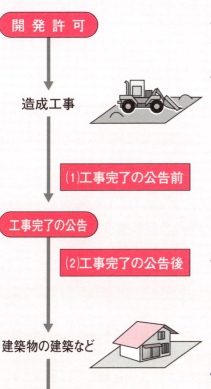

原則：建築物の建築，特定工作物の建設をしてはならない
（土地の分譲はできる）

例外：①当該工事のための仮設建築物・特定工作物を建築・建設するとき
②都道府県知事が支障がないと認めたとき
③開発行為に不同意の土地所有者等が建築物・特定工作物を建築・建設するとき

原則：(ⅰ)予定建築物・特定工作物以外の新築・新設をしてはならない
(ⅱ)建築物を改築し，又はその用途を変更して予定建築物以外の建築物としてはならない

例外：①都道府県知事が許可したとき
②用途地域等が定められているとき（建築基準法上の用途規制等が及ぶ）

宅建試験に「出る!」問題

用途地域等の定めがない土地のうち開発許可を受けた開発区域内においては，開発行為に関する工事完了の公告があった後は，都道府県知事の許可を受ければ，当該開発許可に係る予定建築物以外の建築物を新築することができる。(2009-17-4)

解答：〇（上記合格ステップ(2)例外①参照）

ウォーク問[3] 問16…(4)　問18…(4)　問19…(3)　問21…(1)　問22…(2)(3)
問23…(1)(2)　問24…(1)

(b)開発許可を受けた開発区域以外の区域内における建築規制

開発行為を行うことなく，いきなり建築物の建築等を行う場合，どのような規制があるのでしょうか。これが，「開発許可を受けた開発区域以外の区域内における建築規制」という問題です。

この点については，都市計画法は，特に市街化を抑制すべき区域である**市街化調整区域**内の建築規制を定めています。

①市街化調整区域内の，開発許可を受けた開発区域以外の区域内における建築規制

市街化調整区域は，都市計画区域の中にあります。同じ都市計画区域内にある市街化区域で市街地の整備が進んでくると，その市街化調整区域でも開発をしようという需要が生まれるため，乱開発のおそれが高くなります。しかし，市街化調整区域は市街化を抑制すべき区域です。それゆえ，建築規制を定めておく必要があります。

市街化調整区域の「開発許可を受けた開発区域以外の区域内」においては，原則として，**都道府県知事の許可**を受けなければ**建築物の新築**，第一種特定工作物の新設をしてはなりません。また，建築物を改築し，又は用途変更し

88　**LEC**東京リーガルマインド　2021年版出る順宅建士 合格テキスト ③法令上の制限・税・その他

て農林漁業用建築物もしくは公益上必要な建築物以外の建築物としてはなりません(43条1項本文)。

ただし、例外的に知事の許可なしに建築物の建築などを行える場合があります(43条1項但書)。それは、**市街化調整区域の開発行為**で、例外的に**開発許可が不要とされる場合**とほぼ同じです。すなわち、**農林漁業用建築物**,**公益上必要な建築物**は、知事の許可なしに新築することができます。また、**都市計画事業の施行**として行う場合なども、都道府県知事の許可は不要です。そのほか、軽易な行為なども都道府県知事の許可が不要です。これらは、開発許可不要の建築物を、開発行為を経ないで直接建てる場合ですから、同様の趣旨で建築許可不要とされているのです。

なお、国又は都道府県等が行う建築等については、原則として許可が必要ですが、国の機関又は都道府県等と都道府県知事の協議が成立することをもって、許可があったものとみなされます(43条3項)。

②**その他の区域内の、開発許可を受けた開発区域以外の区域内における建築規制**

これに対して、市街化調整区域以外の区域では、この「開発許可を受けた開発区域以外の区域内における建築規制」は定められていません。

市街化区域や区域区分が定められない都市計画区域は、街づくりを行っていく場所であり、用途規制などの規制以上に建築などを規制する必要はありません。また、都市計画区域外においては、都市計画区域内ほどは、都市化しようという需要はあまりなく、必要に応じて用途制限などを定めれば足りるからです。

合格ステップ 19

開発許可を受けた開発区域以外の区域内における建築規制…ランク A

市街化調整区域	都道府県知事の許可を受けなければ，建築物の新築，第一種特定工作物の新設をしてはならない。また，建築物の改築，用途変更により，農林漁業用建築物・公益上必要な建築物以外の建築物としてはならない。 ただし，開発許可が不要な場合と同様の，以下の建築物の建築などをする場合は，知事の許可は不要である。 ①農林漁業用建築物，農林漁業者の居住の用に供する建築物の建築などを行う場合 ②公益上必要な建築物の建築などを行う場合 ③都市計画事業等の施行として行う場合 ④非常災害のため必要な応急措置，仮設建築物の新築，通常の管理行為，軽易な行為などを行う場合
その他の区域	知事の許可なく，建築できる（用途規制などは及ぶ）。

宅建試験に「出る！」問題

市街化調整区域のうち開発許可を受けた開発区域以外の区域内において，公民館を建築する場合は，都道府県知事の許可を受けなくてよい。（2007-19-4）

解答：○（上記合格ステップ(1)②参照）

ウォーク問③　問22…(4)　問23…(3)　問24…(4)　問187…(2)

（8）田園住居地域内の農地の区域内における建築等の規制

（a）許可が必要な行為

都市農地について，宅地の供給源としての位置付けから都市にあるべきものへと，その位置付けを変えました。そこで，**田園住居地域内の農地の区域内**における営農環境の悪

化を防止するために，建築等の規制をします。

　現況が農地である区域内において，土地の形質の変更，建築物の建築その他工作物の建設又は土石・廃棄物・リサイクルのための再生資源の堆積を行おうとする者は，原則として，**市町村長の許可**を受ける必要があります（52条1項，施行令36条の3）。駐車場とするための造成や資材置き場とするための造成も規制の対象となります。

（b）許可を要しない行為

　仮設工作物の建設，法令による義務の履行として行う工作物の建設又は土地の形質の変更，**現に農業を営む者が農業を営むために行う土地の形質の変更**，通常の管理行為，軽易な行為，**非常災害のため必要な応急措置**として行う行為，都市計画事業の施行として行う行為等は，市町村長の許可を得ることなく行うことができます（52条1項但書，施行令36条の4）。

（c）許可をしなければならない行為

　土地の形質の変更でその**規模が300m²未満**で，農業の利便の増進及び良好な住居の環境の保護を図る上で支障がないものについて，市町村長は許可をしなければなりません。建築物又は工作物でその敷地の規模が300m²未満で，農業の利便の増進及び良好な住居の環境の保護を図る上で支障がないものについて，市町村長は許可をしなければなりません。一定の物件の堆積でその規模が300m²未満の場合も同様です（52条2項，施行令36条の6）。

（d）国又は地方公共団体が行う行為

　国又は地方公共団体が行う行為については，**市町村長の許可が不要**となります。この場合，当該国の機関又は地方公共団体は，その行為をしようとするときは，**あらかじめ，市町村長に協議**しなければなりません（52条3項）。

6 都市計画事業

(1) 都市計画事業とは

たとえば、「公園をつくろう」という都市施設の整備も、「市街地を総合的に開発しよう」という市街地開発事業も、建築工事を伴います。こうした整備を行う事業を**都市計画事業**といいます(4条15項)。なお、土地区画整理事業等の市街地開発事業だけではなく、道路、公園等の都市計画施設の整備に関する事業についても、都市計画事業として施行することができます。

また、都市計画法では、こうした具体化された計画について、都道府県知事又は国土交通大臣の認可・承認が必要であるとされています(59条、60条)。この承認や認可がないと工事が始められないのです。この都市計画事業については、土地収用法の規定による事業の認定は行わず、都市計画事業の認可又は承認をもってこれに代えるものとし、都市計画事業の認可又は承認の告示をもって土地収用法による事業の認定の告示とみなされます(70条1項)。

そして、いざ建築工事が始められたとしても、通常完成までには長い時間がかかります。

このように長い時間をかけて、整備の事業を進めていったとしても、その間に、ビルを建てられてしまうなど、この工事の邪魔となるようなことをされてしまうと、さらに時間がかかってしまいます。

そこで、都市計画法はこうした工事の施行手続きと、それに伴う制限を定めています。これを図示すると、次のようになります。

【都市計画事業の流れ】

— 都市計画事業の決定の告示

　↕ 都市計画施設等の区域内に
　　 おける建築の制限

— 都市計画事業の認可・承認の告示

　↕ 都市計画事業制限
　　（都市計画事業の事業地内
　　 における建築等の制限）

— 都市計画事業の完了

　ここでは，都市計画事業を施行する各段階での行為制限
について整理しておきましょう。

（2）都市計画施設の区域又は市街地開発事業の施行区域内の制限

　都市施設のうち，具体的に都市計画で定められたものを
都市計画施設といいます（4条6項）。この都市計画施設の区
域又は市街地開発事業の施行区域内とは，いったんこれら
の決定の告示がなされたものの，計画が具体化されていない
ために，認可や承認を受けることができない事業の区域のこ
とです。

　まず，都市施設の整備，市街地開発事業の決定がなされ
ると，その区域内で**建築物の建築**をする者は，**都道府県知
事（市の区域内にあっては，当該市の長）の許可**を受けなけれ
ばなりません（53条1項本文）。これを**都市計画施設の区域又
は市街地開発事業の施行区域**内における建築の制限といい
ます。

　ただし，建築物の建築であっても例外的に許可不要とされ
る行為があります（53条1項但書）。たとえば，都市計画事業

＋α プラスアルファ

都道府県知事等の
許可が必要な建築
物の建築のうち，一
定の場合には，知事
は許可しなければ
ならないとされます
（54条）。例えば，階
数が2以下で地階
を有せず，主要構造
部が木造，鉄骨造等
の建築物で，容易に
移転し，又は除却す
ることができるもの
は，許可しなければ
なりません（54条3
号）。

の施行として行う行為，又はこれに準ずる行為として政令で定める行為，非常災害のために必要な応急措置として行う行為，政令で定める軽易な行為などです。これらの行為は，事業の施行にとって障害とならない，もしくは，障害となるおそれが少ないからです。

（3）都市計画事業の事業地内における制限

　整備の内容などが具体化され，都市計画事業の認可や承認がなされると，その旨の告示がなされ，ほぼ確実に建築工事が開始される段階に至ったことになります。このような認可・承認の告示がなされた土地を**都市計画事業の事業地**といいます。

　このような事業地内においては，実際に整備のための工事が始まるのですから，都市計画施設の区域又は市街地開発事業の施行区域内における建築の規制よりも厳しいものとなります。この認可・承認の告示後の制限のことを**都市計画事業制限**（又は，**都市計画事業の事業地内における建築等の制限**）といいます。

　具体的には，都市計画事業の施行の障害となるおそれのある，①**土地の形質の変更**，②**建築物の建築**その他工作物の建設，③一定の**移動の容易でない物件の設置もしくは堆積**，のいずれかの行為を行おうとする者は，**都道府県知事等の許可**を受けなければなりません（65条1項）。

　この制限は，建築物の建築のほか，土地の形質の変更（①）や，一定の移動の容易でない重量物件の設置・堆積（③）も制限されている点で，都市計画施設の区域又は市街地開発事業の施行区域内における建築の規制や，後述する市街地開発事業等予定区域の区域内における制限よりも厳しいものです。また，工事の開始が差し迫っている時期なので，例外的に都道府県知事の許可がいらない行為も特に列挙されていません。なお，都市計画事業の認可等の公告の日の翌日

から起算して10日を経過した後に事業地内の土地建物等を有償で譲り渡そうとする者は，原則として，当該土地建物等，その予定対価の額及び土地建物等を譲り渡そうとする相手方等を，書面で施行者に届け出なければならないこととされています(67条1項)。

（4）市街地開発事業等予定区域内の制限

　いわゆるニュータウンの建設などの大規模な整備をする事業の場合には，それを行うかどうかを決めることでさえ，長い時間がかかります。

　しかし，先に述べたところからすると，建築物の建築などを規制できるのは，都市計画事業をすることが決定してからです。こうなると，それを行うかどうか検討している間に，建物などが建てられてしまい，ニュータウンの建設のような大規模な整備がうまくいかなくなってしまいかねません。

　そこで，このような整備に適する土地を早い段階から現状のままで保全しておくために，都市施設の整備や市街地開発事業の決定の前に，施行予定者などの基本的事項を定めてその予定区域をあらかじめ定めておくことができるとされます。これを**市街地開発事業等予定区域**といいます。

　都市計画事業の決定に先立って，この市街地開発事業等予定区域の決定がなされた場合には，市街地開発事業等予定区域の決定の告示の日から都市施設の整備や市街地開発事業の決定の告示の日までの間においても，一定の制限が課されます。この制限のことを，**市街地開発事業等予定区域の区域内における建築等の制限**といいます(52条の2)。

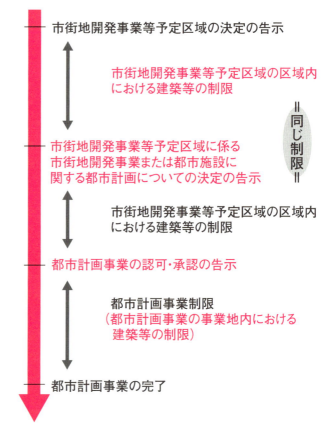

　この制限は、建築物の建築その他工作物の建設の他、土地の形質の変更についても**都道府県知事等の許可が必要**とされている点で「都市計画施設の区域又は市街地開発事業の施行区域内の制限」よりも厳しいものです(52条の2第1項)。

合格ステップ **20**

反復チェック / / /

都市計画事業に関連する行為制限 ………… ランク **B**

第1章 都市計画法

　都市計画事業の事業地などにおいては，次の行為をするには原則として**都道府県知事（市の区域内にあっては，当該市の長）の許可**が必要である。

	(1)都市計画施設の区域内市街地開発事業の施行区域内	(2)市街地開発事業等予定区域の区域内	(3)都市計画事業の事業地内
建築物の建築	○	○	○※2
土地の形質の変更	×※1	○	○※2
一定の物件の設置・堆積	×	×	○
許可不要の場合	あり	あり	なし※3

○…都道府県知事等の許可必要　　×…許可不要

※1　施行予定者が定められている場合には，許可が必要となる。
※2　都市計画事業の施行の障害となるおそれがあるものに限る。
※3　都市計画事業の認可の告示後，事業地内において行われる建築物の建築については，非常災害の応急措置として行うものであっても，都市計画事業の施行の障害となるおそれがあるものであれば，都道府県知事等の許可を受ける必要がある。

宅建試験に「出る！」問題

都市計画事業の認可の告示があった後においては，当該事業地内において，当該都市計画事業の施行の障害となるおそれがある土地の質の変更又は建築物の建築その他工作物の建設を行おうとする者は，都道府県知事（市の区域内にあっては，当該市の長）の許可を受けなければならない。(2013-15-3)

解答：○（上記合格ステップ(3)参照）

ウォーク問③　問27…(1)　問28…(1)(2)　問29…(ア)(ウ)　問30…(3)　問31…(4)
　　　　　　　　問32…(3)　問114…(3)

LEC東京リーガルマインド　2021年版出る順宅建士 合格テキスト ③法令上の制限・税・その他　**97**

MEMO

第2章 建築基準法
けんちくきじゅんほう

超頻出Aランク

学習のポイント

学習項目	'11	'12	'13	'14	'15	'16	'17	'18	'19	'20
1 建築基準法の構造										
2 用途規制	★		★	★		★	★	★	★	★
3 建蔽率・容積率など	★	★	★	★	★	★	★	★	★	★
4 斜線制限・日影規制		★	★					★		★
5 道路規制	★		★		★		★	★	★	
6 防火・準防火地域内の建築制限	★				★		★		★	
7 壁の位置に関する規制						★				
8 都市計画区域及び準都市計画区域以外の区域内の建築制限										
9 単体規定など		★	★	★	★	★	★	★	★	★
10 建築確認		★		★	★		★	★	★	★

　「建築基準法」は，例年2問出題されています。都市計画法と並んで出題数の多いところで，宅建士試験に合格するためには避けては通れない項目です。
　この建築基準法には，単体規定と集団規定があります。詳しくは後述しますが，集団規定に関する内容が多く出題されているので，まずは，集団規定に関する内容をしっかりと押さえておく必要があります。

何を学ぶか？ どこに着目するか？

何を学ぶか？

この章では，建築基準法について学んでいきます。建築基準法は，日本における建築物の最低基準を定めた法律です。昭和25年に施行された歴史のある法律であり，細かい規制が数多くあります。本章ではこの内容について学習していきます。

具体的にはどんな規制があるの？

場所によって建てられる建物の使いみちを決めたり，建物の大きさや高さを制限したりします。また，建物の素材や建築方法といったことにも制限を加えます。

どうやって規制しているの？

建築基準法では，建築確認という方法を採っています。これは，上記のような規制に反していないかを事前にチェックすることで，法律に違反しない建物を建てるようにする制度です。

合格への着眼点は？

建築基準法は，細かい数値を設けて建物の建築を規制しています。細かい数値が出題テーマとなっていますので，数字の暗記が重要となってきます。丸暗記が好きな方は多くはないでしょうが，覚えてしまえば確実に1点になって返ってきます。裏切られることが少ない分野なので，確実に習得しましょう。

1 建築基準法の構造

（1）集団規定と単体規定

建築基準法には，集団規定と単体規定があります。**集団規定**とは，原則として都市計画区域内の建築物に対して規制を加えるものです。準都市計画区域にも，一定の場合は集団規定が適用されます。つまり，まちのなかの建物に対する規制です。

山の奥深くのようなまわりに他の建物が何もないところであれば，どんな建物を建てても，他の建物に迷惑をかけることはありません。しかし，住宅街の真ん中に大規模な工場を建てたら，周辺住民は安心して生活できなくなるかもしれません。

このようにまちの建物については，まちのなかであるがゆえに特別の配慮が必要となるのです。そこで，建築基準法では，原則として都市計画区域内の建築物に対してのみ適用される規定を定めているのです。これが集団規定です。

（2）集団規定の種類

集団規定には次のような種類があります。

①**建物の使いみちを制限する規制**

　用途規制

②**建物の大きさを制限する規制**

　（ア）建蔽率の規制

　（イ）容積率の規制

　（ウ）敷地面積の最低限度の規制

③**建物の高さを制限する規制**

　（ア）斜線制限

　（イ）日影規制

④その他の集団規定
　(ア)第一種・第二種低層住居専用地域,田園住居地域内における特別の規制
　(イ)建物の敷地に関する規制(道路規制)
　(ウ)防火・準防火地域内の建築制限

　これに対して,全国どこの建物であっても適用される建築基準法の規定を**単体規定**といいます。これについては,「⑨単体規定など」(160頁)で改めて述べます。

2 用途規制

8問
10年

自分の所有地なら何でも建てられるか？

　Aさんは,第一種低層住居専用地域に住んでいますが,広い庭を利用してぱちんこ屋を営み,ひと儲けしようと思いました。この場合,Aさんは,自分の敷地のなかであれば自由にぱちんこ屋を建てられるのでしょうか。(➡解答は103頁)

　すでに勉強したように,都市計画法では,ある土地をどのような用途で利用すべきかという観点から,**用途地域**を定めています(合格ステップ4参照,39頁)。この用途地域は,土地をどのような用途で利用するかの計画を示すものといえます。

　そして,この計画に基づいて,ある土地にどのような建物が建てられるかにつき具体的に規制を加えているのが建築基準法の**用途規制**なのです(48条1項〜13項,別表第二)。

　都市計画法→用途地域＝土地利用の計画
　建築基準法→用途規制＝計画にあわせた建築規制

ケーススタディ2-1の答え

Aさんが住んでいる場所は、第一種低層住居専用地域です。このような閑静な住宅街のなかに、ぱちんこ屋ができたら、街中に、一日中にぎやかに音楽がひびきわたり、人の出入りも多くなって、うるさくて仕方がありません。そこで、建築基準法は、第一種低層住居専用地域においては、静かな環境を維持するために、原則として、ぱちんこ屋を建てられないことにしているのです。

（1）用途地域ごとの用途規制の内容

では、どの用途地域にどの建築物が建てられるか具体的に見ていきましょう。

宅建士試験では、たとえば、「第一種低層住居専用地域にホテルを建築できるか」というような出題がされます。

そこで、「どの地域」に「どんな建築物」が建てられるのかを理解し、本試験の問題を解きながらおぼえてください。

まずは、少し形式を変えて先に合格ステップを見ていただきましょう。その後に合格ステップの説明をしていきましょう。分量が多いので、合格ステップを2つに分けて、説明をします。

ここは分量が多くて大変じゃが、試験では頻繁に出題されているから、しっかりおぼえる必要があるぞ。

合格ステップ 21

用途規制① ………………………………………………… ランク B

建築物の用途(種類) \ 用途地域	第一種低層住居専用	第二種低層住居専用	田園住居	第一種中高層住居専用	第二種中高層住居専用	第一種住居	第二種住居	準住居	近隣商業	商業	準工業	工業	工業専用	用途地域の指定のない区域※2
神社・教会・寺院, 巡査派出所, 公衆電話所, 公衆浴場, 診療所, 保育所, 幼保連携型認定こども園	○	○	○	○	○	○	○	○	○	○	○	○	○	○
住宅・共同住宅・寄宿舎・下宿	○	○	○	○	○	○	○	○	○	○	○	○	×	○
住宅に付属するもの※1	○	○	○	○	○	○	○	○	○	○	○	○	×	○
老人ホーム, 福祉ホーム	○	○	○	○	○	○	○	○	○	○	○	○	×	○
図書館・博物館・美術館	○	○	○	○	○	○	○	○	○	○	○	○	×	○
学校I(小学校・中学校・高校)	○	○	○	○	○	○	○	○	○	○	○	×	×	○
物品販売店舗・飲食店I (2階以下, かつ150m²以内)	×	○	○	○	○	○	○	○	○	○	○	○	×	○
物品販売店舗・飲食店II※3 (2階以下, かつ500m²以内)	×	×	○	○	○	○	○	○	○	○	○	○	×	○
自動車車庫I (2階以下かつ300m²以内)	×	×	×	○	○	○	○	○	○	○	○	○	○	○
病院	×	×	×	○	○	○	○	○	○	○	○	×	×	○
学校II (大学,高専・専修・各種学校)	×	×	×	○	○	○	○	○	○	○	○	×	×	○
事務所	×	×	×	×	○	○	○	○	○	○	○	○	○	○
物品販売店舗・飲食店III (1,500m²以内)	×	×	×	×	○	○	○	○	○	○	○	○	×	○

○…建築できる ×…特定行政庁の許可なく建築できない

※1 住宅に付属するものとは, 床面積が50m²以内の日用品の販売を主たる目的とする店舗, 食堂, 喫茶店や事務所などで, 住居部分が延べ面積の2分の1以上あるものをいう。いわゆる兼用住宅のことである。

※2 市街化調整区域を除く。

※3 田園住居地域では農業の利便増進に必要な店舗・飲食店等(農産物直売所, 農家レストラン等)の建築ができる。

宅建試験に「出る!」問題

工業地域内では，住宅は建築できるが，病院は建築できない。（2002-20-4）

解答：○（上記合格ステップ参照）

ウォーク問3 問33　問34…(1)(4)　問35…(1)(4)　問61…(1)(2)　問62…(2)　問70…(1)

以上の合格ステップの○印がついているものがその用途地域で建築できる建築物の用途で，×印のついているものがその用途地域で特定行政庁の許可がない限り建築できない建築物の用途です。

①すべての用途地域において建築できるもの

寺院・教会・神社などの宗教施設，巡査派出所・公衆電話所などの近隣公共施設，**診療所**・公衆浴場といった医療衛生施設，**保育所**に類する社会福祉施設，幼保連携型認定こども園は，**すべての用途地域において建築できます**（48条1項～13項，別表第二(い)項～(わ)）。

②住宅

住宅は住居系の用途地域において建築できるのはあたりまえとしても，他の用途地域でも意外と建築できる用途地域が多く，**工業専用地域以外**ならば，どの用途地域においても**建築できます**（48条13項，別表第二(わ)項第2号，3号参照）。住居であれば，一戸建ての住宅も，共同住宅も区別されません。

なお，**老人ホーム・福祉ホーム**や，**図書館**・博物館・美術館も同じ規制となっています（48条13項，別表第二(わ)項第4号，6号参照）。

③店舗・事務所

店舗や事務所については，無秩序な住宅地への進出を防止するために，住居系の用途地域に対応して，きめ細かな規制をしています。

第一種低層住居専用地域では，店舗，事務所について，**住宅に付属したもの**(いわゆる兼用住宅)しか建築することができません。この兼用住宅は，**住居部分が延べ面積の2分の1以上で，**かつその用途が**日用品の販売を主たる目的とする店舗，食堂，喫茶店や事務所**などでなければならず，さらに，これらの用途に供する部分の床面積の合計が50m²以内であることが必要です(48条1項，別表第二(い)項第2号，施行令130条の3)。

第一種低層住居専用地域において建築することができる用途の建築物については，第二種低層住居専用地域においても建築することができます。

第一種低層住居専用地域と第二種低層住居専用地域との違いは，たった1つ，**店舗，飲食店**などで，その用途部分の床面積が**150m²以内で，かつ2階以下の部分がその用途に供される**ものが建築できるか否かだけです(48条1項，2項，別表第二(い)項，(ろ)項第2号，施行令130条の5の2)。ここにいう店舗，飲食店などには，日用品販売の店舗，食堂，喫茶店のほか，①理髪店，美容院，クリーニング取次店などの店舗，②洋服店，畳屋，自転車店などの店舗や自家販売のために食品製造業を営むパン屋，米屋，豆腐屋，菓子屋などで，作業場の床面積50m²以内のもの，③学習塾，華道教室，囲碁教室などが含まれます。また，これらに付属するものも含まれます。これは，第二種低層住居専用地域においては，住民の日常生活の利便性も考慮して，独立の店舗でも，日用雑貨品等を販売するコンビニエンスストアのように小規模なものならば，その建築を認めようとしたものです。

田園住居地域では，第二種低層住居専用地域において建築できる店舗，飲食店が建築できるとともに，500m²以内で，かつ2階以下の部分が地域で生産された農産物の販売を主たる目的とする店舗その他の農業の利便を増進

するために必要な店舗，飲食店その他これらに類する用途に供されるものが建築できます（建基法48条８項，別表第二（ち））。田園住居地域及びその周辺の地域で生産された農産物の販売を主たる目的とする店舗，田園住居地域及びその周辺の地域で生産された農産物を材料とする料理の提供を主たる目的とする飲食店がこれに該当します（施行令130条の９の４）。

④学校

　学校は，**工業地域**と**工業専用地域**では**建築できません**。

　ただ，小・中・高等学校と大学などでは建築できる用途地域が異なるので注意してください。**大学**などは大規模な施設になることが多いので，**第一種・第二種低層住居専用地域，田園住居地域**においても**建築できません**。

　これに対して，**小・中・高等学校**は住宅地の近くにあるほうが望ましいので，**第一種・第二種低層住居専用地域，田園住居地域**においても**建築できる**ものとされています。

⑤医療衛生施設
　　　い りょうえいせい し せつ

　医療衛生施設関係では，診療所と病院とで建築できる用途地域が異なるので注意してください。

　病気やケガの応急処置をする施設は人のいる所ならどこでも必要なので，**診療所**は，**すべての用途地域で建築できます**。これに対して**病院**は，入院患者が多いので，空気の悪い**工業地域**や**工業専用地域**には適さないし，外来患者や救急車が多く出入りするので，閑静な**第一種・第二種低層住居専用地域，田園住居地域**にも適さないので，これらの地域には**建築できません**。

合格ステップ 22

反復チェック　／　／　／

用途規制② ………………………………………… ランク B

建築物の用途（種類）＼用途地域	第一種低層住居専用	第二種低層住居専用	田園住居	第一種中高層住居専用	第二種中高層住居専用	第一種住居	第二種住居	準住居	近隣商業	商業	準工業	工業	工業専用	用途地域の指定のない区域※2
工場I（原動機を使用し，50m²以内）	×	×	×	×	×	○	○	○	○	○	○	○	○	○
物品販売店舗・飲食店IV（3,000m²以内）	×	×	×	×	×	○	○	○	○	○	○	○	×	○
自動車教習所	×	×	×	×	×	○	○	○	○	○	○	○	×	○
ボーリング場・スケート場・水泳場	×	×	×	×	×	○	○	○	○	○	○	○	×	○
ホテル・旅館	×	×	×	×	×	○	○	○	○	○	○	×	×	○
カラオケボックス	×	×	×	×	×	×	○	○	○	○	○	○	○	○
マージャン屋・ぱちんこ屋	×	×	×	×	×	×	○	○	○	○	○	○	×	○
物品販売店舗・飲食店V（3階以上又は10,000m²以内）	×	×	×	×	×	×	○	○	○	○	○	○	×	○
倉庫業を営む倉庫	×	×	×	×	×	×	×	○	○	○	○	○	○	○
自動車車庫II（その他）	×	×	×	×	×	×	×	○	○	○	○	○	○	○
自動車修理工場（150m²以内）	×	×	×	×	×	×	×	○	○	○	○	○	○	○
工場II（原動機を使用し，150m²以内）	×	×	×	×	×	×	×	×	○	○	○	○	○	○
劇場・映画館I（客席200m²未満）	×	×	×	×	×	×	×	○	○	○	○	×	×	○
劇場・映画館II（客席200m²以上10,000m²以内）	×	×	×	×	×	×	×	×	○	○	○	×	×	○
店舗・飲食店VI（10,000m²を超える）	×	×	×	×	×	×	×	×	○	○	○	×	×	×
劇場・映画館III（客席10,000m²超）	×	×	×	×	×	×	×	×	○	○	○	×	×	×
料理店・キャバレー	×	×	×	×	×	×	×	×	×	○	○	×	×	○
個室付浴場	×	×	×	×	×	×	×	×	×	○	×	×	×	○

○…建築できる　　×…特定行政庁の許可なく建築できない
※2　市街化調整区域を除く。

　都市計画区域内においては，卸売市場，火葬場，と畜場，汚物処理場，ごみ焼却場などの建築物は，原則として都市計画においてその敷地の位置が決定しているものでなければ建築してはならない。

宅建試験に「出る!」問題

第一種住居地域において，原則としてカラオケボックスで当該用途に供する部分の床面積の合計が500m²であるものは建築することができる。(2008-21-2)

解答：×(上記合格ステップ参照)

ウォーク問3 ▶ 問34…(2)(3)　問35…(2)(3)　問36…(1)(2)(4)　問64…(1)　問67…(1)
問73…(2)　問189…(2)

---

⑥工場

　工場のうち，**原動機**(モーター)を使う小規模なものは，工業系以外の用途地域でも建築できます。**50m²以内**であれば，**第一種・第二種住居地域でも建築できます。**規模の小さないわゆる町工場のようなものであれば，住居系の用途地域にあってもあまり問題ないといえるからです。

　なお，住環境の保護を図りつつも，一定の自動車関連施設の立地を念頭に置いている**準住居地域では，150m²以内の自動車修理工場を建築できる**こともおぼえておいてください。

⑦料理店

　料理店とは，客の接待をして，客に遊興又は飲食をさせる営業を行う場所をいい，料理店はキャバレーと同様の風俗営業施設に分類されます。**商業地域と準工業地域にしか建築できません。**

　一般の飲食店とは異なるので，用途規制の内容を混同しないよう注意が必要です。

⑧準工業地域に建築できない建築物

　準工業地域は，ほとんど用途規制がない地域です。**商業地域にしか建築できない個室付浴場が建築できない**ぐらいです。

LEC東京リーガルマインド　2021年版出る順宅建士 合格テキスト ③法令上の制限・税・その他　**109**

⑨用途地域の指定のない区域に建築できない建築物

　用途地域の指定のない区域では，原則として建築物の用途規制はありません。しかし，近年都市の郊外などの用途地域の定められていない区域において，大規模な店舗やアミューズメント施設等が出店するようになり，無秩序な土地利用が進むなど，これらの大規模集客施設について規制する必要が出てきました。そこで，**用途地域の指定のない区域(市街化調整区域を除く)**においても，その用途に供する部分の床面積の合計が**10,000m²を超える店舗，飲食店**，展示場，遊技場等，客席部分の床面積の合計が**10,000m²を超える劇場，映画館**，演芸場等は，原則として建築できないこととなりました(48条14項，別表第二(か)項)。

(2)その他の用途規制
(a)卸売市場・火葬場・汚物処理場等

　卸売市場・火葬場・汚物処理場等は，近くにできるといやがる人も多く，設備も大型なものなので，**都市計画**においてその敷地の位置が決定しているものでなければ，原則として新築し，又は増築してはならないものとされています(51条)。

(b)特別用途地区内の用途規制

　特別用途地区は，用途地域の指定を補完して定める地区です(合格ステップ7参照，46頁)。そこで，その地区の指定の目的のために建築物の建築の制限又は禁止に関し必要な規定を，地方公共団体の条例で定めることができます(49条1項)。また，地方公共団体は，必要な場合には，**国土交通大臣の承認を得て，条例で，用途制限を緩和**することができます(49条2項)。なお，市町村は地区計画の地区整備計画が定められている区域内において，国土交通大臣の承認を得て，条例で，建築基準法の建築物の用途制限を緩和することができます(68条の2)。

（ｃ）居住環境向上用途誘導地区内の用途規制

居住環境向上用途誘導地区内においては，地方公共団体は，国土交通大臣の承認を得て，条例で，用途地域における用途の制限を緩和することができる（60条の2の2）。

（3）敷地が用途規制の異なる地域にわたる場合の取扱い

たとえば，敷地が第一種低層住居専用地域と第二種低層住居専用地域にまたがっている場合，用途規制はどのように適用されるでしょうか。

建物の敷地が，用途規制の異なる複数の地域にわたる場合には，建物の敷地の**過半の属する地域**の用途規制に関する規定が適用されます（91条）。

建物の敷地の面積が200㎡で，そのうち120㎡が第一種低層住居専用地域に属し，80㎡が第二種低層住居専用地域に属している場合には，敷地全体について，第一種低層住居専用地域の用途規制に関する規定が適用されることになります。

【複数地域にまたがる場合】

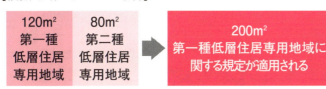

合格ステップ 23

反復チェック　／　／　／

敷地が用途規制の異なる複数の地域にわたる場合 … ランク B

建物の敷地が用途規制の異なる複数の地域にわたる場合は，建物の敷地の**過半の属する地域**の用途規制に関する規定が適用される。

宅建試験に「出る!」問題

建築物の敷地が第一種低層住居専用地域及び準住居地域にわたる場合で，当該敷地の過半が準住居地域に存する場合には，作業場の床面積の合計が100m²の自動車修理工場は建築可能である。（2013-18-4）

解答：○（上記合格ステップ参照）

ウォーク問3 問35…(1)　問62…(2)　問64…(1)　問66…(4)

---

3 建蔽率・容積率など

（1）建蔽率

■ 自分の所有地なら敷地いっぱいに建物を建てられるか？

Aさんは，第一種住居地域に住んでいます。このたび，息子夫婦が引っ越してきて家が手狭になったので，家を建て替えることにしました。

二世帯で住むので，今度は庭をなくして大きな家を建てたいと思っています。

Aさんは，敷地めいっぱいに家を建てることはできるのでしょうか。自分の土地なんだから自由に使ってもいいのでしょうか。（→解答は119頁）

(a) 建蔽率とは

　敷地めいっぱいに建築物を建築できるかどうかについて、建築基準法は制限をしています。この制限は建蔽率という数字を使って制限されます。それでは、建蔽率とは何のことでしょうか。
　建蔽率とは、建築物の建築面積の敷地面積に対する割合のことをいいます(53条1項)。

$$建蔽率 = \frac{建築面積}{敷地面積}$$

次の図を例に説明しましょう。

【建蔽率】

　この建物の敷地面積が1,000m²、建築面積が500m²である場合、建蔽率は1,000分の500、つまり10分の5 (50%) ということになります。

(b) なぜ建蔽率の規制をするのか

　建蔽率とは何かについて説明しましたが、この建蔽率は、各用途地域ごとに規制されています。それはなぜでしょうか。

　隣同士の建物がめいっぱい建ったのでは，かなり窮屈な街になってしまいます。風通しや日当たりも良いとはいえないし，決して良好な環境とはいえません。しかも，このような状態で一戸の家が火事になったら，あっという間に延焼してしまう危険があります。

　そこで，日照，採光，通風の確保及び延焼防止を図り，環境を良好なものにするため，建蔽率を規制して，敷地内に適度の空地を確保しようとしているのです。

　たとえば，建蔽率が10分の5までというように規制されている場合は，下図のようなイメージで家が立ち並ぶことになります。

（c）建蔽率の規制の内容

　建蔽率の規制の内容は，各用途地域ごとに異なっています。それぞれの場所に応じて，それにふさわしい環境というものも違ってくるからです。

　たとえば，高級住宅街と商店街とを比較すれば，高級住宅街は空地をたっぷりとって良好な住居の環境を維持すべきなのに対し，商店街は商売の効率を重視して空地の確保にはある程度目をつぶることになるでしょう。そのため，商店街では，高級住宅街に比べて建蔽率規制の程度が弱くなります。このような観点から，建築基準法は，各用途地域ご

との特性に応じて，その用途地域にふさわしい建蔽率の最高限度の原則的な数値を都市計画に定めるように規定しています。これは，都市計画で用途地域を定める場合に，決められる数値です。

【用途地域ごとの原則的な建蔽率の数値】

用途地域		以下の数値の中から都市計画で定める
都市計画区域・準都市計画区域	第一種低層住居専用地域 第二種低層住居専用地域 田園住居地域 第一種中高層住居専用地域 第二種中高層住居専用地域 工業専用地域	$\frac{3}{10}, \frac{4}{10}, \frac{5}{10}, \frac{6}{10}$
	第一種住居地域 第二種住居地域 準住居地域 準工業地域	$\frac{5}{10}, \frac{6}{10}, \frac{8}{10}$
	近隣商業地域	$\frac{6}{10}, \frac{8}{10}$
都市計画区域・準都市計画区域	商業地域	$\frac{8}{10}$
	工業地域	$\frac{5}{10}, \frac{6}{10}$
	用途地域の指定のない区域	$\frac{3}{10}, \frac{4}{10}, \frac{5}{10}, \frac{6}{10}, \frac{7}{10}$
都市計画区域・準都市計画区域以外の区域		制限なし

ただ，いずれの用途地域であっても，敷地が**特定行政庁の指定する角地**にある場合や，敷地が**建蔽率の限度が10分の8とされている地域外**で，かつ，**防火地域内にある耐火建築物等**を建築する場合には，建蔽率の制限は**緩和**されます（53条3項）。また，**準防火地域内にある耐火建築物等もしくは準耐火建築物等**を建築する場合には，建蔽率の制限が**緩和**されます（53条3項）。具体的には，用途地域ごとに定めら

プラスアルファ

耐火建築物等とは，耐火建築物又は耐火建築物と同等以上の延焼防止性能（通常の火災による周囲への延焼を防止するために壁，柱，床その他の建築物の部分及び防火戸その他の一定の防火設備に必要とされる性能をいいます。）を有する建築物をいいます。
準耐火建築物等とは，準耐火建築物又は準耐火建築物と同等以上の延焼防止性能を有する建築物（耐火建築物等を除く。）をいいます。

れた数値に10分の1を加えた数値まで緩和されるのです。このような場合には，日照，採光及び通風が確保されるし，また，火災の際，延焼する可能性も少ないからです。

　また，**商業地域**及び都市計画において**建蔽率の制限が10分の8と定められた地域内**で，かつ**防火地域内にある耐火建築物等**については，建蔽率の制限が**適用されない**ものとされています(53条6項1号)。

　建築物の敷地が防火地域の内外にわたる場合において，その敷地内の建築物の全部が耐火建築物等であるときは，その敷地は，全て防火地域内にあるものとみなして，建蔽率の制限が緩和又は不適用となります(53条7項)。

　建築物の敷地が準防火地域と防火地域及び準防火地域以外の区域とにわたる場合において，その敷地内の建築物の全部が耐火建築物等又は準耐火建築物等であるときは，その敷地は，全て準防火地域内にあるものとみなして，建蔽率の制限が緩和されます(53条8項)。

合格ステップ 24

建蔽率の制限

(1) 建築物の建蔽率は，用途地域ごとに都市計画において定められた数値を超えてはならない。
(2) 次の場合には，建蔽率の制限を10分の1を加えた数値まで緩和する。
　①特定行政庁の指定する角地の建築物
　②準防火地域内の耐火建築物等又は準耐火建築物等
　③建蔽率の限度が10分の8とされている地域外で，かつ，防火地域内の耐火建築物等
(3) 商業地域などの建蔽率の限度が10分の8と定められた地域内で，かつ防火地域内にある耐火建築物等は，建蔽率の制限を適用しない。

用途地域	建蔽率の最高限度 原則		緩和 ① 特定行政庁が指定する角地	緩和 ② 準防火地域内で耐火建築物等・準耐火建築物等	緩和 ③ 防火地域内で耐火建築物等	①②両方又は①③両方に該当する場合
第一種低層住居専用地域	3・4・5・6／10	左の数値の中から都市計画で定める	+1／10	+1／10	+1／10	+2／10
第二種低層住居専用地域						
田園住居地域						
第一種中高層住居専用地域						
第二種中高層住居専用地域						
工業専用地域						
工業地域	5・6／10		+1／10	+1／10	+1／10	
第一種住居地域	5・6・8／10		+1／10	+1／10	+1／10	+2／10
第二種住居地域						
準住居地域					8／10と定められた地域内は規制なし	8／10と定められた地域内は規制なし
準工業地域						
近隣商業地域	6・8／10		+1／10	+1／10		
商業地域	8／10		+1／10	+1／10	規制なし	規制なし
用途地域の指定のない区域	3・4・5・6・7／10 ※		+1／10	+1／10	+1／10	+2／10

※ この数値の中から特定行政庁が土地の利用状況等を考慮し，当該区域を区分して都道府県都市計画審議会の議を経て定める。

宅建試験に「出る！」問題

1 街区の角にある敷地又はこれに準ずる敷地内にある建築物の建蔽率については，特定行政庁の指定がなくとも都市計画において定められた建蔽率の数値に10分の1を加えた数値が限度となる。(2012-19-1)

解答：×（上記合格ステップ(2)①参照）

2 建蔽率の限度が10分の8とされている地域内で，かつ，防火地域内にある耐火建築物については，建蔽率の制限は適用されない。(2013-18-2)

解答：○（上記合格ステップ(3)参照）

ウォーク問3 問37…(4)　問38…(1)　問39…(1)(2)(4)　問61…(3)　問66…(2)
問67…(4)　問71…(1)　問73…(1)

練習問題

【問】　次の図のような第一種住居地域内にある敷地に耐火建築物を建築する場合における建築面積の最高限度を求めよ。ただし，敷地は防火地域内にあり，かつ特定行政庁が指定した角地であるものとする。

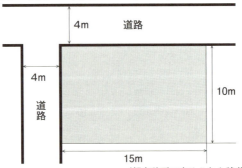

（都市計画で定められた建蔽率10分の6）

① 本問の場合，都市計画で定められた建蔽率は，**10分の6**である。ただ，**敷地が特定行政庁が指定した角地**にあり，かつ，**防火地域内で耐火建築物**を建築する場合であるから，**10分の2緩和**され，結局**10分の8**となる。

② 本問の敷地面積は，$10m \times 15m = 150m^2$である。したがって，この敷地の建築面積の最高限度は，

$$150m^2 \times \frac{8}{10} = 120m^2$$

となる。

答　$120m^2$

ケーススタディ2-2の答え

たとえAさんの土地とはいえ，建蔽率の規制がかかることから，敷地めいっぱいに家を建てることはできません。

(d)敷地が建蔽率制限の異なる地域にわたる場合の取扱い

建築物の敷地が，建蔽率の規制の数値の異なる複数の地域・区域にわたる場合は，それぞれの地域・区域の建蔽率の最高限度の数値にその地域・区域にかかる敷地の敷地全体に占める**割合**を乗じた数値の合計が，その敷地全体の建蔽率の最高限度になります(53条2項)。

計算問題が出題された場合，次の手順で考えてください。
①まず，各地域ごとの建蔽率を問題文から読み取ります。そして，緩和される条件があるかどうか，問題文を注意して読みましょう。
②次に，各地域ごとに敷地面積と建蔽率をかけ算し，建築面積の最高限度を計算し，それを合計します。
③最後に，建築面積の最高限度を敷地面積で割れば，建蔽率の最高限度が割りだされます。

合格ステップ 25

| 反復 チェック | / | / | / |

敷地が建蔽率制限の異なる地域にわたる場合 ……ランク **B**

建築物の敷地が，建蔽率の規制数値の異なる**複数の地域にわたる**場合には，**それぞれの地域**の建蔽率の最高限度の数値にその地域に係る敷地の敷地全体に占める割合を乗じた数値の**合計**が，その敷地全体の建蔽率の最高限度になる。

(2) 容積率

自分の所有地ならどんな大きさの建物でも建てられるか？

ケーススタディ1で登場したAさんは，建蔽率の制限があるということを理解したので，庭をなくして家を大きくすることをあきらめました。そこで今度は階数を増やしてサイズアップを図ることにしました。階数を増やして家を大きくすることは自由にできるでしょうか。（解答は123頁）

(a) 容積率とは

都市計画区域及び準都市計画区域内において建物を建てる場合には，建蔽率による制限のほかに容積率による制限も受けます。では，この容積率とは何のことでしょうか。

容積率とは，建築物の延べ面積の敷地面積に対する割合のことをいいます（52条1項）。

$$容積率 = \frac{延べ面積}{敷地面積}$$

【容積率】

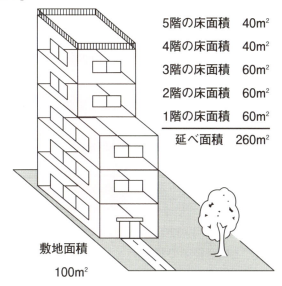

　この建物を例に容積率について説明しましょう。この建物の床面積は、1階から3階までがそれぞれ60m²、4階と5階がそれぞれ40m²ですから、延べ面積は、

$$60m^2 + 60m^2 + 60m^2 + 40m^2 + 40m^2 = 260m^2$$

となります。そして、敷地面積が100m²ですから、容積率は100分の260、つまり10分の26（260％）ということになります。

(b) なぜ容積率の規制をするのか

　それでは、なぜ容積率を規制するのでしょうか。

　たしかに、階数や各階の床面積を増やして、建物を大きくすると、その分だけ建物に出入りする人の数も増えることになり、土地も有効に活用することができます。

　しかし、住宅街に大きな建物が建ち並んで、人通りも多くなれば、静かな生活環境は望めません。また、地域ごとの公共施設の整備などの状況を考えることなく、大きな建物を建てたのでは、上下水道の整備が間に合わず、蛇口をひねっても水が出ないなどということも起こりかねません。

また，道路幅が狭い場所に，大きい建物がいっぱい建ち並んでいたら，その道路は建物を利用する人で混雑し，交通渋滞が生じてしまいます。

そこで，建築物の容積率を制限して地域の環境を良くし，計画的に公共施設を整備していこうとしているのです。

（ｃ）容積率の規制の内容

①用途地域ごとの制限

まず，容積率の規制は地域の環境と大きくかかわります。

そこで，**容積率の規制は，以下の表にある建築基準法が各用途地域ごとに定めている数値のなかから当該地域にふさわしい数値**（「容積率ａ」とする）を，**都市計画で定める**ものとされています（52条1項）。

【用途地域ごとの容積率の規制】

用途地域		地域ごとに以下の数値の中から都市計画で定める
都市計画区域及び準都市計画区域	第一種低層住居専用地域 第二種低層住居専用地域 田園住居地域	$\dfrac{5}{10}, \dfrac{6}{10}, \dfrac{8}{10}, \dfrac{10}{10}, \dfrac{15}{10}, \dfrac{20}{10}$
	第一種中高層住居専用地域 第二種中高層住居専用地域 第一種住居地域 第二種住居地域 準住居地域	$\dfrac{10}{10}, \dfrac{15}{10}, \dfrac{20}{10}, \dfrac{30}{10}, \dfrac{40}{10}, \dfrac{50}{10}$
	近隣商業地域 準工業地域	$\dfrac{10}{10}, \dfrac{15}{10}, \dfrac{20}{10}, \dfrac{30}{10}, \dfrac{40}{10}, \dfrac{50}{10}$
	工業地域 工業専用地域	$\dfrac{10}{10}, \dfrac{15}{10}, \dfrac{20}{10}, \dfrac{30}{10}, \dfrac{40}{10}$
	商業地域	$\dfrac{20}{10}, \dfrac{30}{10}, \dfrac{40}{10}, \dfrac{50}{10}, \dfrac{60}{10}, \dfrac{70}{10}$ $\dfrac{80}{10}, \dfrac{90}{10}, \dfrac{100}{10}, \dfrac{110}{10}, \dfrac{120}{10}, \dfrac{130}{10}$
	用途地域の指定のない区域	$\dfrac{5}{10}, \dfrac{8}{10}, \dfrac{10}{10}, \dfrac{20}{10}, \dfrac{30}{10}, \dfrac{40}{10}$
都市計画区域及び準都市計画区域以外の区域		制限なし

②前面道路による制限

　また，建物に出入りする人や物の数を適度に抑えて，道路幅と建物の大きさとのバランスを図るためにも，容積率を規制する必要があります。そこで，容積率は，**建物の前面道路**(敷地が実際に接する道路)**の幅員が12m未満の場合**には，原則としてその幅員のメートルの数値に，①**住居系の用途地域**においては**10分の4**，②**それ以外**の地域においては**10分の6**を乗じた数値(「容積率 b」とする)によっても制限されます(52条2項)。

　なお，幅員の異なる複数の道路に接している場合には，**広いほうの幅員**を基準として算出します。

③各敷地の容積率の制限

　以上の「容積率 a」と「容積率 b」から，各敷地の容積率の制限は決まります。

都市計画で定められた「容積率 a」

「容積率 b」＝道路幅×一定の率(幅員12m未満の場合のみ)

　結局，「容積率 a」と「容積率 b」を比較して，**小さいほう**(**厳しいほう**)の数値が当該敷地の容積率の最高限度とされます(52条1項，2項)。

ケーススタディ2-3の答え

Aさんは容積率の規制の範囲でしか階数を増やすことはできません。

📈 合格ステップ 26

反復チェック / / /

容積率の制限 ·········· ランク **A**

(1) 建築物の容積率は，用途地域に関する都市計画で定められた数値以下でなければならない。

(2) 前面道路の幅員が12m未満である場合の容積率は，原則として，その幅員のメートルの数値に，①住居系の用途地域においては10分の4，②それ以外の地域においては10分の6を乗じたもの以下でなければならない。

用途地域	容積率の最高限度		
	(a)と(b)とを比較して小さいほうが容積率の最高限度となる		
	(a)用途地域ごとに定められる		(b)前面道路の幅員が12m未満の場合に前面道路の幅員に乗じる数値※2
第一種低層住居専用地域	$\dfrac{5 \cdot 6 \cdot 8 \cdot 10 \cdot 15 \cdot 20}{10}$	左の数値の中から都市計画で定める	$\dfrac{4}{10}$
第二種低層住居専用地域			
田園住居地域			
第一種中高層住居専用地域	$\dfrac{10 \cdot 15 \cdot 20 \cdot 30 \cdot 40 \cdot 50}{10}$		$\dfrac{4}{10}$ 特定行政庁が都道府県都市計画審議会の議を経て指定する区域内では，前面道路の幅員に6/10を乗じる
第二種中高層住居専用地域			
第一種住居地域			
第二種住居地域			
準住居地域			
近隣商業地域	$\dfrac{10 \cdot 15 \cdot 20 \cdot 30 \cdot 40 \cdot 50}{10}$		$\dfrac{6}{10}$ 特定行政庁が都道府県都市計画審議会の議を経て指定する区域内では，前面道路の幅員に4/10又は8/10を乗じる
準工業地域			
工業地域	$\dfrac{10 \cdot 15 \cdot 20 \cdot 30 \cdot 40}{10}$		
工業専用地域			
商業地域	$\dfrac{20 \cdot 30 \cdot 40 \cdot 50 \cdot 60 \cdot 70}{10}$ $\dfrac{80 \cdot 90 \cdot 100 \cdot 110 \cdot 120 \cdot 130}{10}$		
用途地域の指定のない区域	$\dfrac{5 \cdot 8 \cdot 10 \cdot 20 \cdot 30 \cdot 40}{10}$ ※1		

※1 この数値の中から特定行政庁が土地の利用状況等を考慮し，当該区域を区分して都道府県都市計画審議会の議を経て定める。

※2 複数の道路に接している場合，広いほうの道路を基準とする。

124 LEC東京リーガルマインド 2021年版出る順宅建士 合格テキスト ③法令上の制限・税・その他

宅建試験に「出る！」問題

容積率の制限は，都市計画において定められた数値によるが，建築物の前面道路（前面道路が2以上あるときは，その幅員の最大のもの。）の幅員が12m未満である場合には，当該前面道路の幅員のメートルの数値に法第52条第2項各号に定められた数値を乗じたもの以下でなければならない。（2011-19-3）

解答：〇（上記合格ステップ(2)参照）

ウォーク問3 問39…(1)(3)　問67…(3)　問73…(4)

練習問題を使って，知識の確認じゃ。

練習問題

【問】 次の図のような商業地域内にある敷地に店舗を建築する場合における延べ面積の最高限度を求めよ(図中の条件以外はないものとする)。

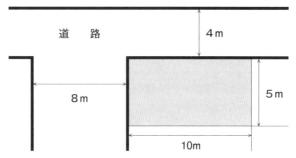

(都市計画で定められた容積率　10分の60)

【解答】
① まず，**前面道路**による規制について考える。本問のように，幅員の異なる複数の道路に接している場合には，幅員の**広いほう(8m)**が基準となる。また，本問における敷地は商業地域内にあるから，道路の幅員に乗じる数値は**10分の6**である。
したがって，前面道路との関係において算出される数値は，

$$8 \times \frac{6}{10} = \frac{48}{10}$$

となる。

② この前面道路との関係において算出される数値と都市計画で定められた数値とを比較して，**小さいほう**の数値が容積率の最高限度となる。本問の場合，都市計画で定められた容積率は**10分の60**であるから，これと10分の48とを比べて，**小さいほうの10分の48**が，この敷地の容積率の最高限度となる。

③ 本問の敷地面積は，5m×10m＝**50m²**である。したがって，店舗の延べ面積の最高限度は，

$$50m^2 \times \frac{48}{10} = 240m^2$$

となる。

答　240m²

(d) 容積率の規制の緩和

容積率については，いくつかこの制限を緩和する制度があるので，その主なものをみておきましょう。

①共同住宅・老人ホーム等の共用の廊下・階段

建築物の容積率を計算する場合，その延べ面積には，**共同住宅又は老人ホーム等の共用の廊下又は階段の部分の床面積は，算入しないものとされます**(52条6項)。

マンションや老人ホーム等について，廊下や階段を容積率の規制からはずすことによって，よりゆとりのある住宅や老人ホーム等の建築を認めようというものです。

②エレベーターの昇降路

建築物の容積率を計算する場合，その延べ面積には，**エレベーターの昇降路(シャフト)の部分の床面積は，算入しないものとされます**(52条6項，施行令135条の16)。

建物用途を限定せずにエレベーターの昇降路部分全体を容積率不算入とすることで，バリアフリーの観点からエレベーターの設置等の促進を図ろうというものです。

③地下の居室

建築物の**地階の住居部分**については，その部分の床面積を，**その建築物の住居部分の床面積の合計の3分の1までは延べ面積に算入しないこととされます**(52条3項)。これは，店舗兼用住宅のような，住宅以外の用途に供する部分を有する建築物にも適用されます。

ここでいう地階の住居部分とは，建築物の地階でその天井が地盤面からの高さ1m以下にあるものの住宅の用途に供する部分をいいます。この部分について一定の範囲で容積率の制限からはずすことによって，よりゆとりのある住宅の建築を認めようというものです。

(e) 敷地が容積率制限の異なる地域にわたる場合の取扱い

建築物の敷地が，容積率の規制数値の異なる複数の地域・区域にわたる場合は，それぞれの地域・区域の容積率の最

講師からのアドバイス

老人ホーム等の用途に供する部分の地階の床面積についても，建築物の老人ホーム等の用途に供する部分の床面積の合計の3分の1までは延べ面積に算入しないこととされます。

高限度の数値にその地域・区域にかかる敷地の敷地全体に占める割合を乗じた数値の合計が、その敷地全体の容積率の最高限度になります（52条7項）。

これは、先に述べた建蔽率の場合と同様の規制となっています。

合格ステップ 27

容積率の規制の緩和・敷地が容積率制限の異なる地域にわたる場合

ランク B

(1) 容積率の規制の緩和
　①容積率算定の基礎となる延べ面積には、共同住宅又は老人ホーム等の共用の廊下又は階段の用に供する部分の床面積は、算入しない。
　②容積率算定の基礎となる延べ面積には、エレベータの昇降路（シャフト）の部分の床面積は、算入しない。
　③容積率算定の基礎となる延べ面積には、建築物の地階で住宅又は老人ホーム等の用途に供する部分の床面積は、当該建築物の住宅又は老人ホーム等の用途に供する部分の床面積の合計の3分の1までは、算入しない。

(2) 敷地が容積率制限の異なる地域にわたる場合
　建築物の敷地が、容積率の規制数値の異なる複数の地域にわたる場合には、それぞれの地域の容積率の最高限度の数値にその地域に係る敷地の敷地全体に占める割合を乗じた数値の合計が、その敷地全体の容積率の最高限度となる。

宅建試験に「出る！」問題

建築物の敷地が、都市計画により定められた建築物の容積率の限度が異なる地域にまたがる場合、建築物が一方の地域内のみに建築される場合であっても、その容積率の限度は、それぞれの地域に属する敷地の部分の割合に応じて按分計算により算出された数値となる。(2004-20-3)

解答：〇（上記合格ステップ(2)参照）

ウォーク問③　問37…(1)(2)　問38…(3)　問39…(3)　問64…(3)　問72…(1)
　　　　　　問189…(3)

(3) 敷地面積の最低限度

(a) なぜ敷地面積の最低限度の規制をするのか

　建蔽率や容積率の制限をしたとしても，敷地がせまいものとなったのでは，環境のよい街にはなりません。敷地（しきち）がせまくなるとどうしてもゴミゴミした街となってしまいます。住宅街などでは特に，ゆとりのある敷地が望まれます。

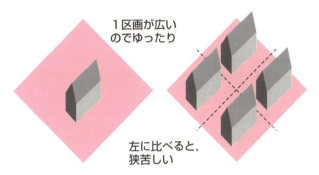

　また，商店街など高いビルが並ぶところでも，一つ一つの敷地がせまいと，いわゆる「えんぴつビル」が建ち並び，敷地が広い一つのビルならば，一つで足りる階段やエレベーターをそのビルごとに作らなければならなくなって，土地の有効的な利用の点からいっても望ましくありません。

　そこで，敷地面積の最低限度を規制するのです。

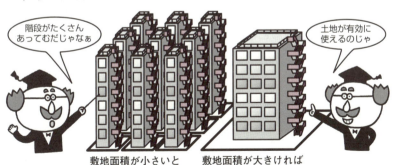

（ｂ）敷地面積の最低限度の規制の内容

①用途地域ごとの規制

各用途地域には，必要があれば**建築物の敷地面積の最低限度を都市計画に定める**ことができます。この敷地面積の最低限度が定められた場合には，**建築物の敷地は，その敷地面積の最低限度以上でなければなりません**（53条の2第1項）。この場合，建築物の敷地面積が最低限度未満となってしまうような敷地の分割が，原則として禁止されることになります。

この敷地面積の最低限度は，**200m²以内の範囲**で定められます（53条の2第2項）。

②**適用の除外**

㋐商業地域などで都市計画に建蔽率の制限が10分の8と定められた地域内で，かつ防火地域内にある耐火建築物等，㋑公衆便所，巡査派出所その他これらに類する建築物で公益上必要なもの，㋒その敷地の周囲に広い公園，広場，道路その他の空地を有する建築物であって，特定行政庁が市街地の環境を害するおそれがないと認めて許可したもの，㋓特定行政庁が用途上又は構造上やむを得ないと認めて許可したものについては，建築物の敷地面積は，都市計画で定められた**敷地面積の最低限度未満とする**ことができます（53条の2第1項1号）。

また，建築物の敷地面積の最低限度が定められた場合に，その時点で最低限度に満たない敷地には，原則としてこの制限は適用されません（53条の2第3項）。敷地面積の最低限度に満たない土地しかもっていないからといって，隣地を買い取ったりあるいは賃借したりして敷地を広げなさいと義務付けることは無理を強いることになりかねないからです。

合格ステップ 28

敷地面積の最低限度の制限 ランク C

(1) 建築物の敷地面積は、用途地域に関する都市計画でその最低限度が定められた場合は、その最低限度以上でなければならない。
　都市計画で建築物の敷地面積の最低限度を定める場合においては、その最低限度は、200m²を超えてはならない。
(2) 商業地域などで都市計画に建蔽率の限度が10分の8と定められた区域内で、かつ防火地域内にある耐火建築物等については、敷地面積の最低限度の制限は適用されない。

宅建試験に「出る!」問題

用途地域に関する都市計画において建築物の敷地面積の最低限度を定める場合においては、その最低限度は200m²を超えてはならない。(2012-19-3)

解答：○(上記合格ステップ(1)参照)

ウォーク問③　問71…(3)

4 斜線制限・日影規制

（1）斜線制限

自分の所有地ならどんな高さの建物でも建てられるか？

さて，Aさんは，建蔽率や容積率などの規制をちゃんと守ったうえで，家を建て替えなければならないことはわかりました。それでは，これまで見てきた規制さえ守れば，どんな家でも建てられるのでしょうか。たとえば，どんなに高い建物でも建てられるのでしょうか。（→ 解答は133頁）

（a）斜線制限とは

これまで，建築物の大きさを制限する規制をみてきました。しかし，建築物の大きさを制限しても，敷地内のどこにどんな高さの建築物を建築してもよいということにすると，種々の不都合が生じます。たとえば，建築物を道路に近づけすぎると，道路の上方の公共空間を圧迫することになりますし，かといって隣地に近づけすぎると，隣地に日があたらなくなってしまうかもしれません。そこで，敷地内における建築物の高い部分の位置を用途地域別に，より具体的に規制しようとするのが**斜線制限**です。

【斜線規制】

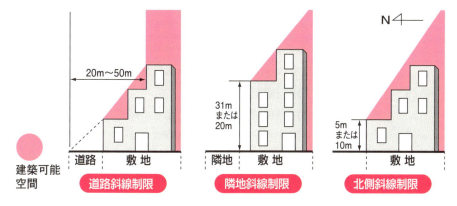

| ケーススタディ2-4の答え |

　Aさんが家を建てようとする場合，これまでみてきた規制を守ったうえで，さらに高さについての制限も守らなければなりません。あまり高すぎる建物は，まわりの環境を悪くし，近所に迷惑をかけるからです。実際，家1軒建てようと思ったら，いろいろと面倒なのです。

(b) 斜線制限の種類

斜線制限には次の3つの種類があります。

① 道路斜線制限
② 隣地斜線制限
③ 北側斜線制限

これらについて順に見ていきましょう。

① **道路斜線制限**

　狭い道路に面して高い建築物が建つと，道路の採光は妨げられ，対向建築物の日照・採光・通風などにも悪影響を及ぼします。

　そこで，**道路斜線制限**をすることにより，道路側の上方を開放させることにしています。道路斜線制限とは，前面道路の反対側の境界線から，建築物の敷地の上空に向

かって，用途地域別に定められた勾配で斜線を引き，建築物がその斜線の内側に建てられていなければならないとする規制をいいます(56条1項1号)。

この道路斜線制限は，**都市計画区域と準都市計画区域内のすべての地域に適用があります。**

②**隣地斜線制限**

道路斜線制限のように道路との関係だけでなく，隣地との関係でも上方の空間を確保するために，**隣地斜線制限**が規定されています(56条1項2号)。

なお，**第一種・第二種低層住居専用地域，田園住居地域では，隣地斜線制限の適用はありません。**第一種・第二種低層住居専用地域，田園住居地域では，建築物の高さがより厳しく制限されるからです(合格ステップ31参照，139頁)。

③**北側斜線制限**

さらに隣地の中でも，日当たりのことを考えると北側の隣地に対しては特に配慮する必要があります。このことによる制限が北側斜線制限です(56条1項3号)。

第一種・第二種低層住居専用地域，田園住居地域と第一種・第二種中高層住居専用地域においては，北側斜線制限が適用されます。これらの地域は，「良好な住居の環境を保護するために定められる地域」ですので，隣地の南側の敷地の日照・採光・通風等を保護するため，さらに厳しい北側斜線制限を課したのです。

なお，この北側斜線制限だけでは日照の保護が十分とはいえないので，後で説明するように日影による高さの制限がなされる場合もあります。そして，第一種・第二種中高層住居専用地域では，この日影による高さの制限を受けている建築物については，北側斜線制限は適用されません(56条1項3号かっこ書)。また，建築物が北側斜線制限の適用地域と適用されない地域にわたる場合，適用地域

に係る建築物の部分について、北側斜線制限が適用されます(56条5項)。

合格ステップ 29

斜線制限

(1) 対象区域

用途地域	道路斜線制限	隣地斜線制限	北側斜線制限
第一種低層住居専用地域 第二種低層住居専用地域 田園住居地域	○	×	○
第一種中高層住居専用地域 第二種中高層住居専用地域	○	○	○※
第一種住居地域 第二種住居地域 準住居地域	○	○	×
近隣商業地域 商業地域	○	○	×
準工業地域 工業地域 工業専用地域	○	○	×
用途地域の指定のない区域	○	○	×

※ 日影規制の対象区域は除く。

(2) 建築物が斜線制限の異なる2以上の区域にわたる場合、建築物は各区域の部分ごとに斜線制限の適用を受ける。

宅建試験に「出る!」問題

第二種低層住居専用地域に指定されている区域内の土地においては，建築物を建築しようとする際，当該建築物に対する建築基準法第56条第1項第2号のいわゆる隣地斜線制限の適用はない。(2007-22-4)

解答：○（上記合格ステップ(1)参照）

ウォーク問3　問36…(3)　問40…(1)(2)(3)　問42…(1)(2)　問64…(2)　問66…(3)
　　　　　　　　問70…(4)

（2）日影規制

日照を確保するためにはどんな制度があるの？

Aさんの家のおじいさんは盆栽が大好きで，毎日，庭に植木鉢を出して，それを眺めながら縁側で日なたぼっこをするのを楽しみにしていました。ところが，Aさんの家の南側に新しく高層マンションを建てる計画が公表され，マンションが建ってしまうと，家はマンションの影になってしまい，ほとんど日が当たらなくなってしまいます。おじいさんは，「これもご時勢かねえ」と言いながら，泣き寝入りするしかないのでしょうか。（➡解答は137頁）

ケーススタディ2-5

（a）日影規制とは

すでに学んだ斜線制限は，建築物の高さを規制することによって間接的に日照を保護するものでした。ところが都市が過密になり，高層建築物がどんどん建つようになるとこのような間接的な規制だけでは日照の保護が不十分です。

そこで，「日影による中高層建築物の高さの制限」，いわゆる日影規制の規定が設けられています（56条の2）。

これは，住宅地の中高層建築物が周囲の敷地へ落とす日

影を一定の時間以内に制限することによって，直接的に日照を保護しようとするものです。

具体的な日影時間の限度は，1年のうちでもっとも日が短く日照条件の悪い冬至日（とうじ）を基準に，地方公共団体が建築基準法に定められた数値のなかから適切な数値を選び，条例で定めることになっています。

ケーススタディ2-5の答え

ケーススタディでも，Aさんの家のある区域がもし日影規制適用対象区域であれば，隣の敷地をあまり暗くするような建物は建てられないことになります。それなら，おじいさんもがっかりしなくてすむでしょう。

(b) 日影規制の内容

①対象となる区域

日影規制は，13の用途地域のうち，**住居系の用途地域と近隣商業地域及び準工業地域において適用されます**（56条の2，別表第四）。これらの地域は，人が生活する場所であり，人として快適（かいてき）に生活するには日照を確保する必要が大きいからです。

これに対して，**商業地域，工業地域，工業専用地域には，日影規制の適用がありません**。これらの地域は，主として

仕事をする場所であり，日照を確保する必要が少ないからです。

なお，**用途地域の指定のない区域においても日影規制が適用されます**。このような場所でも，近隣に対する日照障害の問題を生じることがあるからです。

ところで，日影規制は，上述の10の用途地域内及び用途地域の指定のない区域内ならば，どこにでも適用があるというわけではなく，これらの地域のなかでも，**特に地方公共団体が条例で定める区域にのみ適用されます**(56条の２第１項)。建築物の状況や日照保護の必要性の度合いは地域(区域)によってさまざまですから，適用対象区域をいわゆる日影条例のある区域に限ったのです。

②制限を受ける建築物

日影規制が適用される建築物は，適用対象区域内のすべての建築物というわけではなく，**一定の規模以上のもの**に限られています(56条の２第１項，別表第四)。

第一種・第二種低層住居専用地域，田園住居地域では，**軒の高さが７mを超える建築物**，又は，**地階を除く階数が３以上の建築物**が制限を受けます。

それ以外の対象区域では，**高さが10mを超える建築物**が制限を受けます。

また，用途地域の定めのない区域については，①軒の高さが７mを超える建築物又は地階を除く階数が３以上の建築物，②高さが10mを超える建築物のうちから地方公共団体がその地方の気候及び風土，その区域の土地利用の状況等を勘案して条例で指定するものとされます。

そして，**同一の敷地内に２つ以上の建築物がある場合は，これらの建築物は１つの建築物とみなされます**(56条の２第２項)。

たとえば，日影規制対象区域においては，同一の敷地内にA，B２棟の建築物があり，Aは高さが12m，Bは高

さが6mである場合，A，Bは1つの建築物とみなされる結果，本来規制の対象外であるBも規制対象となります。

【同一の敷地に2つ以上の建築物がある場合】

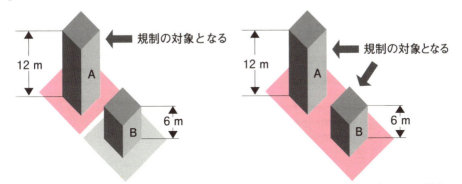

別々の敷地に建物が建っている場合　　同一の敷地に複数の建物が建っている場合

さらに，日影規制の**適用対象区域外**にある建築物であっても，その建築物の**高さが10mを超え**，冬至日において日影規制の**適用対象区域内に日影を生じさせる場合**には，その建築物は適用対象区域内にある建築物とみなされ，**日影規制が適用される**ことになります(56条の2第4項)。なお，建築物の敷地が道路，川又は海その他これらに類するものに接する場合，建築物の敷地とこれに接する隣地との高低差が著しい場合，その他これらに類する特別の事情がある場合には日影規制が緩和されます。

➡ 合格ステップ 30

反復チェック / / /

日影規制 ……………………………………… B

ランク

(1) 対象区域と制限を受ける建築物

対象区域		制限を受ける建築物
第一種低層住居専用地域 第二種低層住居専用地域 田園住居地域	左の地域のうち条例で指定する区域	①軒の高さ7m超 ②3階以上（地階を除く階数） ①②のいずれか
第一種中高層住居専用地域 第二種中高層住居専用地域 第一種住居地域 第二種住居地域 準住居地域 近隣商業地域 準工業地域		③高さ10m超
用途地域の指定のない区域		①②③から地方公共団体が条例で指定する

商業地域，工業地域，工業専用地域においては，日影規制の対象区域として指定することができない。

(2) 同一の敷地内に2つ以上の建築物がある場合には，これらの建築物を1つの建築物とみなして日影規制が適用される。

(3) 日影規制の適用対象区域外にある建築物であっても，高さが10mを超え，冬至日において対象区域内の土地に日影を生じさせるものは，当該適用対象区域内にある建築物とみなして日影規制が適用される。

宅建試験に「出る!」問題

建築基準法第56条の2第1項の規定による日影規制の対象区域は地方公共団体が条例で指定することとされているが，商業地域，工業地域及び工業専用地域においては，日影規制の対象区域として指定することができない。(2006-22-4)

解答：〇（上記合格ステップ(1)参照）

ウォーク問③ ▶ 問40…(4)　問41…(1)(2)(3)　問42…(4)　問63…(3)

140　LEC東京リーガルマインド　2021年版出る順宅建士 合格テキスト ③法令上の制限・税・その他

（3）第一種・第二種低層住居専用地域等内の高さ制限

　第一種・第二種低層住居専用地域，田園住居地域は，いずれも「低層住宅に係る」良好な住居の環境を保護する地域です。よって，このような環境を保護するためには，際立って高い建物が建てられることを防ぐ必要があります。

　そこで，第一種・第二種低層住居専用地域，田園住居地域内においては,建築物の絶対的な高さが制限されています。具体的にいうと，**第一種・第二種低層住居専用地域，田園住居地域内の建築物の高さは，原則として，10m又は12mまでに制限されます**(55条1項)。 ちなみに，10mと12mのうちいずれにするかは当該地域に関する都市計画で定められます。なお，①敷地の周囲に広い公園・広場・道路等の空地があり，低層住宅に係る良好な住居の環境を害するおそれがない，又は②学校等その用途からみてやむを得ない，これらのいずれかであると認めて特定行政庁が許可した建築物については，例外的に10m又は12mを超えて建築することができます。

↗ 合格ステップ 31

反復チェック　/　/　/

第一種・第二種低層住居専用地域等内の高さ制限…**B** ランク

　第一種・第二種低層住居専用地域，田園住居地域内の建築物の高さは，原則として，10m又は12mのうちその地域に関する都市計画で定められた建築物の高さの制限を超えてはならない。

宅建試験に「出る!」問題

第一種低層住居専用地域又は第二種低層住居専用地域内においては，建築物の高さは，12m又は15mのうち，当該地域に関する都市計画において定められた建築物の高さの限度を超えてはならない。（2012-19-2）

解答：×（上記合格ステップ参照）

ウォーク問3 問62…(1) 問70…(3) 問71…(2)

5 道路規制

7問/10年

道路に関連する建築物の規制としては次のようなものがあります。
① 接道義務
② 道路内における建築制限

これらについて順に見ていきましょう。

(1) 接道義務

土地と道路の密接な関係

Aさんは，このたび都市計画区域内で格安の敷地をみつけたので，その敷地を購入しようと思いました。
しかし，ちょっと不安に思う点があります。それは，その敷地がまったく道路に面しておらず，隣家の軒下を通って道路に出なければならないような場所でした。このような敷地を購入しても大丈夫でしょうか。（解答は147頁）

ケーススタディ 2-6

(a) 接道義務とは

建物を建てるのであれば，その敷地への出入りがスムーズにできなければなりません。敷地が道路に接していないと，

建物から道路にはスムーズに出られません。スムーズに出られないとすると、たとえばその家が火事になったときに、消防車が急行しても、建物に近づけず、円滑な消火活動ができなくなってしまうことがあるでしょう。そうなると、その建物が全焼してしまうばかりか、周囲にも延焼する危険性があります。

そこで、このような事態が生じないように、まちのなかの建物の敷地は、一定以上道路に接しなければならないとされているのです。

(b) 敷地と道路の関係

都市計画区域及び準都市計画区域内においては、**建築物の敷地**は、原則として、**道路に2m以上接しなければなりません**(43条1項)。これを**接道義務**といいます。この接道義務を満たさない敷地は、原則として建築物を建築することができないことになります。

なお、敷地が幅員4m以上の道(道路に該当せず、避難及び通行の安全上必要な一定の基準に適合するものに限る。)に2m以上接する建築物のうち、利用者が少数であるものとしてその用途及び規模に関し一定の基準に適合するもので、特定行政庁が交通上、安全上、防火上及び衛生上支障がないものと認めるものについては、建築審査会の同意を得ることなく接道義務の適用が除外されます(43条2項1号)。

【接道義務】

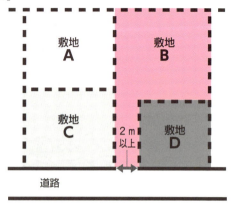

敷地C・D…OK
敷地B………道路に2m以上接していればOK
敷地A………接道義務に違反

　また，敷地の周囲に広い空地を有する建築物など，**特定行政庁**が交通上，安全上，防火上及び衛生上支障がないと認めて**建築審査会の同意を得て許可**したものについては，道路に**2m以上接する必要はありません**(43条2項2号)。

　また，不特定多数の人や多量の物資が出入りするような建物については，それらの建物の敷地が道路に2m接していればよいという制限だけでは，防災上の通路や避難経路を十分に確保することができない場合もあります。そこで，特殊建築物，3階以上の建築物，敷地が袋路状道路にのみ接する延べ面積が150m²を超える建築物（一戸建ての住宅を除く。）などの一定の建築物については，**地方公共団体**が，それらの建築物の特殊性を考慮して，**条例**で，接道義務を**加重(付加)**することができます(43条3項)。もっとも，緩和することは認められていない点に注意が必要です。

(ｃ)建築基準法上の「道路」とは

　敷地が道に接していたとしても，その道の幅が狭かったら，人の出入りはスムーズにできません。

　次の図を見てください。ＡもＢも敷地は道路に2m以上接

していることにしましょう。

【敷地の接する道の幅】

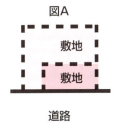
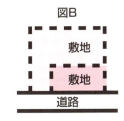

　両敷地とも，道路に2m以上接しているので問題ないようにも見えます。

　しかし，図Bのように道路の幅が極端に狭いと，火事が起きても消防車がその場所に近づくことすらできませんので，消火活動が円滑に行えなくなってしまいます。これでは，道路に接していても意味がないのです。

　そこで，このようなことのないように，建築基準法は，建物の敷地が接する道路の条件として一定の幅を要求しています。すなわち，建築基準法上の**「道路」**とは，**幅員4m以上**をいいます(42条1項)。これより狭い道は，原則として，「道路」としては認めないのです。したがって，道路法による道路というだけで，建築基準法上の道路に該当するわけではありません。

なお，都市計画区域及び準都市計画区域内のうち，**特定行政庁**が，その地方の気候もしくは風土の特殊性又は土地の状況により必要と認めて，都道府県都市計画審議会の議を経て**指定する区域内**においては，接道義務の対象となる道路の幅員は，原則として**6m以上**でなければなりません（42条1項）。これは，土地の有効利用を図るため，あるいは自動車の増加に対応するためには，道路環境の整備を強化する必要があるとの配慮から，接道義務の対象となる道路の幅員の基準を厳しくしたものです。

また，**自動車専用道路**や一定の特定高架道路等は，接道義務の対象となる**道路とはなりません**（43条1項）。これらの道路は自動車が通ることが前提となっており，人が自由に出入りできる道路ではないからです。

📌 合格ステップ 32

反復チェック ／ ／ ／

ランク **A**

接道義務の内容

(1) 原則

都市計画区域及び準都市計画区域内においては，建築物の敷地は，原則として幅員4m以上の道路に2m以上接していなければならない（接道義務）。

(2) 例外

① 敷地の周囲に広い空地を有する建築物など，特定行政庁が建築審査会の同意を得て許可したものについては，道路に2m以上接しなくてよい。

② 特殊建築物などの一定の建築物について，地方公共団体が，それらの建築物の特殊性を考慮して，条例で，接道義務につき必要な制限を付加することができる。緩和することはできない。

③ 特定行政庁が，その地方の気候の特殊性などから都道府県都市計画審議会の議を経て指定する区域内においては，接道義務の対象となる道路の幅員は，原則として6m以上でなければならない。

④ 自動車専用道路などは，接道義務の対象となる道路には含まれない。

宅建試験に「出る!」問題

1 建築物の敷地は，必ず幅員４m以上の道路に２m以上接しなければならない。(2000-24-2)

解答：×（上記合格ステップ(2)①参照）

2 地方公共団体は，延べ面積が1,000m²を超える建築物の敷地が接しなければならない道路の幅員について，条例で，避難又は通行の安全の目的を達するために必要な制限を付加することができる。(2013-18-1)

解答：○（上記合格ステップ(2)②参照）

ウォーク問3 ▶ 問43…(1)(2)(4)　問44…(1)(2)(3)　問45…(1)　問61…(4)

ケーススタディ2-6の答え

Aさんの購入しようとする都市計画区域内の敷地は，接道義務を欠いているので，購入するのは避けたほうが無難でしょう。

(d)「道路」に接していない場合

これまで述べてきたように，幅員４m以上の道路に接していない敷地には建物を建ててはなりません。では，幅員４m以上の道路に接していない敷地はどうしたらよいのでしょうか。

この場合について，まず，建築基準法は例外を認めて，幅員４m未満の道であっても，①都市計画区域に指定されるなどして接道義務の規定が適用されるに至った際，**現に道として存在**し，②**すでに建物が建ち並んでいる**もののうち，③**特定行政庁の指定**したものは，建築基準法上の「**道路**」であるとみなしています（42条２項）。この道路は，一般に「**２項道路**」と呼ばれています。

この場合，その道の境界線ではなく，**道路の中心線から水平距離２m後退した線**が道路の境界線とみなされます。なお，一方に崖地や水路等があり両側に水平距離２m後退で

第2章 建築基準法

147

きない場合は，崖地や水路等と道路との境界線から道路側に水平距離4mとった線が道路の境界線とみなされます。

　この境界線より道路側の部分(道路とみなされる部分)には，通常の道路と同様に，原則として建築物などを建築することができません(後述の「(2)道路内における建築制限」参照)。

　これをセット・バックといい，この制度により，「2項道路」においても，道路に沿って立ち並んでいる既存の建物の建替えが進めば，結果的には，4mという道路の幅員が確保されていくことになります。なお，道路の境界線とみなされる線と道との間の部分の敷地は，道路とみなされますから，敷地面積に算入されません(施行令2条1項1号但書)。また，2項道路も道路とみなされ，幅員が12m未満ですから，前面道路の幅員による容積率の制限を受けます。

【2項道路】

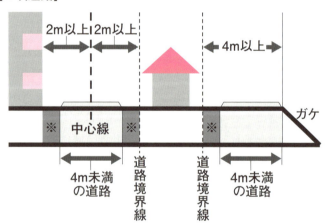

※　道路とみなされ，建築できない部分

　次に，幅員4m以上の道に接していないのであれば，自分で道路を造ってしまうことが考えられます。このような私道も特定行政庁からその位置の指定を受ければ，接道義務の対象となる道路となります(42条1項5号)。

【特定行政庁から位置指定を受けた私道】

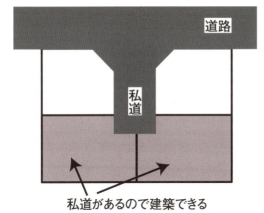

私道があるので建築できる

　この私道の場合，特定行政庁は，接道義務に関する要件を欠くに至るような**私道の変更や廃止を禁止**し，又は**制限**することができます（45条1項）。本来，その私道の所有者である地主さんはその私道をどう変更しようと自由なはずですが，それにより接道義務の要件を欠く敷地が生じると，その敷地内の建物について，火災に対する安全対策上の問題など支障が生じてしまいかねないからです。

合格ステップ 33

「道路」に接していない場合　　ランク

(1) 接道義務の規定が適用されるに至った際，現に建築物が立ち並んでいる幅員4m未満の道で，特定行政庁の指定したものは，道路とみなし，その道路の中心線から水平距離2m後退した線を道路の境界線とみなす。
(2) 特定行政庁は，接道義務の要件を欠くに至るような私道の変更・廃止を禁止し，又は制限することができる。

宅建試験に「出る!」問題

建築基準法が施行された時点で現に建築物が立ち並んでいる幅員4m未満の道路は，特定行政庁の指定がなくとも建築基準法上の道路となる。(2011-19-2)

解答：×（上記合格ステップ(1)参照）

ウォーク問③ 問45…(3)(4)　問62…(3)　問67…(2)　問73…(3)

（2）道路内における建築制限

（a）建築等禁止の原則

　これまで述べてきたところからも明らかなように，建築基準法上の「道路」は，防災上の通路や避難経路を確保するために認められたものです。したがって，その**道路内に建物を建てたり**，敷地の造成のための擁壁をつくったりすることは，**原則として禁止**されています(44条1項本文)。道路の通行に支障を生じさせるからです。

（b）建築できる例外

　もっとも，（a）地下商店街や地下駐車場等のように**地盤面下**(=地下)に設けるものであれば，道路の通行の妨げになることはないので，例外的に建築することが認められています。
　また，地上に設けるものであっても，（b）公共トイレ(**公衆便所**)や交番(**巡査派出所**)等の公益上必要な建築物で特定行政庁が通行上支障がないと認めて建築審査会の同意を得て許可したもの，（c）歩道橋のような**公共用歩廊**などの建築物で，特定行政庁が建築審査会の同意を得て許可したもの等は，やはり例外的に建築することが認められています(44条1項但書，2項)。

150　**LEC**東京リーガルマインド　2021年版出る順宅建士 合格テキスト ③法令上の制限・税・その他

合格ステップ 34

道路内における建築制限 　ランク B

(1) 道路内には，原則として建築物を建築したり，敷地を造成するための擁壁を築造したりしてはならない。
(2) 道路内であっても，次のものは建築できる。
　① 地盤面下に設ける建築物
　② 公衆便所や巡査派出所等の公益上必要な建築物で特定行政庁が通行上支障がないと認めて建築審査会の同意を得て許可したもの
　③ 公共用歩廊等で特定行政庁が建築審査会の同意を得て許可したもの

宅建試験に「出る！」問題

地盤面下に設ける建築物については，道路内に建築することができる。（2000-24-4）

　　　　　　　　　　　　　解答：〇（上記合格ステップ(2)①参照）

ウォーク問③　問43…(3)　問44…(4)　問45…(2)　問72…(3)　問189…(1)

6　防火・準防火地域内の建築制限

(1) 防火地域・準防火地域とは

　建築物が密集する市街地では，火災から住民の生命，財産を守ることが重要です。そのため，都市計画区域内において，市街地の不燃化を図る見地から，防火地域や準防火地域が定められます（都計法8条1項5号，9条21項）。
　防火地域は，主として都市部の密集市街地，すなわち繁華街や幹線道路沿いの，主に店舗併用住宅・商店や事務所などが密集した地域に指定されています。

これに対して，準防火地域は，都市部の住宅地を中心とした地域にかなり広範囲に指定されています。

このように，市街地の不燃化を図るため，都市計画で防火地域・準防火地域が指定されますが，指定しただけでは意味がありません。その地域内においては，火に強い建築物を建てるように制限する必要があります。この「どのような火に強い建築物とすべきなのか」という制限，これが防火地域・準防火地域内における建築制限です。

（２）防火地域内における建築制限

防火地域には主に次のように建築制限があります。

（ａ）耐火建築物等としなければならない建築物

防火地域内においては，３階以上（地階を含む），又は延べ面積が100m²を超える建築物を火に強い耐火建築物（壁，柱，屋根などの主要構造部が耐火構造などの構造であり，その外壁の開口部で延焼のおそれのある部分に，防火戸などの一定の防火設備を有する建築物）又は耐火建築物と同等以上の延焼防止性能を有する一定の建築物（延焼防止建築物という）にしなければなりません（61条本文，施行令136条の２第１号）。防火地域内においては，３階以上，延べ面積100m²超のいずれか一方のみ満たす場合でも，耐火建築物又は延焼防止建築物としなければならないという点に注意が必要です。

それ以外の建築物は，原則として耐火建築物等又は準耐火建築物等としなければなりません。つまり，２階以下で，かつ，延べ面積が100m²以下の建築物は，原則として耐火建築物，延焼防止建築物，準耐火建築物（耐火建築物以外の建築物で，主要構造部を準耐火構造などの構造とし，外壁の開口部で延焼のおそれのある部分に一定の防火設備を有するもの）又は準耐火建築物と同等以上の延焼防止性能を有する一定の建築物（準延焼防止建築物という）にしなければなり

ません（61条本文，施行令136条の２第２号）。つまり，２階以下で，かつ，延べ面積が100m²以下の建築物は，原則として耐火建築物，延焼防止建築物，準耐火建築物又は準延焼防止建築物としなければならないこととされます。

（ｂ）耐火建築物等としなくてもよい建築物

一定の小規模な建築物は，例外的に耐火建築物，延焼防止建築物，準耐火建築物又は準延焼防止建築物としなくてもよいとされます。

具体的には，**門又は塀で高さ２ｍ以下のもの**は，耐火建築物，延焼防止建築物，準耐火建築物又は準延焼防止建築物としなくてもよいとされています（61条但書）。

また，防火地域内にある建築物に附属する門又は塀で，高さ２ｍを超えるものについては，延焼防止上支障のない構造であれば，耐火建築物，延焼防止建築物，準耐火建築物又は準延焼防止建築物としなくてもよいとされています（61条本文，施行令136条の２第５号）。

（ｃ）看板，広告塔などの規制

防火地域内にある**看板，広告塔**，装飾塔その他これらに類する工作物で，建築物の屋上に設けるもの又は**高さ３ｍを超える**ものは，その主要な部分を**不燃材料**（建築材料のうち，一定の不燃性能に関する技術的基準に適合するもので，国土交通大臣が定めたもの又は国土交通大臣の認定を受けたものをいいます）で造り，又は覆わなければなりません（64条）。なお，準防火地域内においては，看板，広告塔などにこのような規制はありません。

（３）準防火地域内における建築制限

準防火地域には主に次のような建築制限があります。

（ａ）耐火建築物等としなければならない建築物

準防火地域においては，**地階を除く階数が４以上**，又は**延べ面積が1,500m²を超える**建築物を，耐火建築物又は耐火

プラスアルファ

準防火地域内にある建築物のうち地階を除く階数が3で延べ面積が500㎡以下のものの構造方法について，外壁が準耐火構造であること又は防火構造で当該外壁の屋内側の部分に一定のせっこうボードの防火被覆を設けた構造であること等が定められています（告示第4）

講師からのアドバイス

片面防火設備とは，屋外に発生した通常の火災による加熱が建築物の窓・玄関ドア等の外壁開口部設備に加えられた場合に，その屋内に面する部分に火炎を生じさせない材料のことです（建基法施行令136条の2第3号イ(2)参照）。

建築物と同等以上の延焼防止性能を有する一定の建築物（**延焼防止建築物**という）にしなければなりません（61条本文，施行令136条の2第1号）。

それ以外の建築物で，地階を除く階数が3で延べ面積が1,500㎡以下のもの又は地階を除く階数が2以下で延べ面積が500㎡を超え1,500㎡以下のものは，原則として耐火建築物，延焼防止建築物，準耐火建築物又は準延焼防止建築物としなければなりません（61条本文，施行令136条の2第2号）。

(b) 準防火地域内にある木造建築物等の構造

　準防火地域内にある建築物のうち**地階を除く階数が2以下で延べ面積が500㎡以下**のものについて，木造建築物等の場合と非木造建築物の場合で異なる技術的基準を設けています。

　木造建築物等の場合は，外壁及び軒裏で延焼のおそれのある部分を防火構造とし，延焼のおそれのある部分の外壁開口部に片面防火設備を設けた建築物又はそれと同等以上の延焼防止性能を有する建築物としなければなりません（61条本文，施行令136条の2第3号）。

　非木造建築物の場合は，延焼のおそれのある部分の外壁開口部に片面防火設備を設けた建築物又はそれと同等以上の延焼防止性能を有する建築物としなければなりません（61条本文，施行令136条の2第4号）。

(c) 準耐火建築物等としなくてもよい建築物

　一定の小規模な建築物は，例外的に準耐火建築物又は準延焼防止建築物としなくてもよいとされます。

　具体的には，**門又は塀で高さ2m以下のもの又は準防火地域内にある建築物（木造建築物等を除く）に附属するものは，耐火建築物，延焼防止建築物，準耐火建築物又は準延焼防止建築物とする必要はありません**（61条但書）。

　また，**準防火地域**内にある木造建築物等に附属する**高さ2mを超える門又は塀**については，**延焼防止上支障のない構**

造であれば，準耐火建築物又は準延焼防止建築物とする必要はありません（61条本文，施行令136条の2第5号）。

（4）防火地域と準防火地域に共通する建築制限

防火地域又は準防火地域内にある建築物は，その**外壁の開口部**で延焼のおそれのある部分に，**防火戸**その他の政令で定める**防火設備**を設けなければなりません（61条本文）。

また，**防火地域又は準防火地域**内にある建築物で，**外壁が耐火構造**のものについては，その**外壁を隣地境界線に接して設ける**ことができます（63条）。

さらに，防火地域又は準防火地域内の建築物の屋根の構造は，市街地における火災を想定した火の粉による建築物の火災の発生を防止するために必要な一定の性能に関する技術的基準に適合するもので，国土交通大臣が定めた構造方法を用いるもの又は国土交通大臣の認定を受けたものとしなければなりません（62条）。

（5）建築物が防火地域又は準防火地域の内外にわたる場合の措置

（a）建築物が防火地域・準防火地域とこれらの地域として指定されていない区域にわたる場合

原則としてその全部について，それぞれ**防火地域又は準防火地域内の建築物に関する規定**が適用されます（65条1項本文）。

（b）建築物が防火地域と準防火地域にわたる場合

原則としてその全部について，**防火地域内の建築物に関する規定**が適用されます（65条2項本文）。

つまり，**最も厳しい地域の規制が適用される**ことになります。なお，この場合には，敷地ではなく，「**建築物**」が内外にわたっているか否かで判断するので注意してください。

以下の図で確認しておきましょう。

第2章
建築基準法

【建築物が複数の区域にわたる場合】

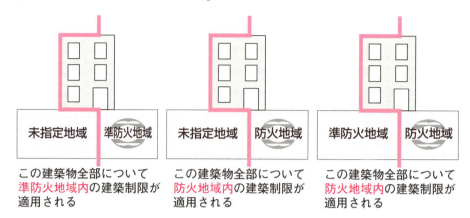

ただし、(a)(b)の場合には、以下の例外が認められています。

(a)の場合において、その建築物が防火地域・準防火地域外において防火壁で区画されている場合には、その**防火壁外の部分**については、厳しい地域の規制ではなく、**その防火壁外の部分の地域の規定が適用されます**(65条1項但書)。

(b)の場合にも、建築物が防火地域外において防火壁で区画されている場合には、**その防火壁外の部分**については、**準防火地域内の建築物に関する規定が適用されます**(65条2項但書)。

ラクしておぼえる L式暗記法

防火・準防火地域内の規制でまず押さえておく必要があるのは、「耐火建築物等としなければならない建物の規模」です。以下のゴロ合わせを使って、確実に押さえておきましょう。

坊 防火地域　**さん** 3階以上　**モモ(百)** 100m²
ちょう 超　**だい** 耐火建築物等

じゅん子は 準防火地域　**よい子** 4階以上　**1個** 1,500m²
ちょう 超　**だい** 耐火建築物等

重要条文

＜建築基準法＞

第61条（防火地域及び準防火地域内の建築物）

　防火地域又は準防火地域内にある建築物は，その外壁の開口部で延焼のおそれのある部分に防火戸その他の政令で定める防火設備を設け，かつ，壁，柱，床その他の建築物の部分及び当該防火設備を通常の火災による周囲への延焼を防止するためにこれらに必要とされる性能に関して防火地域及び準防火地域の別並びに建築物の規模に応じて政令で定める技術的基準に適合するもので，国土交通大臣が定めた構造方法を用いるもの又は国土交通大臣の認定を受けたものとしなければならない。ただし，門又は塀で，高さ２ｍ以下のもの又は準防火地域内にある建築物（木造建築物等を除く。）に附属するものについては，この限りでない。

第63条（隣地境界線に接する外壁）

　防火地域又は準防火地域内にある建築物で，外壁が耐火構造のものについては，その外壁を隣地境界線に接して設けることができる。

第64条（看板等の防火措置）

　防火地域内にある看板，広告塔，装飾塔その他これらに類する工作物で，建築物の屋上に設けるもの又は高さ３ｍを超えるものは，その主要な部分を不燃材料で造り，又は覆わなければならない。

＜建築基準法施行令＞

第136条の２（防火地域又は準防火地域内の建築物の壁，柱，床その他の部分及び防火設備の性能に関する技術的基準）

　法第61条の政令で定める技術的基準は，次の各号に掲げる建築物の区分に応じ，それぞれ当該各号に定めるものとする。

一　防火地域内にある建築物で階数が３以上のもの若しくは延べ面積が100㎡を超えるもの又は準防火地域内にある建築物で地階を除く階数が４以上のもの若しくは延べ面積が1,500㎡を超えるもの

　　次のイ又はロのいずれかに掲げる基準

　　（以下　略）

二　防火地域内にある建築物のうち階数が2以下で延べ面積が100㎡以下のもの又は準防火地域内にある建築物のうち地階を除く階数が3で延べ面積が1,500㎡以下のもの若しくは地階を除く階数が2以下で延べ面積が500㎡を超え1,500㎡以下のもの

次のイ又はロのいずれかに掲げる基準

（以下　略）

五　高さ2mを超える門又は塀で，防火地域内にある建築物に附属するもの又は準防火地域内にある木造建築物等に附属するもの

延焼防止上支障のない構造であること。

合格ステップ 35

反復チェック　／　／　／

ランク **A**

防火地域・準防火地域内における建築制限……

（1）防火地域内における建築制限

①耐火建築物等又は準耐火建築物等としなければならない建築物

		延べ面積	
		100m²以下	100m²超
階数（地階を含む）	3階以上	耐火等※1	耐火等※1
	2階	耐火等又は準耐火等※2	耐火等※1
	1階		

②耐火建築物等又は準耐火建築物等としなくてもよい建築物

（ア）高さ2m以下の門又は塀

（イ）高さ2mを超える門又は塀で建築物に附属するもの（延焼防止上支障のない構造に限る）

③看板，広告塔，装飾塔その他これらに類する工作物で，建築物の屋上に設けるもの，又は，高さが3mを超えるものは，その主要な部分を不燃材料で造り，又は覆わなければならない。

(2) 準防火地域内における建築制限

耐火建築物等又は準耐火建築物等としなければならない建築物

		延べ面積		
		500m²以下	500m²超 1,500m²以下	1,500m²超
（地階を除く）階数	4階以上	耐火等※1	耐火等※1	耐火等※1
	3階	耐火等又は 準耐火等※2	耐火等又は 準耐火等※2	
	2階	※3		
	1階			

(3) **防火地域又は準防火地域**内にある建築物で，**外壁が耐火構造**のものについては，その**外壁を隣地境界線に接して設ける**ことができる。

(4) 建築物が，**防火地域・準防火地域・これらの地域として指定されていない区域**のうち**複数の地域にまたがる場合**には，**最も厳しい地域の規制が適用**される。

※1 耐火建築物に限らず，耐火建築物と同等以上の延焼防止性能を有する一定の建築物（延焼防止建築物）でもよい。

※2 耐火建築物，準耐火建築物に限らず，耐火建築物と同等以上の延焼防止性能を有する一定の建築物（延焼防止建築物）又は準耐火建築物と同等以上の延焼防止性能を有する一定の建築物（準延焼防止建築物）でもよい。

※3 木造建築物等の場合は，外壁及び軒裏で延焼のおそれのある部分を防火構造とし，延焼のおそれのある部分の外壁開口部に片面防火設備を設けた建築物又はそれと同等以上の延焼防止性能を有する建築物としなければならない。

　非木造建築物の場合は，延焼のおそれのある部分の外壁開口部に片面防火設備を設けた建築物又はそれと同等以上の延焼防止性能を有する建築物としなければならない。

宅建試験に「出る!」問題

1 防火地域内においては、3階建て、延べ面積が200m²の住宅は耐火建築物又は準耐火建築物としなければならない。(2011-18-2)

解答：×（上記合格ステップ(1)①参照）

2 建築物が防火地域及び準防火地域にわたる場合、原則として、当該建築物の全部について防火地域内の建築物に関する規定が適用される。(2011-18-1)

解答：○（上記合格ステップ(4)参照）

ウォーク問③　問46…(1)(2)(3)　問47　問48…(1)(2)　問60…(1)(3)　問65…(1)
　　　　　　問68…(4)

7 壁の位置に関する規制

(1) 第一種・第二種低層住居専用地域等内の外壁の後退距離の限度

　第一種・第二種低層住居専用地域及び田園住居地域は、良好な住居の環境を保護することが強く求められる地域です。このような環境を保護するためには、隣家との間隔を十分に確保する必要があります。

　そこで、**第一種・第二種低層住居専用地域又は田園住居地域**に関する都市計画には、必要があれば**外壁の後退距離の限度**を定めることができます（都計法8条3項2号ロ）。都市計画で外壁の後退距離の限度を定める場合には、1.5m又は1mとして定めます（54条2項）。この外壁の後退距離の限度が都市計画で定められた場合には、建築物の外壁又はこれに代わる柱の面と敷地境界線との距離は、原則として**1.5m又は1m以上**としなければなりません（54条1項）。

合格ステップ 36

第一種・第二種低層住居専用地域等内の外壁の後退距離の制限

第一種低層住居専用地域・第二種低層住居専用地域及び田園住居地域に関する都市計画においては，**1.5m又は1m**の外壁の後退距離の限度を定めることができる。

宅建試験に「出る!」問題

第一種住居地域内における建築物の外壁又はこれに代わる柱の面から敷地境界線までの距離は，当該地域に関する都市計画においてその限度が定められた場合には，当該限度以上でなければならない。（2016－19－4）

解答：×（上記合格ステップ参照）

ウォーク問③ 問70…(2)

---

(2) 壁面線の指定による建築制限

道路内における建築制限のところでみたように道路内に建物を建てることはできません。ただ，逆にいえば，建物が道路にはみ出さなければ，自分の敷地内に自由に配置して建築できるはずです。

しかし，個人個人が好き勝手に建物を配置すると，建築物が建っているラインがバラバラとなってしまうので，決して美しい街並みとはいえません。

そこで，**特定行政庁**は，街区内における建築物の位置を整え，その環境の向上を図るために必要があると認める場合には，建築審査会の同意を得て，**壁面線の位置を指定**することができます（46条1項）。壁面線が指定されると，**建築物の壁**などは，原則として，**壁面線を越えて建築してはならな**

いことになります(47条本文)。

【壁面線の指定による建築制限】

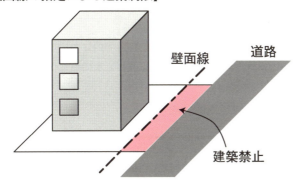

8 都市計画区域及び準都市計画区域以外の区域内の建築制限

ここまで学んできた制限は，都市計画区域や準都市計画区域内にある建築物にのみ適用されるものです。これらの規定についても一定の場合には，都市計画区域でも準都市計画区域でもないところにある建築物について適用される場合があります。

具体的には，次の合格ステップにまとめておきます(68条の9，施行令136条の2の9第1項)。

合格ステップ 37

都市計画区域及び準都市計画区域以外の区域内の建築制限

都道府県知事が関係市町村の意見を聴いて指定する区域内においては、地方公共団体は、必要と認めるときは、条例で、建築物に関して次の点について必要な制限を定めることができる。

① 建築物又はその敷地と道路との関係(接道義務、道路内の建築制限)
② 建築物の容積率
③ 建築物の建蔽率
④ 建築物の高さ
⑤ 建築物の各部分の高さの最高限度(斜線制限など)
⑥ 日影による中高層の建築物の高さの制限(日影規制など)

※ 地方公共団体は、条例で、建築物の用途に関する制限を定めることはできない。

9 単体規定など

ここでは全国どこにあるかにかかわらず適用される規定について説明します。

そのような規定として問題となるのは、単体規定、建築協定、建築基準法の適用されない場合などなので、これらについて順にみておきましょう。

(1) 単体規定

建築物は、快適で安全なものでなければなりません。単体規定は、この建築物そのものの快適性や安全性などの技術的な基準を定めたものです。建築物の構造、建築物の敷地、建築設備の3つの観点から、さまざまな制限を加えています。

これらについて、3つの観点から整理しましょう。

（a）建築物の構造

①安全な構造の確保

　安全な構造であるために，建築物の安全上必要な構造方法に関する技術的基準に適合する必要があります。(20条)。

　また，次の大規模な建築物については，一定の基準に従った**構造計算**によって安全性が確かめられたものとしなければなりません(20条)。

　(イ)高さ60m超の建築物

　(ロ)高さ60m以下の建築物のうち，

　・**木造**で，**高さ13m超，軒の高さ9m超**のいずれかを満たす建築物

　・**鉄骨造**で，**地階を除く階数4以上の建築物，鉄筋コンクリート造又は鉄骨鉄筋コンクリート造で，高さ20m超の建築物**，その他これらに準ずる一定の建築物

　(ハ)高さ60m以下の建築物のうち，(ロ)の建築物を除き，

　・**木造**で，**階数3以上，延べ面積500m²超**のいずれかを満たす建築物

　・**木造以外**で，**階数2以上，延べ面積200m²超**のいずれかを満たす建築物

　・**主要構造部の一定部分を石造，れんが造，コンクリートブロック造**等の構造とした建築物で，**高さ13m超，軒の高さ9m超**のいずれかを満たす建築物

②防火上の安全性の確保

　(イ)床，屋根，階段以外の主要構造部に，木材，プラスチックなどの可燃材料を用いた建築物（**木造建築物等**）で，**延べ面積3,000m²超，高さ16m超，地階を除く階数4以上**のいずれかを満たす建築物は，原則としてその主要構造部を**耐火構造**などの構造としなければなりません(21条)。なお，延べ面積3,000m²超，

高さ16m超，地階を除く階数4以上のいずれかを満たす建築物を木造とすることができないわけではない点に注意してください。

(ロ)**延べ面積が**1,000m²**を超える建築物は，耐火建築物，準耐火建築物などを除き，**原則として，防火上有効な構造の**防火壁又は防火床によって有効に区画**し，かつ，**各区画の床面積の合計をそれぞれ**1,000m²**以内**としなければなりません(26条)。

③その他の構造上の制限

(イ)住宅の居室，学校の教室，病院の病室などで地階に設けるものは，壁・床の防湿の措置など衛生上必要な技術的基準に適合するものとしなければなりません(29条)。したがって，地階であっても，原則として，**居室などを設けることはできます。**

(ロ)住宅，学校，病院などの一定の**居室**には，原則として，**採光及び換気のための窓その他の開口部を**一定以上の大きさで設けなければなりません(28条1項，2項)。もっとも，この開口部は日照を受けることができるものである必要はありません。なお，**採光に有効な部分の面積**は，原則としてその居室の床面積に対して，**住宅では7分の1以上**としなければなりません。また，**換気に有効な部分**の面積は，原則としてその居室の床面積に対して，**20分の1以上**としなければなりません。

(ハ)特定行政庁は，仮設興業場，仮設店舗等の仮設建築物について安全上，防火上及び衛生上支障がないと認める場合には，1年以内の期間を定めてその建築を許可することができます(85条5項)。

(ニ)特定行政庁は，国際的な規模の会議又は競技会の用に供することその他の理由により1年を超えて使用する特別の必要がある仮設興行場等について，

安全上，防火上及び衛生上支障がなく，かつ，公益上やむを得ないと認める場合，建築審査会の同意を得て，使用上必要と認める期間を定めてその建築を許可することができます(85条6項，7項)。

(ホ)便所には，原則として採光及び換気のため直接外気(がい)に接する窓を設けなければなりませんが，水洗便所で，これに代わる設備(せつび)をした場合においては，設ける必要はありません(施行令28条)。

(ヘ)居室については，採光や換気の確保のほか，天井も一定の高さを確保しなければなりません。その高さは，室の床面から測り(はか)2.1m以上とされ，一室で天井の高さの異なる部分がある場合においては，その平均の高さによるものとされています(施行令21条1項，2項)。

(b)建築物の敷地

建築物の敷地は，次の点を満たすものでなければなりません。

(イ)建築物の敷地は，原則として，接する道の境より高くなければなりません(19条1項)。

(ロ)建築物の地盤面は，原則として，接する周囲の土地より高くなければなりません(19条1項)。

(ハ)湿潤(しつじゅん)な土地，出水(しゅっすい)のおそれの多い土地や，ごみなどで埋め立てられた土地に建築物を建築する場合は，地盤の改良などの衛生上又は安全上必要な措置を講じなければなりません(19条2項)。

(ニ)建築物の敷地には，雨水(うすい)や汚水(おすい)を排出し，又は処理するための適当な下水管(げすいかん)，下水溝(げすいこう)又はためますなどの施設をしなければなりません(19条3項)。

(ホ)建築物ががけ崩(くず)れ等による被害を受けるおそれのある場合には，擁壁の設置など安全上適当な措置を講じなければなりません(19条4項)。

合格ステップ 38

反復チェック / / /

建築物の構造 ············· ランク B

(1) 次の大規模な建築物については，一定の基準に従った構造計算によって安全性が確かめられたものとしなければならない。

①高さ60m超の建築物

②高さ60m以下の建築物のうち，
- 木造で，高さ13m超，軒の高さ9m超のいずれかを満たす建築物
- 鉄骨造で，地階を除く階数4以上の建築物，鉄筋コンクリート造又は鉄骨鉄筋コンクリート造で，高さ20m超の建築物，その他これらに準ずる一定の建築物

③高さ60m以下の建築物のうち，②の建築物を除き，
- 木造で，階数3以上，延べ面積500m²超のいずれかを満たす建築物
- 木造以外で，階数2以上，延べ面積200m²超のいずれかを満たす建築物
- 主要構造部の一定部分を石造，れんが造，コンクリートブロック造等の構造とした建築物で，高さ13m超，軒の高さ9m超のいずれかを満たす建築物

(2) 木造建築物等で，延べ面積3,000m²超，高さ16m超，地階を除く階数4以上のいずれかを満たす建築物は，原則としてその主要構造部を耐火構造などの構造としなければならない。

(3) 延べ面積が1,000m²を超える建築物は，耐火建築物，準耐火建築物などを除き，原則として，防火上有効な構造の防火壁又は防火床によって有効に区画し，かつ，各区画の床面積の合計をそれぞれ1,000m²以内としなければならない。

(4) 住宅の居室，学校の教室，病院の病室などで地階に設けるものは，壁・床の防湿の措置など衛生上必要な技術的基準に適合するものとしなければならない。

(5) 居室には，原則として，採光及び換気のための窓その他の開口部を一定以上の大きさで設けなければならない。なお，この開口部は日照を受けることができるものである必要はない。

宅建試験に「出る!」問題

防火地域又は準防火地域において，延べ面積が1,000m^{2}を超える耐火建築物は，防火上有効な構造の防火壁又は防火床で有効に区画し，かつ，各区画の床面積の合計をそれぞれ1,000m^{2}以内としなければならない。(2007-21-4)

解答：×（上記合格ステップ(3)参照）

ウォーク問3 ▶ 問48…(3)　問50…(1)　問51…(2)(3)(4)　問60…(4)　問188…(3)

(c)建築設備

建築物の自然換気設備（換気扇などの器具を使わない換気設備）は，次のような構造でなければなりません（施行令129条の2の6第1項）。

(イ) 給気口は，居室の天井の高さの2分の1以下の高さの位置に設け，常時外気に開放された構造とします。
(ロ) 排気口は，給気口より高い位置に設け，常時開放された構造とし，排気筒（いわゆる煙突など）の立ちあがり部分に直結します。
(ハ) 給気口・排気口には，雨水，ねずみ，虫，ほこりなど衛生上有害なものを防ぐための設備をします。

【自然換気設備】

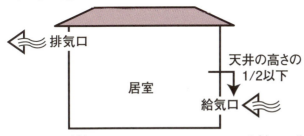

建築物は，石綿等の物質の建築材料からの飛散又は発散による衛生上の支障がないよう，次の基準に適合するものとしなければなりません（28条の2）。

(イ)建築材料に石綿を添加しないこと
(ロ)原則として,石綿をあらかじめ添加した建築材料を使用しないこと
(ハ)居室を有する建築物では,(イ)(ロ)に加えて,建築材料にクロルピリホスを添加・使用しないこと。ホルムアルデヒドの発散による衛生上の支障がないよう建築材料及び換気設備について一定の技術的基準に適合すること

高さ20mを超える建築物には,原則として,有効に**避雷設備**を設けなければなりません(33条)。

高さ31mを超える建築物には,原則として,**非常用の昇降機**を設けなければなりません(34条2項)。

合格ステップ 39

建築設備

(1) 高さ20mを超える建築物には,原則として,有効に避雷設備を設けなければならない。
(2) 高さ31mを超える建築物には,原則として,非常用の昇降機を設けなければならない。

宅建試験に「出る!」問題

高さが20mを超える建築物には原則として非常用の昇降機を設けなければならない。(2013-17-エ)

解答:×(上記合格ステップ(2)参照)

ウォーク問3 問48…(4) 問49…(エ) 問60…(2) 問68…(3) 問188…(4)

(d)**地方公共団体による制限の付加・緩和**

単体規定は,全国一律に適用されるものですが,各地方の気候などによりその制限を強めたり,あるいは弱めたりす

る必要がある場合があります。たとえば，極端に雨量の多い地方にあっては，特に防湿対策を十分にしておく必要があるでしょう。

そこで，このような地方ごとの事情に応じて，地方公共団体により，個別的な規制ができることとされています。

①災害危険区域内の規制

地方公共団体は，条例で，津波，高潮，出水等による危険の著しい区域を**災害危険区域**として指定し，その区域内の住居用の建築物の建築の禁止などの制限で災害防止上必要なものを条例で定めます(39条)。

②**地方公共団体の条例による制限の付加**

地方公共団体は，その地方の**気候・風土の特殊性，又は特殊建築物の用途・規模**により，建築基準法に基づく一般的な規定のみによっては，建築物の安全などの目的を充分に達しがたいと認める場合においては，**条例**で，建築物の敷地，構造，又は建築設備に関して安全上，防火上又は衛生上**必要な制限**を付加することができます(40条)。

③**市町村の条例による制限の緩和**

都道府県知事が指定する区域以外の区域では，**市町村**は，土地の状況により必要と認める場合，**国土交通大臣の承認**を得て，**条例**で，区域を限り，一定の**制限**を**緩和**することができます(41条)。

(2) 建築協定

住んでいる地域の環境を守る話し合いとは？

Aさんの住んでいる一画（第二種住居地域）は、閑静で住みやすい所でしたが、付近にどんどん商店などができて、だんだん騒々しい街になってきました。第二種住居地域の場合、ぱちんこ屋などの建築も用途規制上は可能ですが、もし自分の家の隣にぱちんこ屋ができたらうるさくてしようがないでしょう。そこで、Aさんは、近所の人たちと、何とか静かな環境を維持したいと話し合っています。何か有効な手だてはないものでしょうか。（解答は173頁）

ケーススタディ 2-7

地域住民が話し合って、自主的な取り決めとして、特定の建築物を建築しないという合意が交わされることがあります。しかし、この取り決めはあくまで話し合いに参加した人の内輪のもので、たとえば合意後に新たに土地所有者となった者に対してはその効力が及びません。

そこで、建築基準法は、こうした合意の効力を合意後の土地所有者等にも及ぼす方法として、**建築協定**という制度を認めています。すなわち、地域住民の申合せにより、建築物の敷地や用途等に関して、建築基準法の一般的基準を超えた基準を定めることができるのです（69条）。

建築協定について、次の合格ステップで簡単にまとめておきましょう。

合格ステップ 40

建築協定

ランク B

(1) 適用区域	市町村の条例で定めた一定の区域
(2) 協定の主体	土地の所有者など
(3) 協定の目的	建築物の敷地, 位置, 構造, 用途, 形態, 意匠, 建築設備に関する基準
(4) 協定の効力	公告後に土地所有者等になった者に対しても効力が及ぶ。
(5) 手続き	特定行政庁の認可 ・締結…全員の合意→申請→認可→公告 ・変更…全員の合意→申請→認可→公告 ・廃止…過半数の合意→申請→認可→公告
(6) 1人協定	認可の日から3年以内に協定区域内の土地に2以上の土地所有者等が存することとなった時からその効力が生ずる。

宅建試験に「出る!」問題

建築協定区域内の土地の所有者等は, 特定行政庁からの認可を受けた建築協定を変更又は廃止しようとする場合においては, 土地所有者等の過半数の合意をもってその旨を定め, 特定行政庁の認可を受けなければならない。(2012-19-4)

解答:×(上記合格ステップ(5)参照)

ウォーク問 3 ▶ 問52 問63…(2) 問71…(4)

ケーススタディ2-7の答え

Aさんたちは, この一画にはぱちんこ屋などを建築しないという建築協定を結べば安心です。

(3) 建築基準法の適用されない場合

　建築物のなかにはこれまで見てきた規制の内容が適用されない建築物があります。以下，主要なものを見ておきましょう。
　①文化財保護法によって**国宝**，**重要文化財**などとして指定又は仮指定された建築物（3条1項）
　②建築基準法などが改正され，それが適用される際，現に存する建築物やすでに建築の工事中の建築物などが，改正された規定に適合しない場合，その適合しない部分（既存不適格建築物，3条2項）

10 建築確認

（1）建築確認の要否

建築基準法令にしたがった建物の建築を担保させる制度

　Aさんが家を建てようとする場合，今まで述べてきた建築基準法上の各種の制限を守っていれば黙って家を建ててしまってもよいのでしょうか。（解答は177頁）

(a) 建築確認の必要性

　家を建てようとする場合，自分としては，建築基準法上の各種の制限をちゃんと守ったつもりでも，間違いがあるかもしれません。そして，もし間違いがあった場合，それに気づかずに家を建ててしまったならば，後から法律の規定に適合するように手直しするのは大変です。

　そこで，建築物を建築しようとする場合には，あらかじめ，建築計画が法律の規定に適合するものであるかどうかをチェックすることが必要となります。この事前のチェックのシステムが**建築確認**の制度なのです。

建築物を建築しようとする**建築主**は，確認の申請書を提出
して**建築確認**を受け，**確認済証の交付**を受けなければなりま
せん（6条1項）。

ただ，すべての建築をチェックするのは不可能ですので，
建築確認が必要なものと必要でないものに分かれます。では，
どのような場合に建築確認が必要となるかみていきましょ
う。

（b）都市計画区域・準都市計画区域・準景観地区内の建築

都市計画区域，準都市計画区域もしくは準景観地区にお
いて建築物を**新築**する場合には，建築物の規模に関係なく，
建築確認が必要となります（6条1項4号）。ただし，都市計
画区域，準都市計画区域については都道府県知事が都道府
県都市計画審議会の意見を聴いて指定する区域を，準景観
地区については市町村長が指定する区域を除きます。

都市計画区域，準都市計画区域もしくは準景観地区のう
ち防火地域・準防火地域以外の地域で**増改築**，**移転**をする
場合には，その部分の床面積の合計が$10m^2$を超えるものに
ついて**建築確認が必要**となります（6条2項）。

（c）防火地域・準防火地域内の建築

防火地域又は**準防火地域**は，都市計画区域内に指定され
るため，これらの地域内での**新築**，**増改築**，**移転** については，
その規模にかかわらず，**建築確認が必要**となります。たとえ
増改築・移転部分の床面積の合計が$10m^2$以内であっても建
築確認が必要となる点に注意してください。

防火地域・準防火地域内では，防火上の詳細な建築規制
がありますので，建築基準法に適合するものかどうか，特に
チェックする必要があるといえるでしょう。

（d）全国での建築

これまで述べてきたのは，一定の区域や地域における建築
物について原則としてその規模に関係なく，建築確認が必要
な場合でした。これに対して，**一定の規模以上の建築物は，**

その建築が行われる場所に関係なく（上記都市計画区域・準都市計画区域・準景観地区も含めて）全国どこで建築行為をする場合でも，**原則として建築確認が必要**となります。

　特殊建築物や大規模建築物が，無断で違法に建築されると周囲の環境に悪影響を及ぼし，また，それが倒壊したときの被害は多大です。そこで，そのような事態を引き起こさないように，あらかじめ建築確認を必要としたのです。

　この建築確認が必要な建築物について具体的にみてみましょう。

　①用途に供する部分の床面積の合計が200m^{2}を超える特殊建築物（以下「200m^{2}超の特殊建築物」という。）

【特殊建築物の例】

> 学校，体育館，病院，診療所，劇場，映画館，演芸場，観覧場，公会堂，集会場，百貨店，マーケット，展示場，ホテル，旅館，下宿，共同住宅，寄宿舎，コンビニエンスストア，自動車車庫，自動車修理工場，倉庫等

　上の表にあるような，不特定多数の人が集まる建築物は，チェックする必要性が高いと考えられます。そこで，**特殊建築物で，その用途に供する部分の床面積の合計が200m^{2}を超えるものは，新築の他に10m^{2}を超える増改築・移転，大規模の修繕，大規模の模様替**をする場合には，建築確認が必要です（6条1項1号）。

　この他に**200m^{2}を超える特殊建築物**にする場合にも**建築確認が必要**となります（87条1項）。ただし，**類似の用途変更**は，建築確認が必要な「用途変更」にあたらず，**建築確認は不要**です。類似の用途としては，①劇場・映画館・演芸場，②公会堂・集会場，③診療所・児童福祉施設等，④ホテル・旅館，⑤下宿・寄宿舎，⑥博物館・美術館・図書館，⑦百貨店・マーケット・その他の物品販売業を

営む店舗などのグループに分けることができ，この同じグループ内での変更は建築確認が不要となります。

②木造の大規模建築物

木造建築物については，その用途，地域に関係なく，階数３以上，延べ面積500m²超，高さ13m超，軒の高さ９m超のいずれかを満たすものについて，建築確認が必要です（6条1項2号）。

この場合，建築確認が必要なのは，新築の他，10m²を超える増改築・移転に加え，大規模の修繕，大規模の模様替の場合です。

③木造以外の大規模建築物

木造以外の建築物については，階数２以上，延べ面積200m²超のいずれかを満たすものは建築確認が必要です（6条1項3号）。

この場合も，建築確認が必要なのは，新築の他，10m²を超える増改築・移転に加え，大規模の修繕，大規模の模様替の場合です。

ケーススタディ2-8の答え

Aさんは，建築確認を受け，その確認済証をもらってから，家を建てなければなりません。

ラクしておぼえる L式 暗記法

　建築確認のところでは,「大規模建築物の規模」が非常に重要です。そこで, 以下のゴロ合わせを使って, 確実に押さえておきましょう。なお, ここでは階数以外はすべて「超える」となっている点に注意が必要です。

特売	**200**円	**木久造**
特殊建築物	200m²超	木造

最	**後**の	**倒産**	**苦**
3階以上	500m²超	13m超	9m超

木久造以外は	**ニッコ**	**ニコ**
木造以外	2階以上	200m²超

重要条文

＜建築基準法＞

第6条（建築物の建築等に関する申請及び確認）

1　建築主は，第1号から第3号までに掲げる建築物を建築しようとする場合（増築しようとする場合においては，建築物が増築後において第1号から第3号までに掲げる規模のものとなる場合を含む。），これらの建築物の大規模の修繕若しくは大規模の模様替をしようとする場合又は第4号に掲げる建築物を建築しようとする場合においては，当該工事に着手する前に，…（略）…，確認の申請書を提出して建築主事の確認を受け，確認済証の交付を受けなければならない。…（略）…。

一　別表第一(い)欄に掲げる用途に供する特殊建築物で，その用途に供する部分の床面積の合計が$200m^2$を超えるもの

二　木造の建築物で3以上の階数を有し，又は延べ面積が$500m^2$，高さが13m若しくは軒の高さが9mを超えるもの

三　木造以外の建築物で2以上の階数を有し，又は延べ面積が$200m^2$を超えるもの

四　前3号に掲げる建築物を除くほか，都市計画区域若しくは準都市計画区域（いずれも都道府県知事が都道府県都市計画審議会の意見を聴いて指定する区域を除く。）若しくは景観法第74条第1項の準景観地区（市町村長が指定する区域を除く。）内又は都道府県知事が関係市町村の意見を聴いてその区域の全部若しくは一部について指定する区域内における建築物

2　前項の規定は，防火地域及び準防火地域外において建築物を増築し，改築し，又は移転しようとする場合で，その増築，改築又は移転に係る部分の床面積の合計が$10m^2$以内であるときについては，適用しない。

合格ステップ 41

建築確認の要否

ランク

(1) 建築確認が必要な場合

適用範囲			新築	増改築※1 移転	大規模の修繕 大規模の模様替
都市計画区域・準都市計画区域※2・準景観地区			○	○※4	—
防火地域・準防火地域			○	○	—
全国		特殊建築物※3 用途に供する部分の床面積の合計が200m²超	○	○※4	○
	大規模建築物	木造 3階以上 延べ面積500m²超 高さ13m超 軒の高さ9m超	○	○※4	○
		木造以外 2階以上 延べ面積200m²超	○	○※4	○

○…建築確認を要するもの
※1 増築の場合は，増築後に規模の要件を満たす場合も含む。
※2 都市計画区域・準都市計画区域については都道府県知事が都道府県都市計画審議会の意見を聴いて指定する区域を除き，準景観地区については，市町村長が指定する区域を除く。
※3 特殊建築物とは，劇場，映画館，病院，診療所，ホテル，旅館，下宿，共同住宅，学校，百貨店，マーケット，展示場，倉庫，自動車車庫などをいう。
※4 増改築移転部分の床面積が10m²以内のものを除く。

(2) 用途変更をして200m²超の特殊建築物とする場合にも建築確認が必要である。ただし，類似の用途変更では建築確認は不要である。

宅建試験に「出る!」問題

事務所の用途に供する建築物を，飲食店（その床面積の合計250m²）に用途変更する場合，建築主事又は指定確認検査機関の確認を受けなければならない。（2012-18-2）

解答：○（上記合格ステップ(2)参照）

ウォーク問3 問53　問54　問55…(1)(2)(3)　問56　問57…(1)(4)　問58…(1)
問59…(4)　問65…(2)　問68…(2)　問69…(2)　問188…(1)

第2章

建築基準法

　以上の表は，建築物の種類・規模を中心として建築確認の要否をまとめたものです。さらに，実際に建築確認の要否に関する問題を解くことを考えて，①どういう建築行為を行っているのか(行為)，②どういう場所で行っているのか(場所)，③どういう種類・規模の建築物なのか(建築物)，という順序で次の表に整理しなおしました。

【建築確認の要否】

行為	場所	建築物	要否
新築	都市計画区域・準都市計画区域・準景観地区内	区別なし	必要
	都市計画区域・準都市計画区域・準景観地区外	200m²超の特殊建築物・大規模建築物	必要
		それ以外の建築物	不要
増改築・移転	防火・準防火地域内	区別なし	必要
	都市計画区域・準都市計画区域・準景観地区内（防火・準防火地域等を除く）	区別なし	必要　増改築移転部分の床面積の合計が10m²超の場合

LEC東京リーガルマインド　2021年版出る順宅建士 合格テキスト ③法令上の制限・税・その他　181

行為	場所	建築物	要否
増改築・移転	都市計画区域・準都市計画区域・準景観地区外	200m²超の特殊建築物・大規模建築物	必要 増改築移転部分の床面積の合計が10m²超の場合
		それ以外の建築物	不要
大規模の修繕・模様替	区別なし（全国どこでも）	200m²超の特殊建築物・大規模建築物	必要
		それ以外の建築物	不要
用途変更	区別なし（全国どこでも）	200m²超の特殊建築物	必要（ただし，類似の用途相互間では不要）
		それ以外の建築物	不要

「200m²超の特殊建築物・大規模建築物」にあたれば，原則として建築確認が必要となることは説明しましたが，「200m²超の特殊建築物・大規模建築物」にあたるかどうかの判断は，初学者にとってはとまどうところです。そこで，「200m²超の特殊建築物・大規模建築物」にあたるかどうかの判断ができるかどうか練習してみましょう。

練習問題

【問】 以下の建築物は「建築確認が必要な特殊建築物又は大規模建築物」にあたるか。

1　鉄骨平家建てで，延べ面積が200m²の事務所
2　木造3階建て，高さが12mの建築物
3　木造1階建て，延べ面積250m²のバー
4　鉄筋コンクリート造2階建て，延べ面積200m²の自動車車庫

【解答】

1 あたらない　事務所は特殊建築物にあたらない。そして，木造以外の建築物の場合は，(a) 2階以上のもの，又は(b) 延べ面積が200m²を超えるものであれば「大規模建築物」にあたる。しかし，本問の建築物は，平家建て（1階建て）であり，延べ面積も200m²ピッタリなので，「大規模建築物」にあたらない。

2 **あたる** 木造建築物の場合は，(a) **3階建て以上のもの**，又は(b)延べ面積が**500m²を超えるもの**，(c) 高さが**13m**を超えるもの，もしくは(d) 軒の高さが**9m**を超えるものであれば「大規模建築物」にあたる。本問の建築物は3階建てなので，「木造の大規模建築物」にあたる。

3 **あたる** バーは，特殊建築物にあたる。よって，その用途に供する床面積の合計が**200m²を超えるもの**であれば「建築確認が必要な特殊建築物」にあたる。本問の建築物は延べ面積が250m²なので，「建築確認が必要な特殊建築物」にあたる。

4 **あたる** 自動車車庫は，特殊建築物にあたる。本問の建築物は，延べ面積が200m²ピッタリなので，「建築確認が必要な特殊建築物」にあたらない。しかし，本問の建築物は，木造以外の建築物でもあるから，この点の基準もあわせて考えなければならない。よって，2階建てであるので，「木造以外の大規模建築物」にあたる。

（2）確認・検査の手続き

（a）建築確認と完了検査

先に述べたように**建築主**は，建築確認が必要な場合には（合格ステップ41参照，176頁），**工事着手前**に，建築計画が建築基準関係規定に適合するものであることについて，**建築主事**の確認を受け，**確認済証の交付**を受けなければなりません（6条1項）。ここで建築基準関係規定とは，建築基準法令の規定その他建築物の敷地，構造又は建築設備に関する法律並びにこれに基づく命令及び条例の規定で政令で定めるものをいいます（建基法6条1項）。なお，都市計画法等もここに含まれます（施行令9条12号）。また，建築主事とは，確認に関する事務をつかさどる者をいい，都道府県又は人口25万人以上の市に置かれます（建基法4条1項，5項）。そして，この建築主事を置いた地方公共団体の長のことを「特定行政庁」といいます（2条35号）。この確認の申請には，開発行為などと違って，**周辺の住民の同意などは不要**です。そして，確認を受けた工事の施工者は，その工事現場の見やすい場所に，建築主，設計者，工事施工者及び工事の現場管理者の氏名又は名称ならびに確認があった旨の表示をしなければなりません（89条1項）。

なお，**建築主事**は，建築確認をする場合，原則としてその確認する建築物の工事施工地又は所在地を管轄する消防長又は消防署長の**同意**を得なければなりません(93条1項)。

この確認済証の交付を受けて初めて工事に着手することになります。しかし，建築確認を受けてもそのとおりに建築がなされるとは限りません。そこで，建築物について**完了検査**の制度があります(7条)。この検査で，最終的に建築基準法に違反した建築物となっていないか，確かめられるのです。確かめられると**検査済証が交付**されます。

工事が完成するとその建築物を使用できることとなります。しかし，一定の大規模な工事が行われた場合には，検査済証が交付されるまでは，その建築物を使用することができません。ここでいう大規模な工事とは，①「200m²超の特殊建築物・大規模建築物」(合格ステップ41参照)の新築，②建築確認の必要な一定の大規模建築物の増築，改築，移転，大規模の修繕もしくは大規模の模様替の工事で，避難施設等に関する工事を含むものをいいます。しかし，①特定行政庁等が認めたとき，又は②**完了検査の申請が受理**された日(指定確認検査機関による完了検査の引受けがあった場合には，当該検査の引受けに係る工事が完了した日又は当該検査の引受けを行った日のいずれか遅い日)から**7日を経過**したときには，**検査済証の交付を受ける前**であっても，仮に**使用し**，又は**使用させることができます**(7条の6第1項)。

(b)その他の手続き

①中間検査

工事前には建築確認，工事完了後には完了検査の制度がありますが，完成してから違反が発見されても，それをなおすことができない建築物もあります。このような場合は，工事の途中の検査，中間検査が必要とされます(7条の3)。具体的には，次の(イ)(ロ)のいずれかの工程(**特定工程**)を含む場合，建築主は，当該特定工程にかかる工事

講師からのアドバイス

建築主事，指定確認検査機関が一定の基準に適合していることを認めたときも仮に使用し，又は使用させることができる旨の改正がされました。

を終えたときは，その都度，建築主事の中間検査を申請しなければなりません。なお，建築主は，特定工程にかかる工事を終えた日から4日以内に到達するように，建築主事の中間検査を申請しなければなりません。

(イ)階数が**3階以上の共同住宅**の工事の一定の工程

(ロ)特定行政庁が指定する工程

そして，特定工程後の工事は，当該特定工程にかかる中間検査合格証の交付を受けた後でなければ，施工することができないとされています。

②指定確認検査機関による確認・検査

建築物の建築はその数が膨大で，建築確認の必要な建築物をしぼっても，建築主事だけではその確認・検査をとても処理しきれません。そこで，この確認・検査については，国土交通大臣又は都道府県知事が指定した**指定確認検査機関**でもできることとされています（6条の2，7条の2，7条の4）。

③不服申立て

建築主事が確認をしないなど建築確認，完了検査などについての**審査請求は**，**建築審査会**に対して，するものとされています（94条1項）。

④都道府県知事への建築物の建築・除却の届出

以上のような確認・検査の手続きとは別に，建築主などは，**建築物を建築**しようとする場合，又は**建築物を除却**しようとする場合においては，建築主事を経由して，原則としてその旨を**都道府県知事に届け出**なければならないとされています（15条）。

⑤確認審査等に関する指針等

国土交通大臣は，建築確認にかかる確認審査等の公正かつ適確な実施を確保するため，**確認審査等に関する指針**を定めなければなりません（18条の3第1項）。そして，確認審査等は，この指針に従って行わなければなりません

(18条の3第3項)。

合格ステップ 42　建築確認の手続き　ランク B

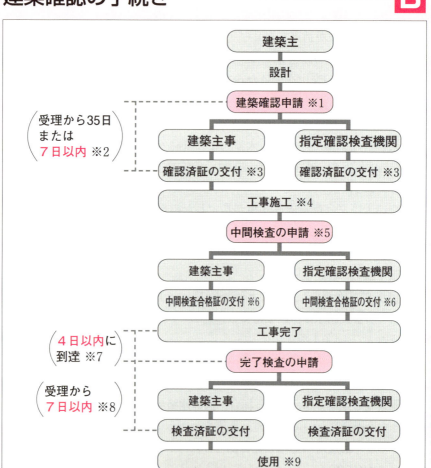

※1　建築確認等の処分に不服がある者は、**建築審査会**に対して審査請求をすることができる(審査請求を経ることなく取消し訴訟の提起も可能)。
　　なお、床面積が10m²を超える建築物を建築しようとする場合又は建築物を除却しようとする場合には、その旨を**都道府県知事**に届け出なければならない。

※2 建築主事は、建築確認の申請書を受理した場合には、その受理した日から、合格ステップ41の**200m²超の特殊建築物・大規模建築物については35日以内**（合理的な理由があるときは、最大70日以内）、**それ以外の建築物については7日以内**に審査をし、建築計画が建築基準関係規定に適合することを確認したときは、当該申請者に確認済証を交付しなければならない。なお、指定確認検査機関については、このような規制はない。

※3 建築主事又は指定確認検査機関は、申請に係る建築物の構造計算適合性判定通知書又はその写しの提出を建築主から受けた場合に限り、建築確認をすることができる。この構造計算適合性判定通知書は、建築主が、構造計算適合性判定が必要な建築物について、都道府県知事に申請書を提出して都道府県知事の構造計算適合性判定を受けることにより建築主に交付される。都道府県知事は、構造計算適合性判定申請書を受理した場合に、その受理した日から14日以内に、当該申請に係る構造計算適合性判定の結果を記載した通知書を当該申請者である建築主に交付しなければならない。

※4 建築物の新築、増築、改築、移転、又は大規模の修繕・模様替の工事の施工者は、工事現場の見やすい場所に、建築主、設計者、工事施工者及び工事の現場管理者の氏名又は名称ならびに建築確認を受けた旨の表示をしなければならない。

　　また、建築物の新築、増築、改築、移転、又は大規模の修繕・模様替の工事の施工者は、工事現場に**当該工事に係る設計図書**を備えておかなければならない。

※5 建築主は、建築確認を受けた工事が**特定工程**（3階以上の共同住宅の工事の一定の工程又は特定行政庁が指定する工程）を含む場合、当該特定工程にかかる**工事を終えた日から4日以内**に到達するように、建築主事の検査を申請しなければならない。ただし、指定確認検査機関が、当該特定工程にかかる工事を終えた日から4日が経過する日までに、中間検査を引き受けた場合、建築主事への中間検査の申請は不要となる。

※6 特定工程後の工程に係る工事は、中間検査合格証の交付を受けた後でなければ施工できない。

※7 建築主事への完了検査の申請は、**工事完了の日から4日以内**に建築主事に到達するようにしなければならない。ただし、指定確認検査機関が、工事完了の日から4日が経過する日までに、完了検査を引き受けた場合、建築主事への完了検査の申請は不要となる。

※8 指定確認検査機関が完了検査の引受けを行ったときは、当該**工事が完了した日**又は当該**検査の引受け**を行った日のいずれか遅い日から**7日以内**に、完了検査をしなければならない。

※9 合格ステップ41の**200m²超の特殊建築物・大規模建築物**を新築する場合、又は建築確認の必要な一定の大規模建築物の増築・改築・移転・大規模の修繕・大規模の模様替の工事で、避難施設等に関する工事を含むものをする場合、建築主は、**検査済証の交付を受けた後**でなければ、当該建築物もしくは建築物の部分を使用し、又は使用させてはならない。

　　ただし、次の場合には、**検査済証の交付を受ける前においても、仮に、当該建築物又は建築物の部分を使用し、又は使用させることができる。**

①特定行政庁、建築主事又は指定確認検査機関が、安全上、防火上及び避難上支障がないと認めたとき

②完了検査の申請が受理された日（指定確認検査機関による完了検査の引受けがあった場合には、当該検査の引受けに係る工事が完了した日又は当該検査の引受けを行った日のいずれか遅い日）から**7日を経過したとき**

　　なお、**200m²超の特殊建築物・大規模建築物以外の建築物**については、**検査済証の交付を受ける前であっても、建築物を使用し、又は使用させることができる。**

宅建試験に「出る!」問題

新築工事が完了した場合は，建築主は，指定確認検査機関による完了検査の引受けがあった場合を除き，建築主事の検査を申請しなければならない。(1996-23-3改題)

解答：〇(上記合格ステップ参照)

ウォーク問③ 問57…(2)(3)　問58…(2)(3)(4)　問59…(1)

（3）違反建築物に対する措置
（a）違反建築物に対する措置は誰が行うのか

　建築基準法の規定に適合しない建築物（違反建築物）が建築された場合，建築物の利用者その他近隣住民等の生命，健康，財産がおびやかされることになります。

　そこで，**特定行政庁**は，**違反建築物**に対して，一定の**違反是正命令等の措置**をとることができるものとされています（9条）。

　しかし，特定行政庁だけでは，違反建築物の建築を防ぐための迅速な対処ができないおそれがあります。そこで，特定行政庁は，一定の場合に単独で違反是正命令をすることができる機関である**建築監視員**を任命することができます（9条の2）。

（b）違反建築物に対してはどのような措置が講じられるのか

　特定行政庁は，建築基準法令の規定に違反した建築物又は建築物の敷地については，当該建築物又は建築物の敷地の所有者等に対して，違反を是正するために必要な措置をとることを命ずることができます（9条1項）。

　違反建築物は，工事完了後の検査の結果，建築基準法の規定に適合しないことが明らかとなる場合のように，建築確認の手続きのなかで，その存在が発見される場合もあれば，建築確認の手続きとは無関係に発見される場合もあります。

188　**LEC**東京リーガルマインド　2021年版出る順宅建士 合格テキスト ③法令上の制限・税・その他

建築確認が不要とされる建築物にも，違反建築物が発見される場合もあるでしょう。いずれの場合であっても，特定行政庁は，違反建築物に対する措置をとることができます。

　措置の内容としては，建築物の除却，移転，改築，増築，修繕，模様替，使用禁止，使用制限などを命じることが定められています（9条1項）。

MEMO

第3章 国土利用計画法

超頻出 Aランク

学習のポイント

学習項目	'11	'12	'13	'14	'15	'16	'17	'18	'19	'20
1 国土利用計画法の構造										
2 事後届出制	★	★	★	★	★	★	★	★	★	★
3 事前届出制（注視区域・監視区域）						★				
4 許可制										
5 遊休土地に関する措置										

　「国土利用計画法」の分野は，毎年1問出題されています。この国土利用計画法では，届出制や許可制などの制度が設けられていますが，本試験では，届出制からの出題が大部分を占めています。そして，届出制に関しては，事後届出制を中心に，①届出の要否と，②届出の手続きが主に出題されています。そして，事前届出制については，事後届出制との違いを意識しながら学習する必要があります。

何を学ぶか？ どこに着目するか？

何を学ぶか？

本章では，国土利用計画法を学んでいきます。一定の面積以上の土地の売買契約等をした場合，国土利用計画法の規定によって，原則として，契約の後に目的等を届け出なければなりません。本章では「届出の要否」を中心に学習していきます。

国土利用計画法はどんな法律？

日本の国土を有効利用するために，土地の無駄遣いや地価の過度な上昇を防がなくてはなりません。そのために，土地の取引を監視したり，時には制限したりするのが国土利用計画法です。

具体的には？

一定の条件を満たす土地の取引があった場合，その取引の内容を都道府県知事への届出制，都道府県知事の許可がなければ土地の取引ができない許可制を規定しています。

どんな場合でも届出や許可が必要となるの？

そういうわけではありません。一定の面積未満の土地取引や，相続による土地の取得等の場合には届出は不要です。

合格への着眼点は？

国土利用計画法からの出題は9割以上が「事後届出制」からの出題です。「事後届出制」に関する出題は基本的知識からの出題が多いので，積極的に得点を狙って欲しい分野です。

1 国土利用計画法の構造

（1）国土利用計画法の目的

　国土利用計画法（国土法）の目的は，総合的かつ計画的な国土の利用を図ることにあります（1条）。つまり，国土は国民にとって限られた資源であるとともに，日常生活の基盤となるものですから，①計画的に利用するとともに，②地価の上昇を抑えて一般国民でも手が届くようにしておく必要があります。そこで，国土法は，**国土の適切かつ効率的な利用の妨げとなる取引**や，**地価の上昇を招くおそれのある取引**について，さまざまな規制を課しています。

（2）国土利用計画法の制度
（a）届出制

　国土法は，届出制として，①**事後届出制**，②**注視区域内における届出制**，③**監視区域内における届出制**の3つの制度を設けています。

　①まず，**事後届出制**とは，一定の面積以上の土地取引について，契約の締結後に都道府県知事に届け出ることを要求する制度です。都道府県知事は，届出を受けた内容に問題がある場合には，土地の利用目的について必要な変更をすべきことを勧告することができます。

　②次に，**注視区域内における届出制**とは，一定の面積以上の土地取引に際しては，契約の締結前に都道府県知事に届け出ることを要求する制度です（**事前届出制**）。届出の手続時期・方法，勧告内容等，さまざまな点で①との違いが見られます。

　③最後に，**監視区域内における届出制**がありますが，この制度は，①②の届出対象面積が法律で一律に定められて

いるのに対し、**届出対象面積を地域の実態に即して都道府県の規則で引き下げて定めることができる**という点で違いがあります。その他の点に関しては、②とほぼ同じです。

(b) **許可制**

国土法は、届出制以外に、**許可制**という制度も設けています。これは、都道府県知事が許可しなければ土地取引はできない、とする厳しい制度です。そして、この許可制が実施されている場所のことを「**規制区域**」といいます。

【届出制と許可制】

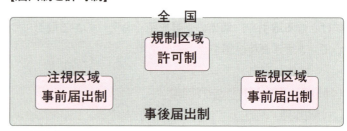

(c) **遊休土地に関する措置**

土地は限りあるものですから、有効に使ってもらえば土地の供給が増加し、それだけ地価の上昇を防ぎ、合理的に土地を利用することができます。そこで、国土法の届出制や許可制に基づいて取得した土地が有効に利用されていない場合には、都道府県知事は、その土地の利用・処分計画を提出させたり、助言や勧告をすることができるという制度を設けました。これを「**遊休土地の通知**」の制度といいます。

2 事後届出制

(1) 事後届出制（国土法23条）

事後届出制とは、①**一団の土地に関する権利**(所有権・地上権・賃借権と、これらの権利の取得を目的とする権利。抵

当権は含まない）を，②**対価を得て**，③**移転・設定する売買
等の契約**（予約を含む）を締結した場合には，**権利取得者**（買
主等）は契約締結日から起算して**2週間以内**に**都道府県知事**
に取引価格や土地の利用目的などを届け出なければならない
という制度です（23条1項，14条1項）。なお，土地売買等の
契約を代理人によって締結した場合でも，代理人名義では
なく，権利取得者の名義により，事後届出を行わなければな
りません。

（a）「土地に関する権利」とは

届出が必要となる「**土地に関する権利**」とは，**所有権，地上
権，賃借権**と，**これらの権利の取得を目的とする権利**をいい
ます。したがって，地役権や永小作権は含まれず，また所有
権等の権利の取得を目的とせず単に債権の担保を目的とす
る**抵当権**や不動産質権も含まれません。ただし，同じく担保
のために設定される**譲渡担保権**や代物弁済の予約上の権利
は，所有権の移転を伴うことになりますので，土地に関する
権利に含まれます。

（b）「対価を得て」とは

届出が必要となるのは「**対価を得て**」行われた土地の取引
に限られます。したがって，**贈与，相続，遺産分割，法人の
合併，時効取得**などは含まれません。また，**信託契約**による
土地所有権の移転も対価性を欠くことから，届出は不要です
が，**受託者**（信託された者）が信託財産を有償で処分したとき
は，届出の対象となりますので注意してください。

なお，**地上権・賃借権の設定・移転の対価**とは，権利金
などの権利の設定等に伴う一時金として支払われるものをい
います。地代や賃料を規制の対象とするものではありません。

（c）「移転・設定する契約」とは

届出が必要となるのは，土地に関する権利を移転・設定す
る「**契約**」を締結した場合に限られます。契約とは，自分と相
手がお互いに意思表示を交わして，合意することです。した

がって，**予約**（将来一定の契約をすることをあらかじめ合意する契約）は「契約」に含まれます。しかし，**予約完結権の行使，買戻権の行使，契約の解除権・取消権の行使**は，一方的な意思表示によってなされる形成権の行使であり，「契約」にはあたりません。ただし，予約完結権や買戻権そのものの譲渡は「契約」にあたることに注意すべきです。

なお，停止条件付売買契約については，その締結後に届出をすれば，条件成就後あらためて届出をする必要はありません。

【予約完結権の行使と譲渡】

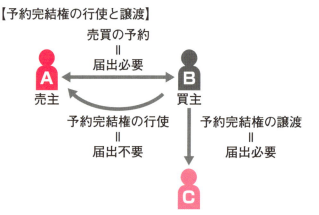

合格ステップ 43

届出が必要な土地売買等の契約 ランク

	該当しないもの	該当するもの
(a)「土地に関する権利」にあたらない	抵当権の設定 不動産質権の設定	売買・交換契約 （予約を含む） 譲渡担保 代物弁済の予約 賃貸借・地上権設定契約 （設定の対価がある場合） 形成権の譲渡
(b)「対価を得て」にあたらない	贈与 相続・遺産分割 法人の合併 時効取得 信託 （受託後の有償処分は届出を要する）	
(c)「移転・設定する契約」にあたらない	形成権（予約完結権・買戻権・解除権・取消権・所有権移転請求権等）の行使	

宅建試験に「出る!」問題

国土利用計画法によれば，市街化区域内の3,000m²の土地を贈与により取得した者は，2週間以内に，都道府県知事（地方自治法に基づく指定都市にあっては，当該指定都市の長）に届け出なければならない。（2017-22-2）

解答：×（上記合格ステップ(b)参照）

ウォーク問3 問74…(3)(4) 問77…(1)(4) 問80…(4) 問81…(1) 問115…(2) 問193

(d)「一定の面積以上の」とは

以上の，「土地に関する権利を，対価を得て，移転・設定する契約」にあたる場合に，常に届出が必要となるわけではありません。国土法では，以下の場所に所在する土地について，それぞれ届出が必要となる規模を規定しています。

① 市街化区域　　　　　　　　　　…2,000m²以上
② 市街化区域以外の都市計画区域　…5,000m²以上

（市街化調整区域及び区域区分が定められていない都市計画区域）
③都市計画区域外　　　　　　…10,000m²(1ha)以上
（準都市計画区域を含む）

この面積要件を逆に考えれば、「土地に関する権利を、対価を得て、移転・設定する契約」にあたる場合であっても、上記の面積に満たないときは、届出の必要がないということになります。

合格ステップ 44

事後届出の面積要件など

①一定面積以上の
　市街化区域内では、2,000m²以上
　市街化区域以外の都市計画区域内では、5,000m²以上
　都市計画区域外では、10,000m²（1ha）以上

②一団の
③土地に関する権利を
④対価を得て
⑤移転・設定する契約（予約を含む）
　を締結した場合には、**権利取得者（買主等）**は、原則として、契約締結日から起算して2週間以内に都道府県知事への届出が必要である。

宅建試験に「出る!」問題

1 宅地建物取引業者Cが所有する市街化調整区域内の6,000m²の土地について，宅地建物取引業者Dが購入する旨の予約をした場合，Dは当該予約をした日から起算して2週間以内に事後届出を行わなければならない。(2009-15-3)

解答：○(上記合格ステップ①⑤参照)

2 Dが所有する都市計画法第5条の2に規定する準都市計画区域内に所在する面積7,000m²の土地について，Eに売却する契約を締結した場合，Eは事後届出をする必要がある。(2004-16-3)

解答：×(上記合格ステップ①参照)

ウォーク問3 問74…(3)(4) 問77…(2)(4) 問78…(1)(3) 問79…(1)(2) 問80…(3)(4)
問81…(3)(4) 問82…(1)(2) 問193…(1)(2)(4)

(e)「一団の」の判断

ひとまとまりの土地を細切れにして購入した場合のように，一見すると前記の面積要件に満たない土地の取引であっても，全体として一団の土地の処分と認められれば，その全体の面積を基準として届出が必要かどうかが判断されます。

つまり，一団の土地であるか否かは**物理的な一体性**及び**計画的な一体性**から判断され，つながった土地の計画的取引であれば，権利設定者(売主等)が複数であったり，契約時期がずれていたとしても，一団の土地であるとされます。この一団の土地か否かの判断には，登記は無関係です。

そして，「一団の」土地といえるか否かは，**権利取得者(買主等)を基準に判断されます**(23条2項1号かっこ書)。すなわち，面積要件を満たす一団の土地を分割して取得する場合には届出が必要となりますが，分割された一団の土地の一部を取得する場合には，届出は不要です。

なお，土地の所有権の共有持分が譲渡された場合の判定は，全体の面積に当該譲渡にかかる持分割合を乗じたものを基準として行います。たとえば，市街化区域(注視区域・監

視区域外）内に所在する3,000m^{2}の土地をA・B・Cの3人が共有（持分均一）し，Aのみがその持分をDに売却した場合，全体の面積3,000m^2÷3＝1,000m^2（Aの持分）となります。

「一団の土地」と認められるケースには，典型的に，次の2通りの場合があります（市街化区域内で，かつ注視区域・監視区域の指定がない場合を前提に考えてみます）。

(ア) 一団の土地を分割して取得する場合

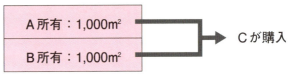

→権利取得者（C）が面積要件を満たすため，Cは事後届出をする必要があります。

(イ) 分割された一団の土地の一部を取得する場合

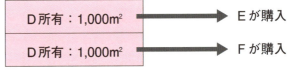

→権利取得者（E，F）が面積要件を満たさないことから，事後届出は不要です。

重要条文

＜国土利用計画法＞

第23条（土地に関する権利の移転又は設定後における利用目的等の届出）

1　土地売買等の契約を締結した場合には，当事者のうち当該土地売買等の契約により土地に関する権利の移転又は設定を受けることとなる者（次項において「権利取得者」という。）は，その契約を締結した日から起算して2週間以内に，次に掲げる事項を，国土交通省令で定めるところにより，当該土地が所在する市町村の長を経由して，都道府県知事に届け出なければならない。

一～四　（略）

五　土地売買等の契約による土地に関する権利の移転又は設定後における土地の利用目的

六　土地売買等の契約に係る土地の土地に関する権利の移転又は設定の対価の額（対価が金銭以外のものであるときは，これを時価を基準として金銭に見積った額）

2　前項の規定は，次の各号のいずれかに該当する場合には，適用しない。

一　次のイからハまでに規定する区域に応じそれぞれその面積が次のイからハまでに規定する面積未満の土地について土地売買等の契約を締結した場合（権利取得者が当該土地を含む一団の土地で次のイからハまでに規定する区域に応じそれぞれその面積が次のイからハまでに規定する面積以上のものについて土地に関する権利の移転又は設定を受けることとなる場合を除く。）

イ　都市計画法第7条第1項の規定による市街化区域にあっては，2,000 m²

ロ　都市計画法第4条第2項に規定する都市計画区域（イに規定する区域を除く。）にあっては，5,000 m²

ハ　イ及びロに規定する区域以外の区域にあっては，10,000 m²

合格ステップ 45

一団の土地とは

ランク

(1) 個々の取引を見れば面積要件に満たない取引であっても、物理的及び計画的な一体性をもって複数の土地に関する権利が取得された場合に、それらの取引面積の合計が面積要件を満たすときには、**個々の取引について**届出が必要である。

(2) 一団の土地の取引にあたるかどうかは、登記とは関係なく判断される。

(3) 「一団の」土地といえるか否かは、事後届出制の場合、**権利取得者（買主等）を基準**に判断される。

宅建試験に「出る!」問題

一団の造成宅地を数期に分けて不特定多数の者に分譲する場合において、それぞれの分譲面積は事後届出の対象面積に達しないが、その合計面積が事後届出の対象面積に達するときは、事後届出が必要である。（1999-16-2）

解答：×（上記合格ステップ(3)参照）

ウォーク問3 問76…(2) 問78…(3)(4) 問81…(4) 問82…(1)

(f) 例外的に届出が不要な場合

民事調停法に基づく**調停**により土地売買等の契約が締結された場合や、契約の当事者の**一方又は双方が国や地方公共団体**などである場合には、届出は不要です（23条2項3号）。その他、届出が不要な場合として、**農地法3条1項（権利移動）の許可**を要する土地を取引した場合などがあります（23条2項3号、施行令17条各号）。これに対し、農地法5条1項（転用目的権利移動）の許可を受けた場合には、さらに国土法の届出も必要です。

合格ステップ 46

届出不要の例外 …………… ランク A

(1) 契約の当事者の一方又は双方が、**国、地方公共団体**、土地開発公社、地方住宅供給公社等である場合には、届出は不要である。
(2) 民事調停法による**調停**に基づく場合には、届出は不要である。
(3) **農地法3条1項（権利移動）の許可**を受けた場合には、届出は不要である。

宅建試験に「出る！」問題

国土利用計画法によれば、甲県が所有する都市計画区域内の7,000m²の土地を甲県から買い受けた者は、事後届出を行う必要はない。（2013-22-2）

解答：○（上記合格ステップ(1)参照）

ウォーク問3 問75…(3)　問77…(3)　問82…(2)(3)

（2）事後届出制の手続き

届出の手続きも、よく試験に出題されています。

合格ステップ 47

事後届出制の手続き

ランク **A**

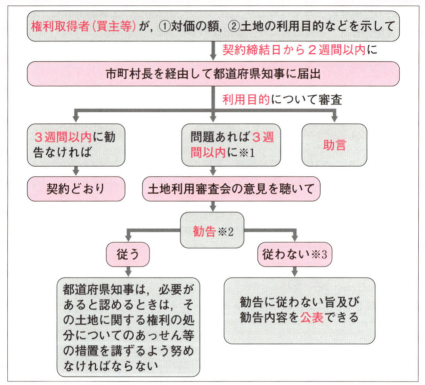

※1 都道府県知事は，合理的な理由があるときは，3週間の範囲内において，勧告までの期間を延長することができる。この場合においては，都道府県知事は届出をした者に対し，3週間以内に，その延長する期間及びその理由を通知しなければならない。

※2 都道府県知事は，問題があると認めたときは，届出に係る**土地の利用目的**について必要な変更をすべきことを**勧告**することができる。事後届出においては，土地に関する権利の移転等の対価の額を届出書に記載しなければならないが，対価の額は審査対象となっていないため，対価の額について勧告されることはない。

※3 勧告を受けた者が，その勧告に従わない場合でも，契約は有効で，罰則もない。
　これに対し，そもそも**事後届出を行わなかった場合**には，6カ月以下の**懲役**又は100万円以下の**罰金**に処せられる。

宅建試験に「出る！」問題

事後届出が必要な土地売買等の契約により権利取得者となった者が事後届出を行わなかった場合には、都道府県知事から当該届出を行うよう勧告されるが、罰則の適用はない。(2007-17-3)

解答：×（上記合格ステップ※3参照）

ウォーク問3 問74…(1) 問75…(1)(4) 問76…(1)(3)(4) 問78…(1) 問79…(3)(4) 問80…(2) 問81…(2) 問82…(4) 問112…(1)

3 事前届出制（注視区域・監視区域）

(1) 事前届出制（注視区域・監視区域）

ここまで勉強した**事後届出制**は、合理的な土地利用を図ることに重点を置いた制度でした。しかし、地価が相当程度上昇しているような区域については、よりきめ細かな規制を課して、地価の上昇を抑制する必要があります。そこで、国土法は、**注視区域・監視区域**の制度を設け、これらの区域内においては、契約を締結する前に届出を行わなければならないとする**事前届出制**を採用しています（27条の3、27条の6）。この場合、契約後に事後届出も必要となることはありません。

(a) 注視区域とは

都道府県知事は、地価が一定の期間内に社会的経済的事情の変動に照らして**相当な程度を超えて上昇し、又は上昇するおそれがある**ものとして国土交通大臣が定める基準に該当し、適正かつ合理的な土地利用の確保に支障を生ずるおそれがある区域（規制区域・監視区域を除く）を、**5年以内の期間**を定めて、**注視区域**として指定することができます。

(b) 監視区域とは

都道府県知事は、**地価が急激に上昇し、又は上昇するお**

それがあり，適正かつ合理的な土地利用の確保が困難となるおそれがある区域（規制区域を除く）を，**5年以内**の期間を定めて，監視区域として指定することができます。

　なお，注視区域・監視区域内でも，①一団の，②土地に関する権利を，③対価を得て，④移転・設定する契約（予約を含む），を締結しようとする場合には，原則として，**都道府県知事への届出が必要である**，という点で，事後届出制とほぼ同様です。しかし，次の合格ステップで述べる(1)②と(2)の2点については，注意する必要があります。

↗ 合格ステップ 48

反復チェック ／　／　／

事前届出制（注視区域・監視区域）…………… **B**

ランク

(1) **届出対象面積**

① **注視区域内**

市街化区域内では2,000m²以上

市街化区域以外の都市計画区域内では5,000m²以上

都市計画区域外では10,000m²(1ha)以上

→**事後届出制と同じ**

② **監視区域内**

都道府県知事は，届出が必要な土地の面積を①の区域ごとの面積に満たない範囲内で，**都道府県の規則**で定める。

(2) **「一団の」土地の判断基準**

「一団の」土地といえるか否かは，**権利取得者（買主等）・権利設定者（売主等）双方**を基準に判断される。すなわち，面積要件を満たす一団の土地を分割して取得する場合のみならず，分割された一団の土地の一部を取得する場合にも届出が必要である。

宅建試験に「出る！」問題

市街化区域内（注視区域内）の甲地（A所有1,000m^2），乙地（B所有1,500m^2），丙地（C所有2,000m^2）に関する事例で，Cが甲地及び乙地にまたがってビルの建設を計画して，甲地については丙地との交換契約をAと締結し，乙地についてはBと地上権設定契約（設定の対価1億円）を締結しようとする場合，それぞれの契約の締結について，届出が必要である。（1994-18-1改題）

解答：〇（上記合格ステップ(1)①(2)参照）

ウォーク問③　問78…(2)　問80…(1)

「一団の土地」と認められるケースには，典型的に，次の2通りの場合があります（市街化区域内で，かつ注視区域の指定がなされている場合を前提に考えてみます）。

(ア) 権利取得者（買主等）のみで要件を満たす場合

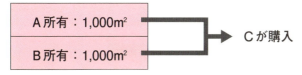

→権利取得者（C）が面積要件を満たす以上，A，B，Cは事前届出をする必要があります。

(イ) 権利設定者（売主等）のみで要件を満たす場合

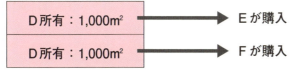

→権利設定者（D）が面積要件を満たす以上，D，E，Fは事前届出をする必要があります。

（２）事前届出制の手続き

（ａ）届出義務者

　事後届出制では**権利取得者（買主等）**が届出を行うのに対し（23条１項），事前届出制では**当事者双方（売主・買主等）**が届出を行うことになっています（27条の４第１項，27条の７第１項）。そこで，事前届出をした後，その届出に係る土地について同一の対価及び利用目的で，契約の相手方を変更して権利移転の契約を締結する場合，契約当事者が変わる以上，変更後の当事者双方があらためて届出を行う必要があります。

（ｂ）届出時期

　事前届出制では，**契約締結前**に届出をする必要があります（27条の４第１項，27条の７第１項）。

（ｃ）届出事項

　予定対価の額や土地利用目的等は必ず記載しなければなりません（27条の４第１項，27条の７第１項）。この点は，事後届出制とほぼ同様です。

（ｄ）問題ない場合の通知（不勧告通知）

　都道府県知事は，問題がなく，勧告する必要がないと認めたときは，遅滞なく，その旨を当事者双方に**通知**しなければなりません（27条の５第３項，27条の８第２項）。

（ｅ）助言

　事後届出制では，必要に応じて**助言**を行うことができますが（27条の２），事前届出制には，このような制度はありません。

（ｆ）勧告内容

　事後届出制では，**土地の利用目的を変更**すべき旨の勧告ができるにすぎません。これに対し，事前届出制ではさらに，都道府県知事は，土地の利用目的，予定対価の額等について問題があると認めたときは，当該土地売買等の**契約の締結を中止**すべきことその他その届出に係る事項について必要

な措置を講ずべきことを勧告することができます（27条の5，27条の8）。

（g）勧告の時期

　勧告は届出をした日から起算して**6週間以内**にしなければなりません（25条の5第2項，27条の8第2項）。また，契約の締結を中止すべき旨の勧告がなされたとき，この勧告を無視して契約しても契約自体は**有効**ですし，罰則を受けることもありません。ただし，都道府県知事は，**勧告に従わない旨及び勧告の内容を公表**することができます（26条，27条の5第4項，27条の8第2項）。

（h）再度の届出

　いったん届出をした後に，予定対価の額や土地の利用目的を変更してその契約を締結しようとする場合には，改めて届出をし直す必要がありますが，**価額を減額するだけ**の場合には，**再度の届出は不要**です（27条の4第1項，27条の7第1項）。

　これに対し，事後届出制の場合には，そもそも再度の届出は不要です（23条1項参照）。

（i）罰則

　届出を怠った場合や虚偽の届出をした場合には，6カ月以下の懲役又は100万円以下の罰金に処せられることがあります（47条）。この点については，事後届出制の場合も同じです。

（j）契約締結時期の制限

　届出をした日から起算して6週間を経過する日までの間，当事者は，原則として，その届出に係る契約を締結してはならず（27条の4第3項，27条の7第1項），これに違反して契約を締結した場合には，50万円以下の罰金に処せられることがあります（48条）。

　これに対して，都道府県知事から勧告をしない旨の通知を受けた場合は，6週間経過する前であっても，契約を締結することができます。

合格ステップ 49

注視区域・監視区域の届出手続き

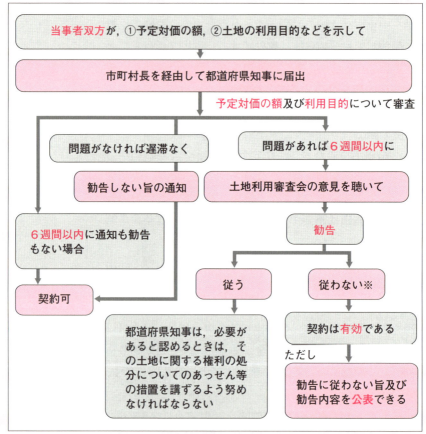

※ そもそも**事前届出を行わなかった場合**には、6ヵ月以下の懲役又は100万円以下の**罰金**に処せられる。

4 許可制

今まで見てきた届出制に対して、土地取引に許可を要求する厳しい規制のことを**許可制**といいます。これは、都道府県知事の指定する規制区域で土地取引を行おうとする者は、取引する土地の規模にかかわらず、都道府県知事の許可を受けなければならないとするものです。ただし、許可制は、個人の経済活動にかなり干渉することになるので、実際に、規制区域が指定されたことはありません。

(1) 規制区域

規制区域は、都市計画区域内では土地の投機的取引が相当範囲にわたり集中して行われ、又は行われるおそれがあり、及び地価が急激に上昇し、又は上昇するおそれがあると認められる区域について指定します(12条1項1号)。

また、都市計画区域外では、このような事態が生ずると認められる場合において、その事態を緊急に除去しなければ適正かつ合理的な土地利用の確保が著しく困難となると認められる区域について指定します(12条1項2号)。

(2) 許可制

許可制は、規制区域内であれば、取引される土地の広さにかかわらず適用されます(14条1項)。

また、許可を得ないで行った取引は、**無効**となります(14条3項)。

(3) 不服申立て

不許可処分に対しては、土地利用審査会に審査請求を行ったり(20条1項)、都道府県知事に対して**土地に関する権利の買取請求**を行うことができます(19条1項)。

5 遊休土地に関する措置

　国土法における，**遊休土地**とは，今までに説明した届出又は許可の手続きにより取得された土地で，利用されないまま放置されていたものをいいます。

　このような遊休土地であると認められれば，都道府県知事は遊休土地である旨の通知をし，土地所有者等に当該遊休土地の**利用・処分の計画を提出**させ(28条，29条)必要に応じて**助言や勧告**をすることができます(30条，31条)。もし都道府県知事から勧告が出され，土地所有者がそれに従わないときは，土地の買取りを希望する地方公共団体等との間で遊休土地の**買取り協議**が行われます(32条)。これが遊休土地に関する措置の制度です。

　遊休土地があると，土地不足が生じ地価の値上がりの要因となってしまいます。それをねらってわざと土地を遊ばせて値上がりを待っているような事態は好ましくありません。特に届出又は許可の手続きにより取得された土地は，はっきりと土地の利用目的を明示したのですから，しっかり使ってもらわなければ困ります。そこで，遊休土地を有効利用するための措置が講じられるのです。

　最後に「事後届出制」と「事前届出制」の共通点と相違点のうち，重要なものについてまとめておきます。

【共通点】

届出が不要な場合	①抵当権設定契約，贈与契約，信託契約などを締結するとき ②相続・遺産分割 ③予約完結権・買戻権の行使 ④契約の当事者の一方又は双方が，国，地方公共団体などである場合 ⑤民事調停法による調停に基づく場合 ⑥農地法３条１項(権利移動)の許可を受けた場合など
勧告に従う場合の措置	都道府県知事は，必要があると認めるときは，その土地に関する権利の処分についてのあっせん等の措置を講ずるよう努めなければならない。
勧告に従わない場合の措置	罰則はない。ただし，都道府県知事は，勧告に従わない旨及び勧告の内容を公表することができる。
届出をしなかった場合	・契約は有効 ・６カ月以下の懲役又は100万円以下の罰金

【相違点】

	事後届出制	事前届出制
届出義務者	権利取得者のみ	当事者双方
「一団の」の判断	権利取得者のみが基準	当事者双方が基準
届出時期	契約締結日から2週間以内	契約締結前
「助言」制度の有無	あり	なし
勧告の対象	土地の利用目的	・土地の利用目的 ・予定対価の額など
勧告の時期	届出の日から3週間以内 →3週間の範囲内で延長あり	届出の日から6週間以内 （6週間以内は原則契約締結禁止）
届出事項に変更が生じた場合	再度の届出は不要	・予定対価の額や土地の利用目的を変更する場合には，原則として，再度の届出が必要である。 ・ただし，価額を減額するだけの場合には，再度の届出は不要である。

第4章 農地法

超頻出 A ランク

学習のポイント

学習項目	'11	'12	'13	'14	'15	'16	'17	'18	'19	'20
1 農地法の構造										
2 農地・採草放牧地の意味		★	★	★		★		★	★	
3 権利移動, 転用, 転用目的権利移動	★	★	★	★	★	★	★	★	★	★
4 農地の賃借人を保護する規定			★							

　「農地法」の分野は，毎年１問出題されています。本試験では，農地法３条，４条，５条による規制を中心に出題されていますから，非常にポイントを押さえやすい分野であるといえます。

　そして，ここでのポイントは，

　①農地・採草放牧地についてどのような行為を行おうとするときに，何条の規制を受けるのか

　②例外はどのような場合か

　③誰の許可を受ける必要があるか

の３つです。

何を学ぶか？ どこに着目するか？

何を学ぶか？

農地法は，国民に対する食料の安定供給の観点から，農地の確保を中心とした様々な規制を設けています。本章では，農地に関する規制のあれこれを学習していきます。

宅地や建物の取引に農地って関係あるんですか？

農地か否かは，耕作しているかどうかによって決まります。したがって，住宅街にも普通に農地は存在します。「住宅地だから。」と思っていても，農地として規制を受ける土地かも知れません。農地法の知識は必須です。

どのような規制があるのですか？

農地法は，たとえば"農地を使う人が変わる"場合や"農地を耕作以外の使用目的に変える"という場合に許可を必要とします。

許可を得なかった場合どうなるの？

契約が無効になったり，農地に戻すことを命じられたりします。それだけではなく，懲役刑や罰金刑を受ける場合もあります。

合格への着眼点は？

農地法は，非常に限定された範囲から出題されます。過去に出題された問題を確実に正解できるようになれば得点できる分野です。他の分野以上に過去問題の習得に力をいれましょう。

1 農地法の構造

(1) 農地法の目的

農地法は、どのような目的から定められた法律でしょうか。

農地法の目的は、国内の農業生産の基盤である農地が現在及び将来における国民のための限られた資源であることにかんがみ、農地を農地以外のものにすることを規制するとともに、農地を効率的に利用する者による農地についての権利の取得を促進し、及び農地の利用関係を調整し、ならびに農地の農業上の利用を確保するための措置を講ずることにより、国内の農業生産の増大を図り、もって国民に対する食料の安定供給の確保に資することにあります(1条)。

平成21年の改正により、農地法の目的について、農地を耕作者自らが所有することを最も適当であるとする考え方を、農地の効率的な利用を促進するとの考え方にあらためられました。そのため、農地について所有権又は賃借権その他の使用及び収益を目的とする権利を有する者は、当該農地の農業上の適正かつ効率的な利用を確保するようにしなければならないとする責務規定が設けられました(2条の2)。

(2) 農地法の構造

農地法は、上述の目的を達成するために、具体的にどのようなことを規定しているのでしょうか。

前述しましたように、「農地を農地以外のものにすることの規制」と「農地の効率的な利用」という農地法の目的を達成するために、農地法がどのような手段を規定しているかを説明しましょう。なお、農地法は、採草放牧地についても、農地とほぼ同様の規制をしています。採草放牧地は、農地ほどではありませんが、やはり農業にとって有用な土地なので、

その確保とその利用者の地位の安定を図る必要があるからです。

(a) 権利移動，転用，転用目的権利移動

まず，第1に，農地の**権利移動，転用，転用目的権利移動**を規制しています。

農地を確保するためには，農地をつぶす行為を規制することが必要です。農地をつぶす行為として，農地法は，農地の**転用，転用目的権利移動**を規制しています。

農地法は，もう1つ，農地の**権利移動**も規制しています。つまり，利用権を取得する人が自ら耕作する意思や能力をもっていなかったら，事実上農地から食料が生産されません。そこで，農地を使う者が変わる農地の権利移動も規制したのです。

(b) 農地の賃借人の権利保護

次に，農地法は，**農地の賃借人の権利保護**を規定しています。

農地の利用を確保するため，他人の農地を賃借して耕作している者については，農地の賃貸借契約の解除を規制するなど，農地の賃借人の権利保護を図ることが必要だからです。

2 農地・採草放牧地の意味

農地法にいう「農地」及び「採草放牧地」とはどういう意味でしょうか。

(1) 農地の意味

農地とは，**耕作の目的に供される土地**のことをいい，事実状態で判断されます（2条1項）。

①耕作の目的の有無は，肥培管理の有無を基準に判断されます。たとえば，ただタケノコを採るだけでは農地と

はいえませんが，タケノコのための肥料として落葉を入れるなどの行為をすれば農地となります。

②農地か否かは登記簿上の地目とは関係なく，事実状態で判断されます。したがって，休耕地も，原則として農地ですが，家庭菜園は農地ではありません。

（２）採草放牧地の意味

採草放牧地とは，農地以外の土地で，主として耕作又は養畜事業のために牧草等を栽培したり放牧をしたりするための土地をいいます（2条1項）。採草放牧地にあたるかどうかは，農地かどうかを判断する場合と同じように，事実状態で判断されます。

合格ステップ 50　　反復チェック ／ ／ ／

農地・採草放牧地の意味　　ランク A

(1)農地	耕作の目的に供される土地をいう。 事実状態で判断され，登記簿上の地目は関係ない。 休耕地（遊休化している農地）も，原則として農地である。
(2)採草放牧地	主として耕作又は養畜事業のために牧草等を栽培したり放牧したりするための土地をいう。

宅建試験に「出る！」問題

登記簿上の地目が山林となっている土地であっても，現に耕作の目的に供されている場合には，農地法に規定する農地に該当する。（2012-22-1）
　　　　　　　　　　　　　解答：○（上記合格ステップ(1)参照）

ウォーク問③ ▶ 問83…(2)　問86…(1)　問89…(1)　問91…(4)　問92…(1)

3 権利移動，転用，転用目的権利移動

農地売買，農地転用に必要なこととは？

Bさんは，A市の市街化区域内に2haの農地を所有して農業を営んでいましたが，近隣の宅地化に伴い，C社は，Bさんの農地の一部を取得してショッピングセンターを建設することとし，Bさんに農地の売渡しを打診してきました。Bさんは，この機会に農業をやめて，残りの農地を転用してアパート経営に乗り出すことにしました。Bさんが C社に農地を売り渡すには，どのような手続きが必要でしょうか。また，Bさんが残りの農地にアパートを建てるには，どのような手続きが必要でしょうか。（解答は227頁）

（1）権利移動（農地法3条）

権利移動（農地法3条）とは，農地又は採草放牧地について一定の権利を設定したり移転したりすることをいいます。**所有権**，地上権，永小作権，質権，**賃借権**，使用貸借による権利等，使用収益を目的とする権利が対象となります。したがって，**抵当権は含まれません**。なお，権利の設定・移転には，任意の契約に限らず，**競売**によって権利が移転する場合も含まれます。

農地法3条に基づき農地を**所有**できる法人は，「**農地所有適格法人**」（従前は「農業生産法人」とされていました。）と呼称されます。

農地所有適格法人となるためには，農事組合法人，株式会社（会社法に規定する公開会社でないものに限る。）又は持分会社（会社法に規定する持分会社をいう。）で，その法人の主たる事業が農業であること等の要件を満たすことが必要で

す（2条3項）。

　なお，農地所有適格法人の要件を満たしていない株式会社であっても，農地法3条に基づき耕作目的で農地を**借り入れる**ことはできます。

（2）転用（農地法4条）

　転用（農地法4条）とは，**自己の農地を農地以外の土地にすること**をいいます。農地を採草放牧地に「転用」する場合も含まれます。しかし，**採草放牧地を採草放牧地以外の土地にする場合は，農地法4条の規制対象とされていません。**

　なお，土地区画整理法に基づく土地区画整理事業の施行により道路，公園等公共施設を建設するために農地を転用する場合には，農地法4条の許可を必要としません（4条1項8号，規則5条7号）。

（3）転用目的権利移動（農地法5条）

　転用目的権利移動（農地法5条）とは，**農地を農地以外の土地にするため，又は採草放牧地を採草放牧地以外の土地（農地を除く）にするために権利移動をすること**をいいます。したがって，採草放牧地を農地にするために権利移動する場合は，農地法5条で規制されるのではなく，3条で規制されることになります。他方，農地を転用するため買い受ける場合は，農地法3条の権利移動許可と4条の農地転用許可の両方の許可を受ける必要はなく，農地法5条の許可を受ける必要があります。また，農地を資材置場等に転用するために取得する場合は，その転用が一時的であったり，農地に復元して返還する予定であったとしても，原則として農地法5条の許可が必要となります。

　なお，一度農地法4条の許可を受けた農地を，その後工事着工前に転用目的で権利移動する場合，あらためて農地法5条の許可を受ける必要があります。

重要条文

＜農地法＞

第3条（農地又は採草放牧地の権利移動の制限）

1 農地又は採草放牧地について所有権を移転し，又は地上権，永小作権，質権，使用貸借による権利，賃借権若しくはその他の使用及び収益を目的とする権利を設定し，若しくは移転する場合には，政令で定めるところにより，当事者が農業委員会の許可を受けなければならない。ただし，…(略)…。

第4条（農地の転用の制限）

1 農地を農地以外のものにする者は，都道府県知事（農地又は採草放牧地の農業上の効率的かつ総合的な利用の確保に関する施策の実施状況を考慮して農林水産大臣が指定する市町村（以下「指定市町村」という。）の区域内にあっては，指定市町村の長。以下「都道府県知事等」という。）の許可を受けなければならない。ただし，…(略)…。

第5条（農地又は採草放牧地の転用のための権利移動の制限）

1 農地を農地以外のものにするため又は採草放牧地を採草放牧地以外のもの（農地を除く。…(略)…。）にするため，これらの土地について第3条第1項本文に掲げる権利を設定し，又は移転する場合には，当事者が都道府県知事等の許可を受けなければならない。ただし，…(略)…。

合格ステップ 51

権利移動，転用，転用目的権利移動……ランク A

(1)権利移動 （農地法3条）	農地又は採草放牧地について一定の権利を設定したり移転したりすることをいう。 対象となる権利は，所有権，地上権，永小作権，質権，賃借権，使用貸借による権利等で，抵当権は含まれない。
(2)転用（農地法4条）	自己の農地を農地以外の土地にすることをいう。
(3)転用目的権利移動 （農地法5条）	農地を農地以外の土地にするため，又は，採草放牧地を採草放牧地以外の土地（農地を除く）にするために権利移動することをいう。

宅建試験に「出る！」問題

農業者が住宅の改築に必要な資金を銀行から借りるため，自己所有の農地に抵当権を設定する場合には，農地法第3条第1項の許可を受けなければならない。(2009-22-2)

解答：✕（上記合格ステップ(1)参照）

ウォーク問③ 問85…(3) 問86…(1)(2) 問89…(4) 問90…(3)(4) 問93…(2) 問192…(4)

なお，「権利移動」，「転用」，「転用目的権利移動」の区別は，慣れないと困難なところでもありますので，以下の図で改めて確認します。

【農地に関する規制】

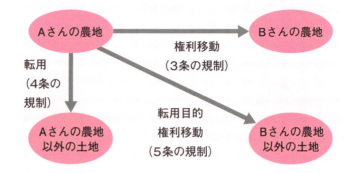

【採草放牧地に関する規制】

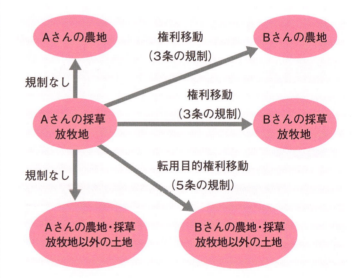

合格ステップ 52

農地法3条・4条・5条の規制　ランク

		(1)権利移動 (3条規制)※1	(2)転用 (4条規制)	(3)転用目的権利移動 (5条規制)※1
①許可主体		農業委員会	都道府県知事等※2 (農業委員会経由)	
②条件		条件をつけることができる		
③適用除外(許可不要)	共通	①土地収用法により収用(転用)される場合 ②農林水産省令で定める場合		
③適用除外(許可不要)	非共通	・国又は都道府県が権利を取得する場合 ・遺産分割・相続による取得 ※3 ・民事調停法による農事調停による取得	・国又は都道府県等が道路,農業用用排水施設等の地域振興上又は農業振興上の必要性が高いと認められる施設の用に供するために転用(取得)する場合 ※4	
③適用除外(許可不要)	非共通		・採草放牧地の転用 ・耕作の事業を行う者(農家)がその農地(2アール未満のものに限る)をその者の農作物の育成もしくは養畜の事業のための農業用施設に供する場合	採草放牧地を農地にする場合(ただし,3条で規制される)
④市街化区域内の特則		なし (許可必要)	あらかじめ 農業委員会へ届け出れば許可不要	
⑤許可・届出がない場合		効力を生じない		効力を生じない
⑤許可・届出がない場合			工事停止命令,原状回復命令等ができる	
⑥罰則		3年以下の懲役又は300万円以下の罰金 ※5		

※1 契約締結までに許可を受ける必要は必ずしもない。たとえば,将来農地の所有権を移転するという契約であれば,所有権を移転するまでに許可を受ければよい。

※2 農地又は採草放牧地の農業上の効率的かつ総合的な利用の確保に関する施策の実施状況を考慮して農林水産大臣が指定する市町村(「指定市町村」という。)の区域内にあっては,指定市町村の長をいう。

※3　遺産分割，相続（包括遺贈又は相続人に対する特定遺贈を含む）により農地又は採草放牧地の権利を取得した者は，3条の許可は不要であるが，遅滞なく，**農業委員会にその旨を届け出**なければならない。

※4　これ以外の国又は都道府県等による農地の転用，農地又は採草放牧地の転用目的の権利移動については，原則として4条又は5条の許可が必要である。ただし，国又は都道府県等と都道府県知事等との協議が成立することをもって，許可があったものとみなされる。

※5　法人の代表者，代理人，使用人その他の従業者が，その法人の業務又は財産に関して4条，5条の違反行為をしたときは，その行為者が罰せられるほか，法人に対しても1億円以下の罰金刑が科せられる。

宅建試験に「出る!」問題

1 農地を相続した場合，その相続人は，農地法第3条第1項の許可を受ける必要はないが，遅滞なく，農業委員会にその旨を届け出なければならない。（2010-22-1）

解答：○（上記合格ステップ※3参照）

2 市街化区域内の農地について，あらかじめ農業委員会に届け出てその所有者が自ら駐車場に転用する場合には，農地法第4条第1項の許可を受ける必要はない。（2012-22-3）

解答：○（上記合格ステップ(2)④参照）

3 農業者が自らの養畜の事業のために畜舎を建設する目的で，市街化調整区域内にある150m²の農地を購入する場合は，農地法第5条第1項の許可を受ける必要がある。（2011-22-3）

解答：○（上記合格ステップ(3)①③参照）

ウォーク問3 ▶ 問83…(3)(4)　問84　問85…(1)(2)(4)　問86…(3)　問87…(1)(2)(3)
問88　問89…(2)(3)(4)　問90…(1)(3)(4)　問91…(1)(3)(4)
問92…(2)(3)(4)　問93…(1)(3)　問192…(1)(2)(3)

ケーススタディの答え

まず、BさんがC社に農地を売り渡すにはどのような手続きが必要でしょうか。ショッピングセンターを建てるために農地を譲り受けることは、農地を農地以外のものにするためにその所有権を移転する場合にあたりますから、転用目的権利移動にあたります。よって、原則として、都道府県知事等の許可が必要です。ただし、ケーススタディの場合は市街化区域内の農地です。市街化区域内にある農地の転用目的権利移動は、あらかじめ農業委員会に届け出れば足り、都道府県知事等の許可を要しません。よって、この場合は、あらかじめ農業委員会に届け出れば足り、都道府県知事等の許可を要しません。

次に、Bさんが残りの農地にアパートを建てるには、どのような手続きが必要でしょうか。農地にアパートを建てることは、農地を農地以外のものにする場合にあたりますから、農地の転用にあたります。よって、原則として、都道府県知事等の許可が必要です。ただし、市街化区域内にある農地の転用は、あらかじめ農業委員会に届け出れば足り、都道府県知事等の許可を要しません。よって、この場合も、あらかじめ農業委員会に届け出れば足り、都道府県知事等の許可を要しません。

 ## 4 農地の賃借人を保護する規定

(1) 農地の賃貸借に関する規定

農地法は、今まで説明してきたように、農業の保護育成という公共的観点から農地の権利移動や転用を制限する規定を置いています。**農地について賃借権を設定・移転する場合には、原則として許可が必要です。**そして、この**許可を得ないでした行為は、その効力を生じません**(3条7項、5条3項)。

このような規定の他に、農地法は、**農地の賃借人の保護**を目的とした規定を置いています。

（2）農地の賃借人を保護する規定

　農地法は，農地の賃借人を保護するために，どのような規定を置いているのでしょうか。

（a）契約の文書化

　農地（又は採草放牧地）の賃貸借契約については，当事者は，書面によりその存続期間，借賃等の額などの契約の内容を明らかにしなければならないものとされています（21条）。

（b）農地賃借権の対抗要件

　農地賃借権の対抗要件は，**農地の引渡し**で足ります（16条）。この点は建物賃借権とほぼ同じです。

（c）農地賃借権の期間

　農地の賃貸借の存続期間は，**50年以内**とされます（民法604条１項）。農地賃借権に期間の定めがある場合は，原則として**その期間満了の１年から６カ月前までに更新拒絶の通知**をしておかないと，それまでと同じ条件でさらに契約したものとみなされます（ただし期間の定めのないものとされます）。これに反する契約で賃借人に不利なものは無効とされます（17条，18条７項）。

（d）契約を終了させる行為

　農地の賃貸借契約の解除，解約申入れ，合意解除など，**契約を終了させる行為**は，原則として，**都道府県知事の許可が必要**です（18条１項）。これは，契約の解消が，契約の締結同様，農地の利用者の変動を伴うことになるという点に加え，賃借人保護の必要性もあるからです。

第5章 土地区画整理法

学習のポイント

学習項目	'11	'12	'13	'14	'15	'16	'17	'18	'19	'20
1 土地区画整理法の構造								★		
2 土地区画整理事業の施行者		★					★			★
3 建築行為等の制限	★					★		★		
4 換地計画	★	★	★	★					★	
5 仮換地の指定と効果	★		★		★	★		★		
6 換地処分とその効果				★	★				★	
7 換地処分に伴う登記等				★					★	

「土地区画整理法」の分野からは、毎年1問出題されています。

土地区画整理法は、条文数が多く、年によっては、非常に細かな知識についての内容を問う問題が出題されることもあります。

しかし、「仮換地の指定と効果」と「換地処分の効果」に関するテーマでは、過去問をまねたような問題が出題されることも多いので、この部分をしっかりと理解しておく必要があります。

何を学ぶか？ どこに着目するか？

何を学ぶか？

本章では土地区画整理法を学んでいきます。土地区画整理法は，街の区画を整理し，きれいな市街地を形成することを目的とします。そこで，どのような手続きでこの目的を達成するのかを勉強します。

区画整理ってどういうこと？

たとえば，道路が狭かったり，見通しが悪かったりすると不便で住みにくい街になってしまいます。広く見通しのよい道路ができれば便利で住みよい街になります。このように，快適な街に造りかえることを「区画整理事業」と呼んでいます。

住んでいる人はどうするの？

仮換地等の特別な手法を使うことによって事業を進めます。詳しくは本編で解説します。

道路を広くするなら自分の土地は狭くなるのだから損なのでは？

確かに，所有土地の面積が狭くなることもあり，損するように見える場合もあります。しかし，住みやすい街になるのですから，土地の資産価値は区画整理前よりも高くなるのが原則です。

合格への着眼点は？

土地区画整理法は難解な専門用語が多用され，習得に時間がかかる分野といえます。まずは基本的用語の意味をおさえた上で，出題頻度の高い「仮換地」と「換地処分」について学習しましょう。

1 土地区画整理法の構造

（1）土地区画整理法の目的

　土地区画整理法は，①土地区画整理事業に関し，②その施行者，施行方法，③費用の負担など，必要な事項を規定することにより，健全な市街地の造成を図り，もって公共の福祉の増進に資することを目的とします（1条）。

　要するに，乱雑な土地を，土地区画整理事業によって区画整理し，住みよい市街地をつくりあげようというわけです。これを簡単に図に表すと，以下のようになります。

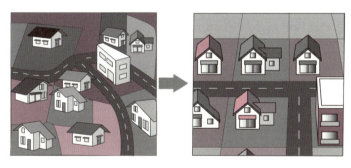

【区画整理前の土地】　　【区画整理後の土地】

（2）土地区画整理事業とは

　土地区画整理事業とは，**都市計画区域内**の土地について，**公共施設**（道路・公園・広場など）**の整備改善**及び**宅地の利用の増進**を図るために行われる**土地の区画形質の変更**及び**公共施設の新設又は変更**に関する事業をいいます（2条1項）。

（3）土地区画整理事業の手法

土地区画整理事業は，施行地区内の宅地を収用（強制買収）するのではなく，**減歩**と**換地処分**という手法で行われます。

（a）減歩

道路・公園・広場などの公共施設の整備改善を図るためには，新しい用地が必要です。この用地を生み出す手法が減歩です。**減歩**とは，施行地区内の各筆の土地所有者から，一定の割合（減歩率）で土地を提供させ，この土地を**公共施設の用地**と**保留地**にあてるのです。

なお，減歩後は各個人の宅地の面積は減少しますが，街並みが整い，公共施設が整備改善されると，単位面積あたりの地価が上昇するので，土地の権利者に損はないのが通常です。もし，減歩後の宅地価格のほうが低くなったときには補償金が交付されます（減価補償金，109条1項）。もっとも，この減価補償金の交付がなされるのは，公的施行の場合に限られます。また，施行者が減価補償金を交付しようとする場合においては，土地区画整理審議会の意見を聴かなければなりません（109条2項）。

【減歩】

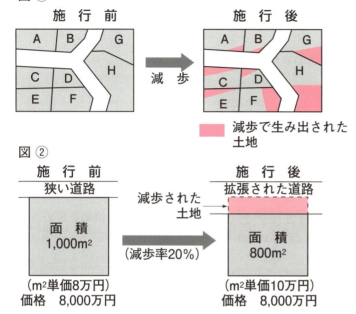

(b) 換地処分

　減歩によって生み出された土地は、個々の宅地に分散していますので、これを公共施設用地・保留地に集めなければなりませんし、新しい道路や公園をつくるために、施行前の宅地（これを従前の宅地といいます）を他の場所へ移さなければなりません。このように、従前の宅地に代わるものとして定められる宅地を**換地**といいます（89条）。

　そして、区画整理事業の工事が完了した後に、この換地を法律的にも従前の宅地とみなすことを**換地処分**といいます（103条）。実際には、場所的移転がなく、単に減歩のみの場合（図②参照）もありますが、この場合でも、法律上は施行後の宅地が換地という考え方です。

　なお、施行者は、施行地区内の宅地について換地処分を行うため、**換地計画**（換地処分を行うための計画）を定めなければならないことになっています（86条1項）。

(c) 土地区画整理事業の手続きの流れ

土地区画整理事業の手続きの流れを概観すると次のようになります。

【手続きの流れ】

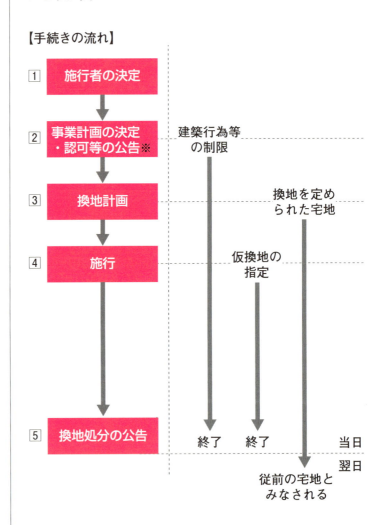

※ **事業計画**とは，土地区画整理事業の基本的事項についての計画で，施行地区，設計の概要，事業施行の期間及び資金計画を定めるものです。

土地区画整理事業の施行者

(1) 施行者の種類

　施行者とは，土地区画整理事業を施行する者をいいます（2条3項）。

　施行者には，大きく分けて**民間施行**の場合と**公的施行**の場合とがあります（3条，3条の2，3条の3，3条の4）。

(a) 民間施行

　民間施行には，個人が施行する場合，土地区画整理組合が施行する場合，区画整理会社が施行する場合があります。

　①**個人**が施行する場合には，**都道府県知事の認可**を受けなければなりません（4条1項）。このとき，事業計画について，施行地区となるべき区域内の宅地について権利を有する者の同意を得なければなりません（8条1項）。ただし，宅地について権利を有する者のうち所有権又は借地権を有する者以外の者について同意を得られないときは，その同意を得られない理由を記載した書面を添えて，認可を申請することができます（8条2項）。なお，個人施行者について，施行者以外の者への相続，合併その他の一般承継があった場合，その一般承継者は，施行者となります（11条1項）。

　②宅地について所有権又は借地権を有する者が設立する**土地区画整理組合**は，当該権利の目的である宅地を含む一定の区域の土地について土地区画整理事業を施行することができます（3条2項）。土地区画整理組合の場合には，宅地の**所有者**，**借地権者**が**7人以上**共同して，定款及び事業計画を定め，その組合の設立について**都道府県知事の認可**を受けなければなりません（14条1項）。このとき，定款及び事業計画について，施行地区内の宅地の所有者及び借地権者それぞれの**3分の2以上**の同意を得なければなりません（18

条)。また，土地区画整理組合は，総会の議決により解散することができますが(45条1項2号)，この場合，認可権者の認可を受けなければならず(45条2項，14条1項，2項)，借入金があるときは，その債権者の同意が必要になります(45条4項)。

なお，土地区画整理組合は，当該組合が行う土地区画整理事業に要する経費に充てるため，賦課金として参加組合員以外の組合員に対して金銭を賦課徴収することができます(40条1項)。この場合，当該組合に対する債権を有する参加組合員以外の組合員は，賦課金の納付について，相殺をもって組合に対抗することができません(40条3項)。また，換地処分前に，施行地区内の宅地について所有権を有する組合員から当該所有権を譲り受けた者も，賦課金の納付義務を負います(26条1項)。

③**区画整理会社**が施行しようとする場合には，規準及び事業計画を定め，施行地区内の宅地の所有者及び借地権者のそれぞれ3分の2以上の同意を得た上で，施行について**都道府県知事の認可**を受けなければなりません(51条の2，51条の6)。

(b) 公的施行

公的施行には，**地方公共団体**が施行する場合と**国土交通大臣**が施行する場合と**機構**等が施行する場合とがあります。なお，地方公共団体が施行する場合，都道府県又は市町村が施行する土地区画整理事業については，事業ごとに土地区画整理審議会が置かれます(56条1項)。

地方公共団体が施行する場合において，市町村が施行するときは知事の認可が必要で，都道府県が施行するときは国土交通大臣の認可が必要です(52条1項)。

また，**公的施行の場合には必ず都市計画事業として**施行区域内において施行されます(3条の4第1項)。

講師からのアドバイス

土地区画整理組合が施行する土地区画整理事業は都市計画事業としてのものでなくてもよいので(都計法59条参照)，施行区域外であっても施行することができます。

（2）公衆の縦覧

　土地区画整理組合，機構等（独立行政法人都市再生機構など）が，事業計画に関して認可の申請をした場合，その事業計画は，**2週間公衆の縦覧**に供されます（20条1項，71条の3第4項）。また，都道府県，市町村，国土交通大臣が，事業計画を定めようとする場合も，事業計画を**2週間公衆の縦覧**に供さなければなりません（55条1項，69条1項）。

　縦覧に供された事業計画について意見のある利害関係者は，縦覧期間満了の日の翌日から起算して**2週間を経過する日**までに，都道府県知事（国土交通大臣が縦覧に供する場合は国土交通大臣）に**意見書**を提出することができます（20条2項，55条2項，69条2項，71条の3第5項）。ただし，都市計画において定められた事項については，提出することができません。

　なお，都道府県又は市町村が定めようとする事業計画について意見書の提出があった場合，都道府県知事は，これを**都道府県都市計画審議会**に付議しなければなりません（55条3項）。

第5章
土地区画整理法

合格ステップ 53

土地区画整理事業の施行者　ランク B

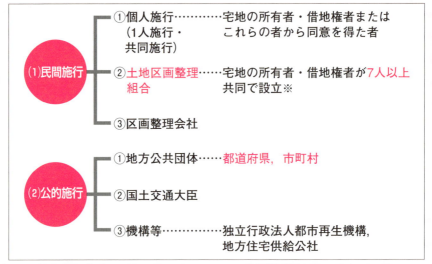

※　土地区画整理組合の設立が認可されると，施行地区内の宅地**所有者**と**借地権者**（未登記の借地権者は，申告又は届出した者に限る）**の全員が**，その土地区画整理組合の**組合員となる。**

　なお，施行地区（個人施行者の施行する土地区画整理事業にかかるものを除く）内の宅地について，所有権以外の権利で登記のないものを有する者は，その権利の種類及び内容を施行者に申告しなければならず，この申告のないものについては，個人施行者以外の施行者は，これを存しないものとみなして，換地計画の決定，仮換地の指定，換地処分等を行うことができる。

宅建試験に「出る！」問題

宅地について所有権又は借地権を有する者が設立する土地区画整理組合は，当該権利の目的である宅地を含む一定の区域の土地について土地区画整理事業を施行することができる。（2007-24-3）

解答：○（上記合格ステップ(1)②参照）

ウォーク問③　問94…(3)(4)　問96…(1)(3)　問104…(1)

3 建築行為等の制限

(1) 建築行為等の制限

　組合設立についての認可の公告や事業計画(施行期間,施行場所をどうするか等の土地区画整理事業の基本的方針)の認可・決定等の公告があると,いよいよ土地区画整理事業が施行されることになります。

　この公告の日以降は,土地区画整理事業の施行地区内においては,事業の進行を妨げるような土地の利用を規制する必要があります。

　そこで,組合設立についての認可の公告や事業計画の認可・決定等の公告があった日後,換地処分の公告がある日までの間に,一定の**土地の工事や建築物の建築**などをしようとする者は,国土交通大臣施行の場合は国土交通大臣,その他の場合は**都道府県知事**(市の区域内において個人施行者,組合もしくは区画整理会社が施行し,又は市が施行する土地区画整理事業にあっては,当該市の長)の許可を受けなければなりません(76条1項)。

合格ステップ 54

建築行為等の制限

　土地区画整理事業についての**各認可等が公告された後,換地処分の公告がある日**までは,施行地区内において,事業の施行の障害となるおそれのある①**土地の形質の変更**,②**建築物その他の工作物の新築・改築・増築**などを行おうとする者は,国土交通大臣施行の場合は国土交通大臣,その他の場合は**都道府県知事**等の許可を受けなければならない。

宅建試験に「出る！」問題

土地区画整理組合の設立の認可の公告があった日後，換地処分の公告がある日までは，施行地区内において，土地区画整理事業の施行の障害となるおそれがある土地の形質の変更を行おうとする者は，当該土地区画整理組合の許可を受けなければならない。(2011-21-1)

解答：×（上記合格ステップ参照）

ウォーク問③ 問95…(4) 問96…(4) 問97…(1) 問99…(2)

（2）無許可の場合の措置

国土交通大臣又は都道府県知事は，許可を受けずに建築行為等を行った者，又は許可の条件に違反した者（これらの者から権利を承継した者も含む）に対して，相当の期限を定めて，土地区画整理事業の施行に対する障害を排除するため必要な限度で，土地の原状回復を命じ，又は建築物などの移転もしくは除却を命ずることができます(76条4項)。

4 換地計画

（1）換地計画とは

換地計画とは，換地処分を行うための計画をいいます。したがって，施行者は，換地処分を行うため換地計画を定めなければならず，また，この場合において，施行者が個人施行者，土地区画整理組合，区画整理会社，市町村又は機構等であるときは，その換地計画について，**都道府県知事の認可**を受けなければなりません(86条1項)。

このように換地は，換地計画で定められますが，具体的に換地を決めるのが**換地設計**です。換地設計とは，それぞれの従前の宅地に対して，どこの位置に，どれだけの面積の，

どのようなかたちの換地を与えたらよいかを決めることです。

（2）換地計画の内容
（a）換地照応の原則

換地計画において換地を定める場合には，換地及び従前の宅地の位置，地積，土質，水利，利用状況，環境等が照応するように定めなければなりません（**換地照応の原則**，89条1項）。なお，公共施設の用に供している宅地に対しては，換地計画において，その位置，地積等に特別の考慮を払い，換地を定めることができます（95条1項）。

（b）清算金

換地照応の原則には例外があり，宅地の所有者の申出又は同意があった場合には，換地計画において，その宅地の全部又は一部について換地を定めないことができます（90条）。この場合，その宅地の全部又は一部について地上権，永小作権，賃借権等の使用収益権を有する者があるときは，換地を定めないことについてこれらの権利者の同意が必要です（90条）。なお，金銭により清算することになりますが，このお金のことを**清算金**といい，この額に関すること（清算金明細）も換地計画に定めなければなりません（94条）。

（c）保留地

減歩により生み出された土地は，公共施設用地や保留地にあてられますが，換地計画には，保留地に関することも定めることになっており，その定め方，処分のしかたなどについては，以下のように規定されています。

①保留地の定め方

個人，組合，区画整理会社施行の土地区画整理事業の換地計画においては，（イ）土地区画整理事業の**施行の費用**にあてるため，又は，（ロ）**規準，規約，もしくは定款で定める目的**のため，一定の土地を換地として定めない

で，その土地を保留地として定めることができます(96条1項)。

これに対して，地方公共団体，国土交通大臣，地方住宅供給公社等施行の土地区画整理事業の換地計画においては，(イ)の目的のときだけ保留地を定めることができます。しかも，**施行後の宅地の総額が施行前の宅地の総額を上回る範囲内**においてしか，保留地を定めることはできません(96条2項など)。また，保留地を定める場合は，**土地区画整理審議会の同意を得なければなりません**。

【保留地】

② 保留地の処分

次に，換地処分によって施行者が取得した保留地の処分については，個人施行では関係権利者の同意により，組合施行では総会の議決を経て行います。また，地方公共団体，国土交通大臣，機構等による施行の場合には，当該保留地を定めた目的のために，その目的に適合し，かつ，施行規程で定める方法に従って，保留地を処分しなければなりません(108条1項など)。

合格ステップ 55

反復チェック	/	/	/

換地計画 ··· ランク C

(1) 換地計画において換地を定める場合には，換地と従前の宅地の位置，地積，土質，水利，利用状況，環境等が照応するように定めなければならない（**換地照応の原則**）。

(2) 宅地の所有者の申出又は同意があった場合には，換地計画において，その宅地の全部又は一部について換地を定めないことができる。この場合には，換地計画に定められた**清算金**が交付される。

(3) 保留地を定める目的と保留地の処分については，次のように規定されている。

施行者※	保留地を定める目的	保留地の処分
民間（個人，組合，区画整理会社）	1　土地区画整理**事業の施行の費用にあてる目的のため** 又は 2　**規約・定款等で定める目的**のため	個人施行では，関係権利者の同意によって，組合施行では，総会の決議を経て処分する。
公的（地方公共団体，国土交通大臣，機構等）	土地区画整理**事業の施行の費用にあてるためにのみ**，しかも，**施行後の宅地の総額が施行前の宅地の総額を上回る範囲内においてしか**定めることができない。	当該保留地を定めた目的のために，その目的に適合し，かつ，施行規程で定める方法に従って，処分する。

※　個人施行者以外の施行者は，換地計画を定めようとする場合においては，その換地計画を2週間公衆の縦覧に供しなければならない。このように縦覧に供した換地計画に対して，利害関係者は，縦覧期間内に施行者に意見書を提出することができる。施行者は，このように意見書の提出があった場合においては，その内容を審査しなければならない。

　そして，公的施行の場合，縦覧に供すべき換地計画を作成しようとするときと，換地計画に対する意見書の内容を審査するときは，土地区画整理審議会の意見を聴かなければならない。

宅建試験に「出る!」問題

土地区画整理組合が施行する土地区画整理事業の換地計画においては，土地区画整理事業の施行の費用に充てるため，一定の土地を換地として定めないで，その土地を保留地として定めることができる。(2012-21-3)

解答：〇（上記合格ステップ(3)参照）

ウォーク問③　問101…(1)

5 仮換地の指定と効果

(1) 仮換地の指定

施行者及び事業計画が決まり，さらに具体的な換地計画が決定・認可されると，実際に工事が開始されます。

工事が開始された場合，工事をする区域内の宅地の所有者等がその場所を使用していると，工事に支障をきたします。そこで，仮換地が指定され，工事をする区域内の宅地の所有者等は，工事に支障をきたさない場所へ移転することになります。

つまり，**仮換地**とは，**換地処分前に，仮に換地として指定される土地**です(98条)。仮換地は，①土地の区画形質の変更もしくは公共施設の新設もしくは変更に係る工事のため必要がある場合，又は，②換地計画に基づき換地処分を行うために必要がある場合に指定することができます(98条1項)。

(2) 仮換地指定の効果

たとえば，Aが従前の宅地甲の代わりに丙地を換地としてもらう場合に，仮換地として乙地が指定されたケースを考えてみましょう。

【仮換地指定の効果】

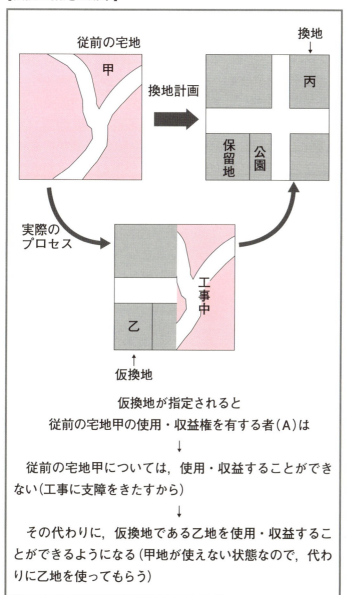

仮換地が指定されると
従前の宅地甲の使用・収益権を有する者(A)は
↓
従前の宅地甲については，使用・収益することができない(工事に支障をきたすから)
↓
その代わりに，仮換地である乙地を使用・収益することができるようになる(甲地が使えない状態なので，代わりに乙地を使ってもらう)

ところで、仮換地の指定は、施行者がその仮換地となるべき土地の所有者及び従前の宅地の所有者に対し、仮換地の位置及び地積ならびに仮換地の指定の効力発生の日を**通知**して行います(98条5項)。もっとも、従前の宅地の抵当権者に通知する必要はありません。そして、この効力発生日から仮換地を使用開始できるのが原則ですが、使用開始日を別に定めた場合は、その別に定めた日から使用開始できます(99条2項)。この場合、従前の宅地の所有者は、仮換地指定の効力発生の日から従前の宅地を使用・収益することができなくなり、その別に定めた日から仮換地を使用・収益することができますから、仮換地指定の効力発生の日から仮換地の使用・収益を開始できる日までは、従前の宅地、仮換地のいずれも使用・収益することができません。これにより、従前の宅地の所有者が損失を受けた場合には、施行者は、通常生ずべき損失を補償しなければなりません(101条1項)。

【「仮換地の使用収益開始日」を別に定めた場合】

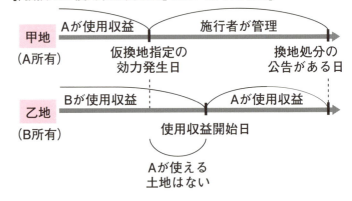

　さて、以上のことをまとめてみましょう。
　仮換地の指定がなされると、「従前の宅地について権原に基づき使用し、又は収益することができる者(従前の宅地の所有者・借地権者等)」は、通知された**仮換地指定の効力発生の日**(使用・収益を開始することができる日を別に定めた

場合はその日）から**換地処分の公告がある日**まで，指定された仮換地について，従前の宅地と同じ内容の**使用・収益**をすることができます。その反面，従前の宅地については，使用・収益することができなくなります（99条1項）。

このように，使用・収益権は，従前の宅地から仮換地に移転することになりますが，所有権は，仮換地の指定がなされても移転しないことに注意しましょう。つまり，従前の宅地の所有者（従前の宅地について権原に基づき使用し，又は収益することができる者）は，**仮換地の指定がなされても，従前の宅地の所有権を失うわけではありません**。したがって，従前の宅地を売却したり，従前の宅地を借金の担保として抵当に入れることもできるのです。

以上の点はよく出題されているので，次の具体例で示しておきます。

第5章 土地区画整理法

【A所有の甲地の仮換地としてB所有の乙地が指定された場合】

甲地＝従前の宅地

乙地＝仮換地

A＝従前の宅地について権原に基づき使用し，収益することができる者

甲地 → 仮換地の指定 → 乙地

B＝仮換地について権原に基づき使用し，収益することができる者

Aは… **甲地の所有権** と **乙地の使用・収益権** を有する

したがって，

したがって，

①Aは，甲地を売却したり，※1 抵当に入れることができ，
②それらを登記（※2）することもできる。
③しかし，甲地（※3）を使用・収益することはできない。

①Aは，乙地の所有権を有していないので，乙地を売ったり，抵当に入れたりすることはできず，※4
②乙地について登記をすることもできない。
③しかし，住宅を建築したりすることはできる。※5

※1 甲地（従前の宅地）をAから買った者は，仮換地（乙地）の使用・収益権を取得し，その後換地処分がなされたときは，換地の所有権を取得し，また清算金の徴収・交付の相手方となる。
※2 所有権・抵当権等の登記は，「従前の土地の地番」によってなされるのであり，仮換地番号でなされるのではない。なお，換地について登記がなされるのは，換地処分が終了してからであり，仮換地が指定されている旨の登記がなされるわけではない。
※3 甲地に対する使用・収益権は，甲地を仮換地として指定された者が有することになる。もし，誰の仮換地にも指定されない場合は，換地処分の公告がある日まで施行者が管理する。
※4 Bは，乙地について，使用・収益はできないが，所有権は有している。よって，乙地を売却したり抵当に入れたりすることができるのは，Bである。
※5 ただし，前述のように建築行為等の制限がある。

（3）その他の注意事項

（a）使用・収益の停止

施行者は，工事や換地処分を行うため必要があると認めるときは，その換地を定めないこととされる宅地の所有者に対して，期日を定めて，**当該宅地の使用・収益を停止させる**ことができます（100条1項）。

そして，このように施行者から当該宅地について，使用・収益の停止を受けた後は，換地処分の公告のある日までは，当該宅地を使用・収益することができなくなります。また，この場合，施行者は損失を補償しなければなりません。

(b)仮換地に指定されていない宅地の管理

　仮換地の指定により，又は使用・収益の停止により，**使用・収益することのできる者のなくなった従前の宅地**については，換地処分の公告がある日までは，**施行者**がこれを管理します(100条の2)。

(c)建築物などの移転及び除却

　(b)の場合，施行者は，従前の宅地に存する建築物その他の工作物又は竹木土石などを移転し，又は除却することが必要となったときは，これらの建築物などを移転し，又は除却することができます(77条1項)。

合格ステップ 56

仮換地の指定とその効果

ランク

(1) 施行者は，換地処分を行う前に，工事のため必要がある場合又は換地計画に基づき換地処分を行うため必要がある場合には，施行地区内の宅地について仮換地を指定することができる。

(2) 換地処分前に，仮に換地として指定され使用・収益する土地を，仮換地という。※1

(3) 仮換地の指定は，その仮換地となるべき土地の所有者及び従前の宅地の所有者に対し，仮換地の位置及び地積ならびに仮換地の指定の効力発生の日を通知して行う。※2

(4) 仮換地が指定されると，従前の宅地について権原に基づき使用し，又は収益することができる者は，その指定の効力発生の日から換地処分の公告がある日まで，従前の宅地の使用・収益ができなくなり，この効力発生日から（使用・収益開始日を別に定める場合は，別に定めた日から）指定された仮換地の使用・収益をすることができる。

(5) 仮換地が指定されると，使用・収益権は，従前の宅地から仮換地に移転することになるが，従前の宅地の所有権を失うわけではない。

(6) 仮換地の指定の効力は，換地処分の公告の日の終了時において消滅する。

※1 仮換地を指定しようとする場合，個人施行者は，従前の宅地及び仮換地となるべき宅地の所有者及びその他の使用・収益権者の同意を，組合は，総会等の同意を，区画整理会社は，宅地の所有権及び借地権者のそれぞれ3分の2以上の同意をそれぞれ得なければならず，また，その他の施行者は，土地区画整理審議会の意見を聴かなければならない。

※2 施行者は，仮換地の指定を行うにあたっては，従前の宅地について抵当権を有する者に対して，通知する必要はない。

宅建試験に「出る!」問題

1 土地区画整理事業の施行者は，換地処分を行う前において，換地計画に基づき換地処分を行うため必要がある場合においては，施行地区内の宅地について仮換地を指定することができる。(2009-21-1)

解答：○（上記合格ステップ(1)参照）

2 仮換地が指定された場合においては，従前の宅地について権原に基づき使用し，又は収益することができる者は，仮換地の指定の効力発生の日から換地処分の公告がある日まで，仮換地について，従前の宅地について有する権利の内容である使用又は収益と同じ使用又は収益をすることができる。(2009-21-2)

解答：○（上記合格ステップ(4)参照）

ウォーク問3 問95…(1)(2)(3)　問97…(2)(3)(4)　問98…(3)　問99…(4)　問100…(1)
問103…(1)(2)

6 換地処分とその効果

(1) 換地処分の時期など
(a) 換地処分の時期

原則…**換地計画に係る区域の全部**について，土地区画整理事業の**工事が完了**した後において，事業の施行者が遅滞なく行います。

例外…規準・規約・定款又は施行規程に別段の定めがある場合においては，換地計画に係る区域の全部について工事が完了する以前においても換地処分をすることができます。

(b) 換地処分はどのように行うのか

換地処分は，関係権利者（従前の宅地についての登記のある権利者や，未登記権利者のうち権利の申告をした者）に換地計画において定められた事項を**通知**して行います(103条1項)。

（c）換地処分の公告

国土交通大臣又は都道府県知事は，換地処分があった旨を公告しなければなりません（103条4項）。

この換地処分の公告は，国土交通大臣が換地処分をなした場合は自ら，その他の施行者の場合は，すべて都道府県知事が行います。そのために国土交通大臣及び都道府県以外の施行者は，換地処分後遅滞なくその旨を都道府県知事に届け出なければなりません。

合格ステップ 57

反復チェック ／ ／ ／

換地処分 （かんちしょぶん）

ランク **B**

(1) 施行者は，原則として，換地計画に係る区域の全部について，土地区画整理事業の工事が完了した後において，遅滞なく，換地処分を行わなければならない。ただし，規準，規約，定款又は施行規程に別段の定めがある場合においては，換地計画に係る区域の全部について工事が完了する以前においても換地処分をすることができる。

(2) 換地処分は，関係権利者に換地計画において定められた事項を通知して行う。そして，国土交通大臣又は都道府県知事は，換地処分があった旨を公告しなければならない。

宅建試験に「出る!」問題

換地処分は，施行者が換地計画において定められた関係事項を公告して行うものとする。(2013-20-2)

解答：×（上記合格ステップ(2)参照）

ウォーク問3 問102…(1)(2) 問104…(3)

（2）換地処分の効果

換地処分が行われるとさまざまな効果が生じますが，主要なものを合格ステップにまとめておきます。

重要条文

＜土地区画整理法＞

第104条（換地処分の効果）

4　施行地区内の宅地について存する地役権は，第1項の規定にかかわらず，前条第4項の公告があった日の翌日以後においても，なお従前の宅地の上に有する。

5　土地区画整理事業の施行に因り行使する利益がなくなった地役権は，前条第4項の公告があった日が終了した時において消滅する。

第106条（土地区画整理事業の施行により設置された公共施設の管理）

1　土地区画整理事業の施行により公共施設が設置された場合においては，その公共施設は，第103条第4項の公告があった日の翌日において，その公共施設の所在する市町村の管理に属するものとする。ただし，管理すべき者について，他の法律又は規準，規約，定款若しくは施行規程に別段の定めがある場合においては，この限りでない。

合格ステップ 58

反復チェック / / /

ランク **A**

換地処分の効果

(1) 換地計画において定められた**換地**は，換地処分の公告があった日の**翌日**から，**従前の宅地**とみなされる。

(2) 換地計画において換地を定めなかった従前の宅地について存する権利は，換地処分の公告があった日が**終了した時**（すなわち24時）において消滅する。

(3) **地役権**は，換地処分の公告があった日の翌日以後においても，なお，**従前の宅地の上に存在する。**ただし，事業の施行により**行使する利益がなくなった**地役権（例：袋地に通行地役権を設定していた場合において，区画整理後袋地でなくなった場合など）は，換地処分の公告があった日が**終了**した時において**消滅**する。

(4) 換地計画において定められた**清算金**は，換地処分の公告のあった日の**翌日**に確定する。そして，この清算金は，特約がない限り，換地処分時の土地所有者（換地処分時に従前の宅地の所有者である者）に対して，徴収・交付されることになる。

(5) 換地計画において定められた**保留地**は，換地処分の公告があった日の**翌日**に**施行者**が取得する。

(6) 土地区画整理事業の施行により設置された**公共施設**は，換地処分の公告があった日の**翌日**に，原則として，その公共施設の所在する**市町村の管理**に属する。※

※ 施行者は，公告がある日以前にも，公共施設に関する工事が完了した場合には，管理者となるべき者にその管理を引き継ぐことができる。
また，公共施設用地は，原則としてその公共施設を管理すべき者に帰属する。

宅建試験に「出る！」問題

1 換地処分の公告があった場合においては，換地計画において定められた換地は，その公告があった日の翌日から従前の宅地とみなされ，換地計画において換地を定めなかった従前の宅地について存する権利は，その公告があった日が終了した時において消滅する。（2009-21-4）

解答：○（上記合格ステップ(1)(2)参照）

2 土地区画整理事業の施行により設置された公共施設は，換地処分の公告があった日の翌日において，原則として施行者の管理に属する。（1994-26-2）

解答：×（上記合格ステップ(6)参照）

3 土地区画整理事業の施行により生じた公共施設の用に供する土地は，換地処分があった旨の公告があった日の翌日において，すべて市町村に帰属する。（2015-20-4）

解答：×（上記合格ステップ(6)参照）

ウォーク問③ 問100…(2)(3)(4)　問101…(4)　問103…(4)　問104…(4)

第5章

土地区画整理法

【換地処分の効果】

AM0:00

公告の日　　　　　　　　　　翌日

換地処分に係る 公告の日の終了時	換地処分に係る 公告の日の翌日
・仮換地の指定の効力の消滅 ・建築行為等の制限の消滅 ・換地を定めなかった従前の宅地に存する権利の消滅 ・事業の施行により行使の利益がなくなった地役権の消滅	・換地計画で定められた換地が従前の宅地とみなされること ・換地計画で定められた清算金の確定 ・施行者が保留地を取得すること ・土地区画整理事業の施行により設置された公共施設が，原則としてその所在する市町村の管理に属すること

以上をまとめると，次のようになる。

換地処分により不要になった利益が「消滅」する時期

　　→換地処分に係る公告の日の「終了時」

換地処分により必要となる利益が「発生，又は確定」する時期

　　→換地処分に係る公告の日の「翌日」

【効果が生じる範囲】

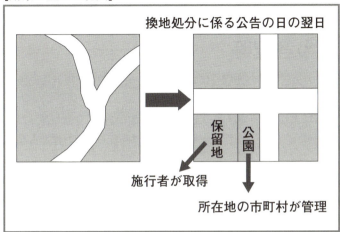

【換地処分と地役権】

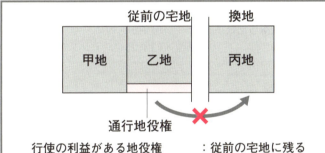

行使の利益がある地役権　　　：従前の宅地に残る
行使の利益がなくなった地役権：消滅する
※地役権は換地には移行しない。

7 換地処分に伴う登記等

　次に，換地処分に伴う登記等について次の合格ステップにまとめておきます。

合格ステップ **59**

反復チェック ／ ／ ／

換地処分に伴う登記等……………………………ランク **C**

(1) **施行者**は，換地処分の公告があった場合には，直ちに，その旨を換地計画に係る区域を管轄する登記所に**通知**しなければならない。

(2) **施行者**は事業の施行により，施行地区内の土地及び建物について変動があったときは，遅滞なく，その**変動に係る登記**を申請し，又は嘱託しなければならない。

(3) 換地処分の公告のあった日後においては，(2)の土地区画整理事業の施行による変動の登記がされるまでは，原則として，施行地区内の土地及び建物につき他の登記をすることができない。

宅建試験に「出る!」問題

換地処分に伴う登記は，換地を取得した者が行う。(1994-26-1)

解答：✕（上記合格ステップ(2)参照）

ウォーク問③ 問101…(3)

第6章 宅地造成等規制法等

ここも出る Bランク

学習のポイント

学習項目	'11	'12	'13	'14	'15	'16	'17	'18	'19	'20
1 宅地造成等規制法	★	★	★	★	★	★	★	★	★	★
2 その他の法令上の制限			★	★			★			

　「宅地造成等規制法等」の分野からは、毎年1問～2問出題がなされています。

　今まで、土地の造成工事を行ったり、建物を建築する場合には、都市計画法や建築基準法等の規制により、都道府県知事等の許可を受けたり、届出を行ったりする必要があることを勉強しました。

　ただ、実際には、都市計画法や建築基準法以外にも、宅地造成等規制法や道路法、河川法、海岸法などといったさまざまな法律により、造成工事や建築行為について規制がかけられています。

　そこで、本試験では、造成工事や建築行為などを行うにあたり、規制をかけている法律名を挙げて、誰の許可を受ける必要があるか、また、誰に対して届出を行う必要があるかといった内容が問われています。

　このうち、「宅地造成等規制法」は丸々1問の形で出題されることが多いので、しっかりと学習しましょう。次に、「その他の法令上の制限」の分野は、出題される範囲は広いですが、過去に出題された内容がしっかりと身についていれば得点できる問題も多く出題されています。

何を学ぶか？ どこに着目するか？

何を学ぶか？

これまで，法令上の制限について主要な法令を勉強してきましたが，これ以外にもたくさんの法律による制限があります。本章では，そのうち宅地造成等規制法を中心に，その他の法令についても学んでいきます。

宅地造成等規制法ってどんな法律？

宅地を造るために山を切り開く場合があります。このような場合に，いい加減な工事をされたのでは，後でがけ崩れ等の災害が生じ深刻な被害が生じる場合があります。そこで，がけを造り出すような造成工事について許可を必要とし，ずさんな造成宅地が生み出されることを防止する法律が「宅地造成等規制法」です。

必ず許可が要るの？

実施しようとしている工事が「宅地造成」にあたることを前提として，一定規模を超える工事に許可が必要となります。したがって，一定規模以下の場合には許可は不要となります。また，許可ではなく届出が必要となる場合もあります。詳細は本編で解説します。

その他の法令上の制限って

これまで，土地の売買や，建物を建てる場合など，いろいろな場合にいろいろな許可や届出が必要なことを学んできました。これらのほかにも様々な法令によって同様のことが定められています。

合格への着眼点は？

宅地造成等規制法については，まずは許可の要否をしっかりと身につけましょう。その後，届出が必要となる状況を覚えていきましょう。その他の法令上の制限は，法令の数は多いのですが覚えるべき情報量は多くありません。深入りすることなく，「誰の許可が必要か」だけを習得しましょう。

1 宅地造成等規制法

(1)宅地造成等規制法の目的

宅地造成等規制法とは、宅地造成に伴う崖崩れ又は土砂の流出による**災害の防止のため必要な規制**をかけるために制定された法律です(1条)。

(2)宅地造成工事規制区域の指定

都道府県知事は、関係市町村長(特別区の長を含む)の意見を聴いて、宅地造成に伴い災害が生ずるおそれが大きい市街地又は市街地となろうとする土地の区域であって、宅地造成に関する工事について規制を行う必要があるものを**宅地造成工事規制区域**として指定することができます(3条1項)。都道府県知事は、この指定をするときは、当該宅地造成工事規制区域を公示するとともに、その旨を関係市町村長に通知しなければなりません(3条3項)。

なお、指定都市又は中核市にあっては、指定都市又は中核市の長が、宅地造成工事規制区域の指定をすることができます(3条1項)。

そして、宅地造成工事規制区域の指定がなされると、以下のような規制が課せられます。

【全体構造】

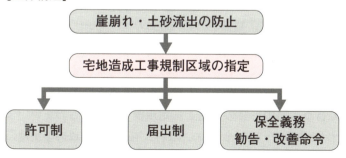

（3）許可制

宅地造成工事規制区域内において行われる宅地造成に関する工事については，**造成主**は，当該**工事に着手する前**に，**都道府県知事の許可**を受けなければなりません（8条1項）。

ただし，**都市計画法による開発許可を受けて行われる当該許可の内容に適合した宅地造成工事**については，宅地造成工事の許可を受ける必要はありません（8条1項）。

そして，宅地造成工事の許可を受けた者が**宅地造成工事の計画の変更**をしようとするときは，原則として，**都道府県知事の許可**を受けなければなりません（12条1項）。ただし，宅地造成工事の計画について**軽微な変更**（＝①造成主，設計者又は工事施行者の変更，②工事の着手予定年月日又は工事の完了予定年月日の変更）をしたときは，遅滞なく，その旨を**都道府県知事に届け出**なければなりません（12条2項）。

（a）「造成主」の意義

造成主とは，**宅地造成に関する工事の請負契約の注文者又は請負契約によらないで自らその工事をする者**をいいます（2条5号）。

（b）「宅地」の意義

宅地とは，**農地，採草放牧地**及び**森林**ならびに**道路，公園，河川**その他政令で定める**公共の用に供する施設の用に供されている土地以外の土地**をいいます（2条1号）。政令で定める公共の用に供する施設は，砂防設備，地すべり防止施設，海岸保全施設，港湾施設，飛行場，航空保安施設及び鉄道等の用に供する施設ならびに国又は地方公共団体が管理する学校，運動場，墓地その他の施設があります（施行令2条）。

（c）「宅地造成」の意義

宅地造成とは，①宅地以外の土地を宅地にするために行う土地の形質の変更で一定規模を超えるもの②宅地において行う土地の形質の変更で一定規模を超えるものをいいます（2条2号，施行令3条）。なお，宅地を宅地以外の土地に

するために行うものは,宅地造成には**該当しません**。

【宅地造成の規模とは】

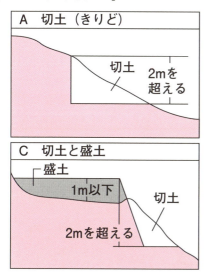

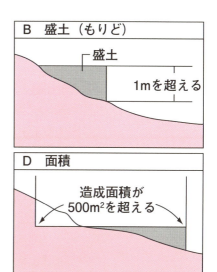

(d)許可手続き

　宅地造成工事規制区域内において行われる宅地造成に関する工事は,政令で定める技術的基準に従い,擁壁又は排水施設の設置その他宅地造成に伴う災害を防止するため必要な措置が講ぜられたものでなければなりません(9条1項)。

　この場合,高さ5mを超える擁壁の設置をするとき,切土又は盛土をする土地の面積が1,500m²を超える土地において排水施設を設置するときは,一定の資格を有する者の設計によらなければなりません(9条2項,施行令16条)。

　都道府県知事は,許可の申請があった場合,遅滞なく,**許可又は不許可の処分をしなければなりません**(10条1項)。そして,許可又は不許可の処分をするには,文書をもって当該申請者に**通知**しなければなりません(10条2項)。なお,都道府県知事は,この許可に,工事の施行に伴う災害を防止するため必要な**条件を付けることができます**(8条3項)。

そして，**造成主**は，工事を完了した場合，**都道府県知事の検査**を受けなければなりません（13条１項）。都道府県知事は，検査の結果，工事が宅地造成に関する工事の技術的基準に適合していると認めた場合には，**検査済証**を造成主に交付しなければなりません（13条２項）。

（4）届出制

宅地造成工事規制区域内において，許可が必要な宅地造成に関する工事には該当しなくても，宅地造成に伴う災害と密接に関連する一定の行為を行おうとするときは，**都道府県知事へ届け出**なければなりません（15条）。

【届出制の内容】

届出が必要な場合	届出期間
①宅地造成工事規制区域指定の際，すでに工事が行われている場合	指定があった日から**21日以内**
②高さが２mを超える擁壁等に関する除却工事その他一定の工事を行おうとする場合※	工事に着手する日の**14日前**まで
③宅地以外の土地を宅地に転用した場合※	転用した日から**14日以内**

※ 宅地造成に関する工事に該当して都道府県知事の許可を受けなければならない場合等を除く。

（5）宅地の保全義務・勧告

宅地造成工事規制区域内の宅地の**所有者，管理者又は占有者**は，宅地造成（宅地造成工事規制区域の指定前に行われたものを含む。）に伴う災害が生じないよう，その宅地を常時安全な状態に維持するように努めなければなりません（16条１項）。

都道府県知事は，宅地造成工事規制区域内の宅地について，宅地造成に伴う災害の防止のため必要があると認める場合，その宅地の**所有者，管理者，占有者，造成主又は工事**

施行者に対し，擁壁等の設置又は改造その他宅地造成に伴う災害の防止のため必要な措置をとることを勧告することができます(16条2項)。

（6）改善命令

　都道府県知事は，宅地造成工事規制区域内の宅地で，宅地造成に伴う災害の防止のため必要な擁壁等が設置されておらず，又は極めて不完全であるために，これを放置するときは，宅地造成に伴う災害の発生のおそれが大きいと認められるものがある場合，その災害防止のため必要で，かつ，土地の利用状況その他の状況からみて相当と認められる限度において，当該宅地又は擁壁等の**所有者**，**管理者**又は**占有者**に対して，相当の猶予期限を付けて，擁壁等の設置もしくは改造，又は地形もしくは盛土の改良のための工事を行うことを命ずることができます(17条1項)。

（7）報告の徴取

　都道府県知事は，宅地造成工事規制区域内における宅地の**所有者**，**管理者**又は**占有者**に対して，当該宅地又は当該宅地において行われている工事の状況について**報告を求める**ことができます(19条)。

（8）造成宅地防災区域

　都道府県知事は，**宅地造成工事規制区域に指定されていない土地**で，宅地造成に伴う崖崩れ又は土砂の流出による災害の防止のために必要があると認めるときは，関係市町村長の意見を聴いて，宅地造成に伴う災害で相当数の居住者その他の者に危害を生ずるものの発生のおそれが大きい一団の造成宅地の区域で，一定の基準に該当するものを，**造成宅地防災区域**として指定することができます(20条1項)。

（９）造成宅地防災区域内における災害の防止のための措置

　造成宅地防災区域内の造成宅地の**所有者，管理者又は占有者**は，宅地造成に関する工事等について災害が生じないようにするため**擁壁等の設置又は改造その他必要な措置を講ずるように努めなければなりません**（21条１項）。

　そして，都道府県知事は，造成宅地防災区域内の造成宅地について，宅地造成に関する工事等について災害の防止のため必要があると認める場合，その造成宅地の**所有者，管理者又は占有者**に対し，**擁壁等の設置又は改造その他災害の防止のため必要な措置をとることを勧告することができます**（21条２項）。

　また，都道府県知事は，造成宅地防災区域内の造成宅地で，宅地造成に関する工事等について災害の防止のため必要な擁壁等が設置されておらず，又は極めて不完全であるために，これを放置するときは，災害の発生のおそれが大きいと認められるものがある場合，その災害の防止のため必要で，かつ，土地の利用状況その他の状況からみて相当と認められる限度において，当該造成宅地又は擁壁等の**所有者，管理者又は占有者**に対して，相当の猶予期限を付けて，**擁壁等の設置もしくは改造，又は地形もしくは盛土の改良のための工事を行うことを命じることができます**（22条１項）。

（10）監督処分等のまとめ

　都道府県知事は，**偽りその他不正な手段により許可を受けた者**，又は，**許可に付した条件に違反した者**に対して，**許可を取り消すことができます**（14条１項）。なお，都道府県知事は，工事の施行の停止を命じようとする場合，原則として弁明の機会の付与が必要となります。しかし，緊急の必要により弁明の機会の付与を行うことができないときは，違反工事に該当することが明らかな場合に限り，弁明の機会の付与

を行わないで，造成主，工事の請負人，現場管理者に対して，当該工事の施行の停止を命ずることができます。その他にも，宅地造成等規制法に定めるルールを守らない者などに対して，一定の監督処分等をすることができます。そこで，以下，重要なものをまとめておきます。

【監督処分等のまとめ】

場面	対象者	処分の内容
無許可・許可条件違反，工事の基準に不適合の場合	造成主，工事の請負人，現場管理者	・工事の施行の停止 ・擁壁等の設置その他災害の防止のため必要な措置
無許可・完了検査を受けていない，完了検査の結果が基準に不適合の場合	宅地の所有者，管理者，占有者，造成主	・宅地の使用の禁止 ・宅地の使用の制限 ・擁壁等の設置その他災害の防止のため必要な措置
宅地造成に伴う災害の防止のため必要がある場合	所有者，管理者，占有者，造成主，工事施行者	擁壁等の設置その他災害の防止のため必要な措置をとるよう勧告
災害発生のおそれが大きい場合	所有者，管理者，占有者	改善命令（擁壁等の設置・改造工事を行わせる，地形・盛土の改良工事を行わせる）
報告の徴取の必要がある場合	所有者，管理者，占有者	工事の状況について報告を求める
造成宅地防災区域内の造成宅地について，災害防止のため必要がある場合	所有者，管理者，占有者	擁壁等の設置・改造その他災害の防止のため必要な措置をとることを勧告
造成宅地防災区域内の造成宅地で，災害発生のおそれが大きい場合	所有者，管理者，占有者	改善命令（擁壁等の設置・改造工事を行わせる，地形・盛土の改良工事を行わせる）

第6章

宅地造成等規制法等

LEC東京リーガルマインド　2021年版出る順宅建士 合格テキスト ③法令上の制限・税・その他

重要条文

＜宅地造成等規制法＞
第２条（定義）

　この法律において，次の各号に掲げる用語の意義は，それぞれ当該各号に定めるところによる。

　一　（略）

　二　宅地造成　宅地以外の土地を宅地にするため又は宅地において行う土地の形質の変更で政令で定めるもの（宅地を宅地以外の土地にするために行うものを除く。）をいう。

＜宅地造成等規制法施行令＞
第３条（宅地造成）

　法第２条第２号の政令で定める土地の形質の変更は，次に掲げるものとする。

　一　切土であって，当該切土をした土地の部分に高さが２ｍを超える崖を生ずることとなるもの

　二　盛土であって，当該盛土をした土地の部分に高さが１ｍを超える崖を生ずることとなるもの

　三　（略）

　四　前３号のいずれにも該当しない切土又は盛土であって，当該切土又は盛土をする土地の面積が500㎡を超えるもの

合格ステップ 60

反復チェック / / /

宅地造成等規制法のまとめ ……………………… ランク A

(1)宅地造成工事規制区域の指定	都道府県知事が，宅地造成に伴い災害が生ずるおそれが大きい市街地又は市街地となろうとする土地の区域であって，宅地造成に関する工事について規制を行う必要があるものについて指定する。
(2)造成主	①宅地造成に関する工事の請負契約の注文者，又は②請負契約によらないで自らその工事をする者をいう。
(3)許可制	宅地造成工事規制区域内において行われる宅地造成に関する工事については，造成主は，当該工事に着手する前に，都道府県知事の許可を受けなければならない。
(4)宅地	農地，採草放牧地及び森林ならびに道路，公園，河川その他政令で定める公共の用に供する施設の用に供せられている土地以外の土地をいう。
(5)宅地造成	①宅地以外の土地を宅地にするため，②宅地において行う土地の形質の変更で以下の規模を超えるものをいう(宅地を宅地以外の土地にするために行うものは除く)。 A　切土…切土部分に2mを超える崖を生ずるもの B　盛土…盛土部分に1mを超える崖を生ずるもの C　切土と盛土…盛土部分に1m以下の崖を生じ，かつ切土と盛土をあわせて2mを超える崖を生ずるもの D　面積…A〜C以外で，切土又は盛土の面積が500m²を超えるもの
(6)届出制	①宅地造成工事規制区域指定の際，すでに工事が行われている場合→指定があった日から21日以内 ②高さが2mを超える擁壁又は排水施設の全部又は一部の除却工事を行おうとする場合 　→工事に着手する日の14日前まで ③宅地以外の土地を宅地に転用した場合 　→転用した日から14日以内 　　に都道府県知事に届出をしなければならない。
造成宅地防災区域の指定	都道府県知事が，宅地造成に伴う災害で，相当数の居住者その他の者に生ずるものの発生のおそれが大きい一団の造成宅地(宅地造成工事規制区域内の土地を除く)の区域であって，一定の基準に該当するものについて指定する。

第6章 宅地造成等規制法等

宅建試験に「出る!」問題

1 宅地を宅地以外の土地にするために行う土地の形質の変更は、宅地造成に該当しない。(2010-20-1)

解答：〇（上記合格ステップ(5)参照）

2 宅地造成工事規制区域内において行われる盛土であって、当該盛土をする土地の面積が300m²で、かつ、高さ1.5mの崖を生ずることとなるものに関する工事については、都道府県知事の許可が必要である。(2013-19-3)

解答：〇（上記合格ステップ(5)参照）

ウォーク問3 問105…(3)(4) 問106 問107…(1)(3)(4) 問108…(2)(3) 問109…(1) 問110…(4) 問111…(2) 問113…(1) 問114…(2) 問190…(2)(3)

2 その他の法令上の制限

これまで学習した法令のほかにも、さまざまな法令によって造成工事や建築工事などに規制がかけられています。試験では、これらのその他の法令上の制限についても出題されることがありますので、範囲は広いのですが、以下に主なものを説明しておきます。

(1) 都市緑地法

特別緑地保全地区内において、建築物の新築や土地の形質の変更などを行おうとする者は、原則として、**都道府県知事(市の区域内にあっては、当該市の長)の許可を受けなければなりません**(14条1項)。なお、緑地保全地域内において、建築物の新築や土地の形質の変更などを行おうとする者は、一定の場合を除いて、あらかじめ、都道府県知事(市の区域内にあっては、当該市の長)にその旨を届け出なければなりません。

（2）急傾斜地の崩壊による災害の防止に関する法律

急傾斜地崩壊危険区域内において，水のしん透を助長する行為，工作物の設置・改造などを行おうとする者は，原則として，**都道府県知事の許可**を受けなければなりません（7条1項）。

（3）土砂災害警戒区域等における土砂災害防止対策の推進に関する法律

土砂災害特別警戒区域内において，都市計画法の開発行為で，開発区域内の予定建築物が有料老人ホームや病院などの制限用途であるもの（特定開発行為）をしようとする者は，原則として，あらかじめ，**都道府県知事の許可**を受けなければなりません（10条1項）。

（4）地すべり等防止法

地すべり防止区域内において地下水の排除を阻害する一定の行為，地表水のしん透を助長する行為，一定の工作物の新築・改良などを行おうとする者は，**都道府県知事の許可**を受けなければなりません（18条1項）。

（5）大都市地域における住宅及び住宅地の供給の促進に関する特別措置法

土地区画整理促進区域内，住宅街区整備促進区域内において，土地の形質の変更や建築物の新築・改築・増築を行おうとする者は，原則として，**都府県知事（市の区域内にあっては，当該市の長）の許可**を受けなければなりません（7条1項，26条1項）。

（6）都市再開発法

市街地再開発促進区域内において，一定の建築物の建築を行おうとする者は，原則として**都道府県知事（市の区域内**

にあっては，当該市の長）の許可を受けなければなりません（7条の4第1項）。

（7）土地収用法

　事業認定の告示があった後においては，何人も，**都道府県知事の許可を受けなければ**，起業地について明らかに事業に支障を及ぼすような形質の変更をしてはなりません（28条の3第1項）。

（8）森林法

　地域森林計画の対象となっている一定の民有林において開発行為を行おうとする者は，原則として，**都道府県知事の許可を受けなければなりません**（10条の2第1項）。
　また，保安林又は保安施設地区内において立木の伐採や土地の形質の変更等を行おうとする者は，原則として，**都道府県知事の許可を受けなければなりません**（34条1項，2項，44条）。

（9）自然公園法

　国立公園又は国定公園の特別保護地区又は特別地域内において工作物の新築・改築や土地の形状の変更などの行為を行おうとする者は，原則として**国立公園にあっては環境大臣**の許可を，**国定公園にあっては都道府県知事の許可を**受けなければなりません（20条3項，21条3項）。なお，国立公園又は国定公園でも普通地域内においては，届出で足ります（33条1項）。

（10）文化財保護法

　重要文化財に関し，その現状を変更し，又はその保存に影響を及ぼすような行為を行おうとする者は，原則として，**文化庁長官**の許可を受けなければなりません（43条1項）。

(11) 河川法

河川区域内の土地において工作物を新築・改築・除却しようとする者は，原則として，**河川管理者**（原則として，1級河川については国土交通大臣，2級河川については都道府県知事）**の許可**を受けなければなりません（26条1項）。

(12) 海岸法

海岸保全区域内の土地において土石の採取，土地の掘削，盛土，切土などの行為を行おうとする者は，原則として**海岸管理者の許可**を受けなければなりません（8条1項）。

(13) 道路法

道路の区域が決定された後，道路の供用が開始されるまでの間は，何人も，道路管理者が当該区域についての土地に関する権原を取得する前においても，**道路管理者**（原則として，国道については国土交通大臣，都道府県道については都道府県，市町村道については市町村）**の許可**を受けなければ，当該区域内において土地の形質の変更，工作物の新築・改築・増築等をしてはなりません（91条1項）。

(14) 港湾法

港湾区域内又は港湾隣接地域内において，港湾の開発，利用又は保全に著しく支障を与えるおそれのある一定の行為をしようとする者は，原則として**港湾管理者**（一定の手続きにより設立された港務局又は一定の地方公共団体）**の許可**を受けなければなりません（37条1項4号）。

(15) 生産緑地法

生産緑地地区内において，建築物などの新築・増築や土地の形質の変更などの行為を行おうとする者は，原則として，**市町村長の許可**を受けなければなりません（8条1項）。

(16) 景観法

景観計画区域内において，建築物の新築等を行おうとする者は，あらかじめ，一定の事項を**景観行政団体**（都道府県など）**の長**に届け出なければなりません（16条1項）。また，何人も，原則として，**景観行政団体の長の許可を受けなければ**，**景観重要建造物**の増築・改築又は移転等をしてはなりません（22条1項）。

(17) その他

(a) 公有地の拡大の推進に関する法律

都市計画区域内において，一定の土地を有償で譲り渡そうとするときは，原則として**都道府県知事（市の区域内にあっては，当該市の長）**に，一定事項を届け出なければなりませんが，国，地方公共団体等に譲り渡されるものであるとき，又はこれらの者が譲り渡すものであるときは，届け出る必要はありません（4条1項，2項）。

(b) 流通業務市街地の整備に関する法律

流通業務地区において，一定の施設以外の施設を建設しようとする者は，原則として**都道府県知事（市の区域内にあっては，当該市の長）の許可を受けなければなりません**（5条1項）。

(c) 土壌汚染対策法

形質変更時要届出区域内において，土地の形質の変更をしようとする者は，原則として，当該土地の形質の変更に着手する日の14日前までに，一定の事項を**都道府県知事**に届け出なければなりません（12条1項）。しかし，非常災害のために必要な応急措置として行う行為においては，この届出は不要です（12条1項3号）。

また，形質変更時要届出区域に指定された際，現に当該区域内で既に土地の形質の変更に着手している者は，その指定の日から起算して14日以内にその旨を**都道府県知事**に

届け出なければなりません(12条2項)。

(d)密集市街地における防災街区の整備の促進に関する法律

防災街区整備事業に係る認可の公告があった後においては，当該事業の施行地区内において防災街区整備事業の施行の障害となるおそれがある土地の形質の変更，建築物等の建築，一定の移動の容易でない物件の設置もしくは堆積を行おうとする者は，**都道府県知事(市の区域内にあっては，当該市の長)の許可**を受けなければなりません(197条1項)。

また，防災再開発促進地区の区域内の一団の土地で，1の所有者しか存在しない土地所有者は，避難経路の整備又は管理のため必要があると認めるときは，市町村長の認可を受けて，当該土地の区域を避難経路協定区域とする避難経路協定を定めることができ，当該協定は，認可の日から起算して3年以内において当該避難経路協定区域内の土地に2以上の土地所有者等が存することになった時から，効力を有します(298条1項，4項)。

ラクしておぼえる L式暗記法

その他の法令上の制限については非常に情報量の多いところですが，以下のゴロ合わせを使って，「都道府県知事の許可」以外のものを押さえましょう。

過　去の　北海　道の　管理者　いわく
河川法　港湾法　海岸法　道路法は　管理者

「**国立公園**は　**寒冷**の地
　国立公園　　　環境大臣（の許可が必要）

生　　**死**は　**五分**　　**五分**」
生産緑地法は　市町村長　文化財保護法　文化庁長官

📘 合格ステップ 61

反復チェック / / /

その他の法令上の制限のまとめ ・・・・・・・・・ ランク B

法律	許可・届出権者	区分
宅地造成等規制法	都道府県知事	許可
大都市地域における住宅及び住宅地の供給の促進に関する特別措置法	都道府県知事等※1	
都市再開発法		
森林法	都道府県知事	
急傾斜地の崩壊による災害の防止に関する法律		
土砂災害警戒区域等における土砂災害防止対策の推進に関する法律	都道府県知事	
地すべり等防止法	都道府県知事	
都市緑地法（特別緑地保全地区）	都道府県知事等※1	
土地収用法	都道府県知事	
自然公園法（特別保護地区 特別地域）	都道府県知事※2	
	環境大臣※2	
文化財保護法	文化庁長官	
河川法	河川管理者	
海岸法	海岸管理者	
道路法	道路管理者	
港湾法	港湾管理者	
生産緑地法	市町村長	
景観法	景観行政団体の長	届出

※1 都道府県知事（市の区域内にあっては，当該市の長）
※2 国立公園にあっては環境大臣の，国定公園にあっては都道府県知事の許可が必要である。

宅建試験に「出る!」問題

河川法によれば,河川保全区域内において工作物の新築又は改築をしようとする者は,原則として河川管理者の許可を受けなければならない。(2001-24-3)

解答:○(上記合格ステップ参照)

ウォーク問3 問111…(1)(3)(4) 問112…(2)(3)(4) 問113…(2)(3) 問114…(1)(4) 問115…(3)(4)

MEMO

税・価格

第1章	不動産取得税
第2章	固定資産税
第3章	所得税（譲渡所得）
第4章	印紙税
第5章	登録免許税
第6章	贈与税
第7章	地価公示法
第8章	不動産鑑定評価基準

第1章 不動産取得税

超頻出 Aランク

学習のポイント

学習項目	'11	'12	'13	'14	'15	'16	'17	'18	'19	'20
1 不動産取得税の基本事項		★		★		★		★		★
2 不動産取得税の特例		★				★				

「不動産取得税」は、過去10年間で5回出題されている項目です。この項目では、①不動産取得税の基本事項、②特例措置の2つの内容について勉強します。

まず、①の基本事項では、不動産取得税を課税するのはどこか、税率は何％かといった内容や、どのような原因で「不動産」を「取得」した場合に、不動産取得税がかかるのかといった内容を理解しておく必要があります。

次に、②の特例措置では、土地や建物を取得した場合に、どのような特例措置を受けることができるのか、また、その特例措置を受けるための条件はどのようなものかといった内容について、数字を中心にしっかりと押さえておかなければなりません。

本試験では、以上の基本事項と特例措置に関するワンパターンな問題が何度も繰り返し出題されているので、確実に得点したい項目であるといえます。その際、第2章で勉強する「固定資産税」と内容が似ているので、その違いを意識しながら知識を整理しておく必要があります。

何を学ぶか？ どこに着目するか？

 何を学ぶか？

不動産を取得した際に課税される不動産取得税の基本事項と，特例措置の2つを学習します。

どんなときに，納める税金なの？

不動産取得税は，建物を買ったり，新築したりして不動産を取得したときに都道府県に対して納める税金です。不動産の取得に対して課税されるものであって，固定資産税のように毎年課税されるものではありません。

父から相続した場合にも不動産取得税はかかるんでしょうか？

不動産取得税が課される「取得」とは，売買・交換・贈与・改築などの場合をいいます。相続によって不動産を取得したような場合には課税されません。このほか，包括遺贈・法人の合併による場合にも課税されません。

特例措置って？

簡単にいうと，「税金を安くする制度」です。生活のために住宅を購入する場合と，余暇を楽しむために別荘を購入する場合とでは状況が異なります。そこで，住むために必要とされるような場合には税金を安くする制度がいくつか用意されています。

合格への着眼点は？

基本事項と特例措置の2つだけに学習項目が絞られるものの，課税標準等の専門用語の正確な理解をしていないと問いに答えられません。まずは専門用語をおさえましょう。その上で，特例措置のキーワードと数字を確実に覚えるようにしましょう

1 不動産取得税の基本事項

不動産取得税は，土地を購入したり，又は家屋を新築したりするなど，土地や家屋といった不動産を取得した場合に課される税金です。したがって，不動産を取得した際に１度だけ不動産取得税を納めることになります。

以下，不動産取得税の基本事項のうち，重要なものをまとめておきます。

【基本事項のまとめ】

課税主体	取得した**不動産が所在する都道府県**（地方税）
課税客体	不動産の取得
納税義務者	不動産を取得した者
課税標準	不動産の価格（固定資産課税台帳に登録されている価格）
標準税率	土地・住宅：100分の３（３％） 住宅以外の家屋：100分の４（４％）
納付方法	普通徴収
免税点	土地……………………………10万円未満 家屋…建築に係るもの……23万円未満 　　　その他に係るもの…12万円未満

なお，不動産とは，**土地**及び**家屋**をいいます（73条）。そして，**土地**とは宅地，田，畑，塩田，鉱泉地，池沼，山林，牧場，原野その他の土地をいい，**家屋**とは住宅，店舗，工場，倉庫，その他の建物をいいます。

（１）課税主体

不動産取得税の課税主体は，**取得した不動産が所在する都道府県**です（73条の２，１条２項）。たとえば，群馬県高崎

市にある土地を取得した場合,群馬県が課税主体となります。なお,不動産取得税は,取得した不動産が所在する都道府県が課する税金ですから,当然のこととして,**海外の不動産の取得に対しては課されません。**

合格ステップ 62

反復チェック / / /

不動産取得税の課税主体

ランク

不動産取得税の課税主体は,**取得した不動産が所在する都道府県**である。

宅建試験に「出る!」問題

不動産取得税は,不動産の取得に対し,当該不動産の所在する市町村において,当該不動産の取得者に課せられる。(1998-28-1)

解答:✕(上記合格ステップ参照)

ウォーク問③ 問119…(1)

---

(2) 課税客体

不動産取得税は,「**不動産の取得**」に課税されます(73条の2)。つまり,不動産取得税は,**不動産の所有権を現実に取得した場合**に課税されますから,**売買・交換**のように**有償**で取得した場合や,**贈与**のように**無償**で取得した場合も含まれます。

また,現実に不動産の所有権を取得しているのであれば,登記をしていなくても不動産取得税は課税されます(**登記の有無を問わない**)。

そして,家屋の取得については,売買等による取得のみならず,建築による取得も含まれます。したがって,家屋を**新築**(家屋を解体し,これを材料として他の場所で再建した場合も含む),**増築**,**改築**した場合(ただし,改築については,

家屋の価格が増加した場合に限る)においても，不動産取得税が課税されます。

他方，**相続又は包括遺贈**，**法人の合併**などによる取得は，形式的に所有権が移転しただけですから，**不動産取得税は課税されません**(73条の7)。

重要条文

＜地方税法＞
第73条の2（不動産取得税の納税義務者等）
1　不動産取得税は，不動産の取得に対し，当該不動産所在の道府県において，当該不動産の取得者に課する。
2　（略）
3　家屋を改築したことにより，当該家屋の価格が増加した場合においては，当該改築をもって家屋の取得とみなして，不動産取得税を課する。

合格ステップ 63

反復チェック ／ ／ ／

不動産取得税の課税客体　　　ランク A

(1) 不動産の取得とは，現実に不動産の所有権を取得することであるから，**有償**(売買・交換など)又は**無償**(贈与など)による取得を問わない。
(2) 不動産の取得とは，**登記の有無を問わない**ので，現実に所有権を取得したと認められれば，登記をしなくても課税される。

課税される場合	売買，交換，贈与，新築，改築(家屋の価格が増加した場合に限る)，増築
課税されない場合	相続，包括遺贈，法人の合併

宅建試験に「出る!」問題

1 不動産取得税は，不動産の取得に対して課される税であるので，相続により不動産を取得した場合にも課税される。(2007-28-4)

解答：✕（上記合格ステップ参照）

2 法人が合併により不動産を取得した場合，不動産取得税は課されない。(2010-24-3)

解答：〇（上記合格ステップ参照）

ウォーク問③ 問116…(2)(3) 問117…(4) 問118…(2) 問119…(4) 問195…(3)

＋α プラスアルファ

家屋が新築された日から6月を経過して，なお，当該家屋について最初の使用又は譲渡が行われない場合においては，当該家屋が新築された日から6月を経過した日において家屋の取得がなされたものとみなし，当該家屋の所有者を取得者とみなして，これに対して不動産取得税を課します(地法73条の2第2項但書)。なお，宅建業者，独立行政法人都市再生機構，地方住宅供給公社が売り渡す新築の住宅の場合は，6月を1年とします(地法附則10条の2第1項)。

---

(3)納税義務者

不動産取得税の納税義務者は，土地や家屋などの不動産を取得した者です(73条の2第1項)。つまり，**不動産を取得した者が，個人であるか法人であるかを問わず，課税されます**。

(4)課税標準

不動産取得税の課税標準は，不動産を取得したときにおけるその不動産の価格です(73条の13第1項)。家屋の改築をもって家屋の取得とみなした場合，**当該改築により増加した価格**が課税標準となります(73条の13第2項)。

なお，「不動産の価格」は，固定資産課税台帳に登録されている不動産については，その**固定資産課税台帳に登録されている価格**をもとに課税されますが，新築家屋のように固定資産課税台帳に価格が登録されていない不動産や，増改築の場合などについては，都道府県知事がその価格を決定します(73条の21第1項，2項)。

(5)免税点

不動産取得税の課税標準となるべき額が，**土地の取得に**

ついては10万円，家屋の取得のうち**建築に係る**ものについては1戸につき23万円，その他（売買等）のものについては1戸につき12万円未満である場合には，不動産取得税は課税されません（73条の15の2第1項）。これを，不動産取得税の**免税点**といいます。

（6）税率

令和3年3月31日までの間に**土地や住宅**の取得が行われた場合における不動産取得税の**標準税率**は，100分の3（3％）です（73条の15，附則11条の2第1項）。

しかし，**住宅以外の家屋**（店舗，事務所，倉庫など）の取得が行われた場合における不動産取得税の標準税率は，100分の4（4％）です（73条の15）。

合格ステップ 64

不動産取得税の税率・課税標準・免税点 …… ランク A

(1) 税率

不動産の種類		税率
土地		100分の3（3％）
家屋	住宅	100分の3（3％）
	住宅以外の家屋（店舗・事務所等）	100分の4（4％）

(2) 課税標準

原則	不動産の価格（固定資産課税台帳に登録されている価格）
増築・改築	増築又は改築により増加した価格

(3) 免税点

区分		課税標準
土地		10万円未満
家屋	建築に係るもの	（1戸につき）23万円未満
	その他に係るもの	（1戸につき）12万円未満

宅建試験に「出る!」問題

令和3年3月に住宅以外の家屋を取得した場合，不動産取得税の標準税率は，100分の3である。(2006-28-1改題)

解答：×（上記合格ステップ(1)参照）

ウォーク問③ 問117…(3) 問118…(4) 問121…(1) 問195…(1)(2)

(7)納付方法と納付期日

不動産取得税は，納税通知書を不動産の取得者に交付して徴収する**普通徴収**の方法により行われます(73条の17第1項)。そして，不動産取得税を徴収しようとする場合において納税者に交付すべき**納税通知書は，遅くとも，その納期限前10日までに納税者に交付しなければなりません**(73条の17第2項)。

 ## 2 不動産取得税の特例

(1)不動産取得税の特例一覧

ここまで，不動産取得税の課税標準・税率を見てきましたが，場合によってはこれらの課税標準や税率，そして税額をおまけしてもらえる特例があります。そこで，まず，これら特例の全体像を見ておくことにしましょう。

①土地に関する特例か，建物に関する特例か，②課税標準，税率，税額のいずれに関する特例なのかをしっかりと押さえることが重要です。

【特例措置のまとめ】

		課税標準	税率	税額
原則		不動産の価格（固定資産課税台帳に登録されている価格）	―	―――――
特例	住宅	一定の要件を満たす住宅の課税標準の特例 →50m²以上（一戸建て以外の賃貸住宅の場合は，40m²以上）240m²以下の新築住宅の場合，1,200万円控除	―	―――――
	宅地等	宅地評価土地 ×1／2	―	一定の要件を満たす住宅用地の税額控除

（2）住宅に係る課税標準の特例

　この特例は，一定の住宅を取得した場合，新築住宅・既(き)存(そん)住宅の区分に応じて，課税標準から一定額が控除(こうじょ)されます（73条の14，施行令37条の16，37条の17，37条の18）。

合格ステップ 65

反復チェック	/	/	/

住宅に係る課税標準の特例(不動産取得税)…ランクA

(1) 一定の要件を満たす**新築住宅**を取得した場合，**課税標準**の算定について，一戸につき**1,200万円**を価格から控除する特例措置が適用される。

(2) 新築住宅と既存住宅の相違点

	新築住宅	既存住宅
適用条件	住宅の床面積が50m²（一戸建て以外の賃貸住宅は40m²）以上240m²以下であること	①取得した個人が自己の居住用として取得すること②住宅の床面積が50m²以上240m²以下であること③一定の耐震基準を満たす住宅の場合。
取得者	個人・法人問わない（法人にも適用あり）	個人のみ（法人には適用なし）
用途	賃貸しても，親族に住まわせても，住宅であればよい	取得した個人の居住用のみ
控除額	1,200万円マンション・アパート等の共同住宅については，各独立部分ごとに1,200万円が控除される※	当該住宅が新築された日により控除額は異なる※
課税標準	登録価格－控除額＝課税標準	

※ 対象家屋は，人の居住の用に供する家屋又はその部分で，**別荘以外のもの**である。

宅建試験に「出る!」問題

令和3年4月に取得した床面積250m²である新築住宅に係る不動産取得税の課税標準の算定については，当該新築住宅の価格から1,200万円が控除される。
(2012-24-2改題)

解答：×（上記合格ステップ(2)参照）

ウォーク問3 ▶ 問117…(2) 問118…(3) 問120…(2) 問121…(4)

（3）宅地等に係る課税標準の特例

この特例は，令和3年3月31日までに**宅地評価土地**（＝**宅地**及び**宅地比準土地**）を取得した場合に，当該土地の取得に対して課する不動産取得税の**課税標準**を，当該土地の価格の**2分の1**の額とするものです（附則11条の5）。

 プラスアルファ

宅地比準土地とは，宅地以外の土地で当該土地の取得に対して課する不動産取得税の課税標準となるべき価格が，当該土地とその状況が類似する宅地の不動産取得税の課税標準とされる価格に比準する価格によって決定されるものをいいます。

第1章 不動産取得税

合格ステップ 66　宅地評価土地に係る課税標準の特例（不動産取得税）…ランクA

宅地評価土地の**課税標準**は，固定資産課税台帳に登録されている価格の**2分の1**の額となる。

宅建試験に「出る！」問題

宅地の取得に係る不動産取得税の課税標準は，当該取得が令和3年3月31日までに行われた場合，当該宅地の価格の4分の1の額とされる。（2012-24-3改題）

　　　　　　　　　　　　　　　　　　　解答：✕（上記合格ステップ参照）

ウォーク問3 ▶ 問119…(2)　問120…(3)　問121…(2)

（4）住宅用地の減額税額控除

これは，課税標準の特例のところで説明した新築住宅・既存住宅（それぞれ適用要件を満たしている＝特例適用住宅）の用地を取得し，かつ適用要件のいずれかを満たしている場合には，その特例適用住宅の用地に対して課する不動産取得税は，納付する不動産取得税の額から，さらに一定額を減額するというものです（73条の24）。

MEMO

第2章 固定資産税

ここも出る Bランク

学習のポイント

学習項目	'11	'12	'13	'14	'15	'16	'17	'18	'19	'20
1 固定資産税の基本事項	★		★		★		★		★	
2 固定資産税の特例				★		★		★		★

　「固定資産税」は，過去10年間で5回出題されている項目です。この項目では，「不動産取得税」と同様，①固定資産税の基本事項，②特例措置の2つの内容について勉強します。

　まず，①の基本事項では，固定資産税を課税するのはどこか，税率は何％かといった内容を理解しておく必要があります。

　次に，②の特例措置では，土地や建物について，それぞれどのような特例措置を受けることができるのか，また，その特例措置を受けるための条件はどのようなものかといった内容について，数字を中心にしっかりと押さえておかなければなりません。

　本試験では，以上の基本事項と特例措置に関する問題が出題されています。不動産取得税に比べてやや問題の難易度は高くなりますが，基本的な知識がしっかりとしていれば1点取れる問題も多く出題されていますので，合格ステップに記載されている内容をまずは確実に押さえておく必要があります。

　そして，第1章の不動産取得税との違いを理解しておく必要性が高いので，内容をしっかりと整理しておくべきです。

何を学ぶか？ どこに着目するか？

何を学ぶか？

本章では，固定資産税が課せられる要件や税率といった基本事項と，特例措置の内容について学習します。学ぶべき対象は「不動産取得税」と同様です。

固定資産税って？

固定資産税は，土地や建物を持っているという事実に対して，市町村が課税する税金です。いわゆる「保有税」の一つで，毎年課税されます。

誰が払うの？

正確にいうと「1月1日現在の固定資産課税台帳に所有者として登録されている者」と表現されます。ただ，これには例外もありますので，とりあえずは，「1月1日に不動産を持っていた人」と理解しましょう。

払わなくてよい方法がある？

固定資産税にも様々な特例があります。主なものは，住宅用地について課税標準が下がる特例や，新築住宅について税額が減額される場合です。

合格への着眼点は？

まずは課税主体や客体，税率などの基本事項をしっかり覚えましょう。そのうえで，特例についておさえていきます。固定資産税はやや難解な分野ですが，第1章の不動産取得税と比較しながら勉強するとよいでしょう。

固定資産税の基本事項

固定資産税とは，土地・家屋・償却資産を所有等していることに対してかかる税金で，その取得が行われた翌年度から，所有している限り毎年納めなければならないものです。

以下，固定資産税の基本事項のうち，重要なものをまとめておきます。

【基本事項のまとめ】

課税主体	固定資産が所在する**市町村**(地方税)
課税客体	**1月1日現在**の固定資産
納税義務者	原則：固定資産課税台帳に登録されている者(**名義上の所有者**) 例外：**質権者・100年より永い期間の地上権者**
課税標準	固定資産の価格(固定資産課税台帳に登録されている価格(3年度分据え置き))
税率	標準税率100分の1.4(1.4％)
納付方法	普通徴収
免税点	土地…30万円未満 家屋…20万円未満

(1)課税主体

固定資産税の課税主体は，原則として，土地や家屋などの固定資産が所在する**市町村**です(342条)。

(2)課税客体

固定資産税の課税客体は，**土地**，**家屋**及び**償却資産**です(342条，341条)。つまり，固定資産税は，その固定資産を保有している事実に対して，毎年課されるのです。

そして，**土地**とは宅地，田，畑，塩田，鉱泉地，池沼，山林，牧場，原野その他の土地をいい，**家屋**とは住家，店舗，工場，倉庫，その他の建物をいいます(341条2号，3号)。

なお、固定資産税の課税時期（賦課期日：いつの時点で課税を行うのか）は、**毎年1月1日**であるため、1月1日現在の固定資産に対し課税されることになります。

合格ステップ 67
固定資産税の課税客体 …… ランク C

固定資産税の課税客体は、**土地、家屋**及び**償却資産**である。

宅建試験に「出る！」問題

固定資産税の課税客体は、土地、家屋及び償却資産である。（1997-26-1）
　　　　　　　　　　　　　　　　　　　　　解答：○（上記合格ステップ参照）

ウォーク問③　問124…(1)

---

(3) 納税義務者

　固定資産税を納める者は、原則として、固定資産の**所有者**（質権又は100年より永い存続期間の定めのある地上権の目的である土地については、**質権者又は地上権者**）です（343条）。

　そして、この場合の固定資産の所有者とは、**賦課期日（毎年1月1日）現在において固定資産課税台帳に所有者として登録（登記）されている者**をいいます。

　したがって、固定資産税は、その固定資産の真実の所有者が誰であるかを問わず、固定資産課税台帳に登録されている者が所有者であるとし、その者に課税する建前をとっています（**台帳課税主義**）。

　たとえば、以前から所有していた固定資産を令和3年の6月に売った場合においても、賦課期日現在（令和3年1月1日）における固定資産課税台帳の所有者は売主であるため、

プラスアルファ
固定資産課税台帳とは、①土地課税台帳、②土地補充課税台帳、③家屋課税台帳、④家屋補充課税台帳、⑤償却資産課税台帳の総称です。

令和3年度分の固定資産税の納税義務者は売主となり，納税通知書は，売主に対して送付されることになります（すなわち，この場合，買主は納税義務者となりません）。

なお，固定資産税の納税義務者は，原則として固定資産課税台帳に所有者として登録されている者ですが，以下のような場合には，台帳課税主義を貫き通すと課税漏れが起きてしまうなど不合理が生じるため，台帳課税主義の例外として，固定資産の実際の使用者等に対して課税することとしています。

【台帳課税主義の例外】

固定資産課税台帳に所有者として登録されている者が，賦課期日前に死亡等しているとき	賦課期日現在において現に所有している実際の所有者に対して課税する（343条2項）。
固定資産税の納税義務者たる所有者が地震，台風，火災などによって，所在が不明である場合	その固定資産を実際に使用している使用者を所有者とみなして，これを固定資産課税台帳に登録し，その使用者に固定資産税を課することができる（343条4項）。

重要条文

＜地方税法＞

第343条（固定資産税の納税義務者）

1　固定資産税は，固定資産の所有者（質権又は100年より永い存続期間の定めのある地上権の目的である土地については，その質権者又は地上権者とする。…略…）に課する。

2　前項の所有者とは，土地又は家屋については，登記簿又は土地補充課税台帳若しくは家屋補充課税台帳に所有者（…略…）として登記又は登録されている者をいう。
　…（略）…

第359条（固定資産税の賦課期日）

　固定資産税の賦課期日は，当該年度の初日の属する年の1月1日とする。

合格ステップ 68

固定資産税の納税義務者

(1) 固定資産税の納税義務者とされる固定資産の所有者とは、**賦課期日（1月1日）現在の固定資産課税台帳に所有者として登録されている者**（名義上の所有者）をいう。

(2) ただし、質権又は100年より永い存続期間の定めのある地上権の目的である土地については、**質権者**又は**地上権者**が納税義務者となる。

宅建試験に「出る！」問題

1 年度の途中において土地の売買があった場合の当該年度の固定資産税は、売主と買主がそれぞれその所有していた日数に応じて納付しなければならない。(2003-28-1)

解答：×（上記合格ステップ(1)参照）

2 質権者は、その土地についての使用収益の実質を有していることから、登記簿にその質権が登記されている場合には、固定資産税が課される。(2005-28-1)

解答：〇（上記合格ステップ(2)参照）

ウォーク問③　問122…(1)　問123…(4)　問125…(4)　問126…(1)

（4）課税標準

　土地又は家屋に対し課する固定資産税の課税標準は、**賦課期日における固定資産課税台帳に登録されている価格**です（349条）。

　この価格は、総務大臣が定めた固定資産評価基準に基づいて市町村長が定めます（388条、389条）。

　この価格については据置制度が設けられ、原則として、**基準年度**（評価替えが行われる年度をいい、基準年度の翌年度を第2年度、第2年度の翌年度を第3年度）の価格を翌々年度まで**3年度分据え置く**こととされています。

ただし，次のような事情により価格を据え置くことが不適当であるか，又は，当該市町村を通じて固定資産税の課税上著しく均衡を失すると市町村長が認める場合には，当該土地又は家屋に類似する土地又は家屋の基準年度の価格に比準する価格によることとされています。

①地目の変換，家屋の改築又は損壊その他これらに類する特別の事情

②市町村の廃置分合又は境界変更

市町村長は，土地課税台帳等に登録された土地の土地価格等縦覧帳簿及び家屋課税台帳等に登録された家屋の家屋価格等縦覧帳簿を，一定の期間，固定資産税の納税者の縦覧に供しなければなりません。

市町村長は，固定資産税の納税義務者のほか，土地，家屋の賃借人等の請求があったときは，これらの者に係る固定資産課税台帳に記載されている一定の事項についての証明書を交付しなければなりません。

なお，固定資産税の納税者は，その納付すべき当該年度の固定資産税に係る固定資産について固定資産課税台帳に登録された価格について不服がある場合においては，一定の期間内に，文書をもって，**固定資産評価審査委員会**に審査の申出を行うことができます(432条)。

（5）税率

固定資産税の標準税率は，**100分の1.4（1.4%）**です（350条1項）。そして，**標準税率**とは，地方公共団体が課税する場合に通常よるべき税率をいい，これより高い税率や低い税率でも適用できます。

（6）免税点

市町村は，**同一の者**について当該市町村の区域内におけるその者の所有に係る土地，家屋に対して課する固定資産

税の課税標準となるべき額が**土地**にあっては**30万円**，**家屋**にあっては**20万円**に満たない場合は，固定資産税を課することができません（351条本文）。ただし，財政上その他の特別の事情がある場合においては，当該市町村の条例の定めるところによって，その額がそれぞれ30万円，20万円未満のときでも，固定資産税を課することができます（351条但書）。

➡ 合格ステップ 69

反復チェック　／　／　／

固定資産税の税率・課税標準・免税点 …… ランク A

(1) 固定資産税の標準税率は，100分の1.4（1.4%）である。
(2) 固定資産税の課税標準は，固定資産課税台帳に登録されている価格である。
(3) 免税点

区分	課税標準
土地	30万円未満
家屋	20万円未満

宅建試験に「出る!」問題

固定資産税の標準税率は，100分の0.3 である。（1997-26-2）

　　　　　　　　　　　　　　解答：×（上記合格ステップ(1)参照）

ウォーク問③ ▶　問124…(2)　問126…(4)　問127…(3)

（7）納付期日と納付方法

　固定資産税の納付方法は，普通徴収の方法によっています。すなわち，市町村が納税通知書を納税義務者に交付し，交付を受けた納税義務者は，その納税通知書に記載してある日までに，記載してある固定資産税を納付しなければなりません。

　そして，納付期日（納期）は，4月，7月，12月及び2月中において，各市町村の条例で定めることになっています。

固定資産税の納税通知書は，遅くとも，納期の10日前までに納税者に交付する必要があります。

　さらに，特別の事情がある場合を除くほか，都市計画税もあわせて課税することができます（362条，364条）。

　なお，**都市計画税**（としけいかくぜい）とは，都市整備を目的とする都市計画事業又は土地区画整理事業に要する費用に充てるため，原則として，これらの事業によって利益を受ける市街化区域内の土地又は家屋の所有に対して課せられる地方税（市町村税）です（702条1項）。そして，都市計画税の税率は，100分の0.3を超えることができません。

固定資産税の納付期日・納付方法

(1) 固定資産税の徴収については，**普通徴収**の方法によらなければならない。
(2) 固定資産税と**都市計画税**とは，**あわせて**賦課徴収することができる。

宅建試験に「出る！」問題

固定資産税の徴収方法は，申告納付によるので，納税義務者は，固定資産を登記した際に，その事実を市町村長に申告又は報告しなければならない。（2003-28-4）
　　　　　　　　　　　　　　　解答：×（上記合格ステップ(1)参照）

ウォーク問③　問122…(4)　問124…(3)

2 固定資産税の特例

(1) 固定資産税の特例一覧

　ここまで固定資産税の課税標準と税率を見てきましたが，場合によっては課税標準や税額を安くしてもらえる特例があ

ります。そこで，まず，これらの特例の全体像を見ておくことにしましょう。

【固定資産税の特例一覧】

		課税標準	税率	税額
住宅		——————	—	×１／２（床面積のうち，120m²までの居住部分に限る）
宅地等		①小規模住宅用地×１／６ 　一般住宅用地×１／３ ②負担調整措置	—	——————

（２）住宅用地に対する課税標準の特例

土地のうち，いわゆる**住宅用地**については，その**課税標準**となる額を，固定資産課税台帳に登録されている価格の**６分の１ないし３分の１**とすることで，納めるべき税金を安くする特例措置が講じられています（349条の３の２）。

🔼 合格ステップ 71

反復チェック　／　／　／

ランク

住宅用地の課税標準の特例（固定資産税）…**B**

住宅用地については，**課税標準**の特例措置が講じられている。

区分	面積	課税標準
小規模住宅用地	200m²以下の部分	登録価格×１／６
一般住宅用地	200m²を超える部分	登録価格×１／３

※　空家等対策の推進に関する特別措置法の規定に基づき，市町村長が特定空家等の所有者等に対して周辺環境の保全を図るために必要な措置をとることを勧告した場合は，当該特定空家等に係る敷地について固定資産税の住宅用地の特例の対象から除外することになった。

宅建試験に「出る!」問題

住宅用地のうち小規模住宅用地に対して課する固定資産税の課税標準は，当該小規模住宅用地に係る固定資産税の課税標準となるべき価格の３分の１の額である。(2013-24-3)

解答：×（上記合格ステップ参照）

ウォーク問③ 問125…(2)　問127…(4)

（３）宅地等に対する固定資産税の負担調整措置

負担調整措置とは，実際の固定資産税評価額よりも低い課税標準額を基準に固定資産税を算出するもので，課税標準額を本来の評価額に近づけるために毎年少しずつ引き上げるものです（附則18条）。

（４）新築住宅の税額控除

令和４年３月31日までに新築された一定の**新築住宅**に関しては３年度分（３階建て以上の中高層耐火建築物の場合は５年度分），**120m²までの住宅部分**に相当する固定資産税の**税額を２分の１**減額する特例措置が設けられています（附則15条の6）。

その主な適用要件については，次のとおりです。

合格ステップ 72

反復チェック / / /

新築住宅の税額控除(固定資産税) ……………… ランク B

		①新築住宅 (②を除く)	②3階以上の中高層耐火建築物である新築住宅
適用要件	居住部分の割合	総床面積の2分の1以上	
	床面積(共同住宅等については独立部分の床面積)	50m²以上280m²以下※	
	控除期間	新築後3年度分	新築後5年度分
	控除額	固定資産税額の2分の1 (120m²までの住宅部分に限る)	

※ ①人の居住の用に供するために独立的に区画された家屋の一部分が貸家の用に供されるものである場合は40m²以上280m²以下,②高齢者向け優良賃貸住宅である貸家の用に供されるものである場合には,35m²以上280m²以下であることが要件となる。

宅建試験に「出る!」問題

新築された住宅に対して課される固定資産税については,新たに課されることとなった年度から4年度分に限り,2分の1相当額を固定資産税額から減額される。
(2005-28-4)

解答:✕(上記合格ステップ参照)

ウォーク問③ 問123…(3)

第3章 所得税（譲渡所得）

ここも出る Bランク

学習のポイント

学習項目	'11	'12	'13	'14	'15	'16	'17	'18	'19	'20
1 所得税の基本的枠組み							★			
2 特別控除の特例		★							★	
3 買換え特例など										
4 軽減税率の特例		★							★	
5 住宅ローン控除										
6 譲渡損失の繰越控除など										
7 特例相互の適用関係		★							★	

　「所得税（譲渡所得）」は，過去10年間で3回出題されている項目です。本試験では，地方税の場合と異なり，大部分が特別控除や税率に関する特例措置に関する内容が理解できているかどうかを試す問題が出題されています。
　この分野に関しては，難しい問題とそうでない問題の差が激しいところです。ただ，本試験で非常によく出題されている「特例相互の適用関係」に関しては，ポイントさえつかめれば1点稼げるところなので，まずは，「特例相互の適用関係」をしっかりと押さえましょう。

何を学ぶか？ どこに着目するか？

何を学ぶか？

個人の所得に対して課される所得税のうち，不動産を譲渡した際に生じる譲渡所得の基本枠組みをおさえた上，その譲渡所得の課税上の複数の特例措置と特例措置相互の適用関係を中心に学びます。

どんなときに，誰に対して納める税金なの？

本章で勉強する譲渡所得は，簡単に言ってしまえば，不動産を売却したときの利益です。譲渡所得は個人がこの利益を得たときに課され，皆さん個人が国に対して納める税金になります。

譲渡所得の計算方法がよくわからないんですが……。

譲渡によって得た価格から，取得費や譲渡費用を差し引いたものを課税標準といい，特例措置によって一定額が控除されたりします。この課税標準に税率をかけたものが税額です。これを申告して，国に納めることになります。なお，税率を軽減する特例措置や税額を控除するという特例措置もあります。

特例措置ってどれだけあるの？

宅建士試験との関係で問題となる特例措置は10種類程度あります。これらすべてを覚える必要はありませんが，主要な特例措置については，課税標準・税率・税額のいずれが特例を受けるかなどの基本知識は記憶する必要があります。

合格への着眼点は？

特例措置の数が多いので，主要な措置それぞれの要件効果を正確に記憶する必要があります。また相互の適用関係は宅建士試験に出題可能性の高いものに絞って記憶すればよいでしょう。

1 所得税の基本的枠組み

（1）所得税とは

　所得税とは,「個人の所得」に対して課せられる税金です。

　そして,宅建士試験では,いろいろある所得のうち,土地や建物といった不動産を譲渡した場合に生じる**譲渡所得**を中心に出題されています。

【AがBに土地建物を1億円で売却した場合】

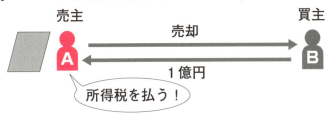

（2）課税主体・課税客体・納税義務者

　宅建士試験では,所得税を課税するのはどこか（課税主体）,どういう行為に対して課税されるのか（課税客体）,所得税を納めるのは誰か（納税義務者）という点については,ほとんど出題されていませんので,参考程度に簡単にまとめておくことにします。

【所得税の基本的枠組み】

課税主体	国
課税客体	譲渡所得の場合,資産の譲渡による所得
納税義務者	譲渡所得の場合,自己所有の不動産等（資産）を譲渡等した個人

(3) 譲渡所得のしくみ

　土地や建物を売却した場合の譲渡所得の税額は次の算式により計算します。

【譲渡所得のしくみ】

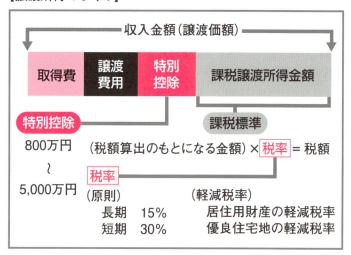

　なお、参考までに、取得費及び譲渡費用とはどのような費用をいうのかを次に掲げておきます。

【取得費と譲渡費用】

取得費	売却した不動産の購入代金、購入する際にかかった仲介手数料や税金(不動産取得税、登録免許税、印紙税など)など※
譲渡費用	資産を譲渡するために直接的かつ通常支出した費用(仲介手数料、登録免許税、印紙税、立退料など)

※　取得費の算出にあたっては「概算取得費の特例」があり、実際の取得費が不明の場合は、譲渡価額×5％とし、明らかなときでも5％を使ったほうが有利な場合には、5％を使えます(租特法31条の4第1号、取扱通達31条の4第1項)。

(4) 長期譲渡所得と短期譲渡所得

譲渡所得は所有期間が5年以内のものか,又は5年を超えるものかによって短期譲渡所得と長期譲渡所得に区分され,それぞれ計算するのが原則です。

そこで,何を基準に短期・長期とするかですが,譲渡のあった年の1月1日において,所有期間が**5年を超える**土地・建物等の譲渡による譲渡所得を「**長期譲渡所得**」とし,**5年以下**の場合を「**短期譲渡所得**」としています。

総合課税とされる譲渡所得の基因となる機械等の資産の譲渡について,譲渡所得の長期・短期の区分は,その資産の取得の日以後5年以内に譲渡されたか否かで判定されます。

【長期譲渡所得と短期譲渡所得の区別】

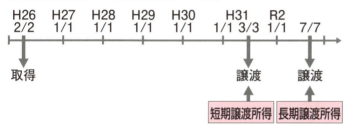

譲渡した年の1月1日における所有期間が 5年を超えるもの	長期譲渡所得
譲渡した年の1月1日における所有期間が 5年以内のもの	短期譲渡所得

そして,土地建物などを譲渡した場合の**長期譲渡所得**金額に対しては,原則,**15%**の税率が適用されることとなっています(租特法31条1項)。

これに対し,譲渡した年の1月1日における所有期間が5年以下である土地建物などを譲渡した場合の**短期譲渡所得**金額に対しては,**30%**の税率が適用されることになっています(租特法32条1項)。

【一般的な税率】

区分	所得税額
課税長期譲渡所得金額	課税長期譲渡所得金額×15%
課税短期譲渡所得金額	課税短期譲渡所得金額×30%

（5）短期譲渡所得の課税の特例

短期譲渡所得に該当する場合であっても，次のような場合には，通常の短期譲渡所得の場合よりも税金が安くなる特例措置が設けられています（租特法32条3項）。

【短期譲渡所得の税率の特例】

適用される場面	課税短期譲渡所得金額
①国，地方公共団体へ譲渡した場合 ②収用交換等により譲渡した場合 ③その他	課税短期譲渡所得金額×15%

（6）特例措置一覧

譲渡所得に関する特例措置は非常に多いですが，以下，宅建士試験で出題されるものについてまとめておきます。

【特例措置のまとめ】

課税標準	税率	税額
3,000万円控除 5,000万円控除 買換え特例 課税の繰延べ 譲渡損失の繰越控除	短期譲渡所得の課税の特例 長期税率 居住用財産の軽減税率 優良住宅地の軽減税率	住宅ローン控除

2 特別控除の特例

(1) 特別控除の特例の取り扱い

特別控除の特例については以下の5種類のものがありますが、その年中の複数の資産の譲渡につき、これらの特別控除のうち2以上の適用を受けることとなる場合は、その年中のこれらの所得の特別控除額の合計額は、その年を通じて5,000万円とされます。つまり、特別控除の総額が5,000万円を超えたとしても、5,000万円が限度となります（租特法36条、施行令24条）。

【特別控除のまとめ】

①収用交換等の場合	5,000万円（租特法33条の4）
②居住用財産を譲渡した場合	3,000万円（租特法35条）
③特定土地区画整理事業等のために土地等を譲渡した場合	2,000万円（租特法34条）
④特定住宅地造成事業等のために土地等を譲渡した場合	1,500万円（租特法34条の2）
⑤農地保有の合理化等のために農地等を譲渡した場合	800万円（租特法34条の3）

①〜⑤の特別控除の特例は、長期譲渡所得・短期譲渡所得の区別にかかわらず、適用されます。

合格ステップ 73

特別控除の特例（譲渡所得） ランク B

(1) 特別控除の特例は、長期譲渡所得・短期譲渡所得の区別にかかわらず、適用される。

(2) その年中の複数の資産の譲渡につき、特別控除のうち2以上の適用を受けることとなる場合は、その年中のこれらの所得の特別控除額の合計額は、その年を通じて5,000万円となる。

宅建試験に「出る!」問題

令和3年1月1日において所有期間が10年以下の居住用財産については，居住用財産の譲渡所得の3,000万円特別控除（租税特別措置法第35条第1項）を適用することができない。（2012-23-1改題）

解答：×（上記合格ステップ(1)参照）

ウォーク問③　問128…(1)　問131…(3)

（2）収用交換等の場合の5,000万円特別控除

収用交換等の場合の5,000万円特別控除とは，個人の有する資産が収用交換等により譲渡された場合において，公共事業の施行者から最初の買取り等の申出があった日から6カ月以内に譲渡したようなときには，その譲渡金額が5,000万円の範囲内で控除される特例措置です（租特法33条の4）。

（3）居住用財産の譲渡所得の特別控除（3,000万円特別控除）

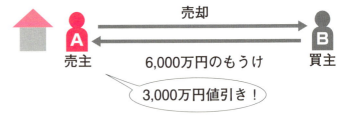

【AがBに家屋を売却して6,000万円のもうけがあった場合】

居住用財産の譲渡所得の特別控除（3,000万円特別控除）とは，個人が一定の居住用財産を譲渡した場合，その居住用財産の譲渡益から3,000万円の特別控除額を控除することができるという特例です（租特法35条1項）。

居住用財産のうち，「居住の用に供している家屋」とは，所

有者が自己の生活の拠点として利用している家屋をいい，生活の拠点として利用しているかどうかはその者やその家族などの日常生活の状況やその家屋の構造・設備その他の事情を総合的に勘案して判定されます（租特法取扱通達31条の3第2項，35条2項）。

この3,000万円特別控除の特例の適用を受けるためには，さまざまな要件をクリアしなければなりませんが，その適用要件については過去の本試験で問われたことがあるので，合格ステップにまとめておきます。

（4）空き家にかかる譲渡所得の3,000万円特別控除

被相続人の死亡によって空き家となった居住用家屋やその家屋の取壊し後の敷地を相続人が譲渡して得た譲渡益から3,000万円を控除することができるという特例です（租特法35条3項）。

空き家及びその敷地の譲渡を促して，放置された空き家が地域住民の生活環境へ悪影響を及ぼさないよう，平成28年の改正により認められました。

【空き家にかかる譲渡所得の3,000万円特別控除の適用要件】

居住用家屋（又は家屋と敷地）を譲渡した場合	居住用家屋の取壊し等の後に敷地を譲渡した場合
①相続時から譲渡時まで空き家になったまま ②譲渡の時において耐震基準に適合 ③昭和56年5月31日以前に建築 ④区分所有建物ではない ⑤相続開始直前に被相続人以外に居住者がいない	①居住用家屋が相続時から取壊し等の時まで空き家のまま ②敷地が相続時から譲渡時まで事業，貸付け又は居住の用に供されていない ③取壊し等の時から譲渡の時まで空き地のまま
平成28年4月1日から令和5年12月31日までに譲渡	
相続開始の日から3年を経過する日以後の12月31日までに譲渡	
譲渡対価の額1億円以下	

重要条文

＜租税特別措置法＞

第35条（居住用財産の譲渡所得の特別控除）

1　個人の有する資産が，居住用財産を譲渡した場合に該当することとなった場合には，その年中にその該当することとなった全部の資産の譲渡に対する第31条又は第32条の規定の適用については，次に定めるところによる。

一　…(略)…長期譲渡所得の金額から3,000万円…(略)…を控除した金額…(略)…

二　…(略)…短期譲渡所得の金額から3,000万円…(略)…を控除した金額…(略)…

2　前項に規定する居住用財産を譲渡した場合とは，次に掲げる場合（当該個人がその年の前年又は前々年において既に同項（次項の規定により適用する場合を除く。）又は第36条の2，第36条の5，第41条の5若しくは第41条の5の2の規定の適用を受けている場合を除く。）をいう。

一　その居住の用に供している家屋で政令で定めるもの（以下この項において「居住用家屋」という。）の譲渡（当該個人の配偶者その他の当該個人と政令で定める特別の関係がある者に対してするもの…(略)…を除く。…(略)…）又は居住用家屋とともにするその敷地の用に供されている土地若しくは当該土地の上に存する権利の譲渡…(略)…）をした場合

二　（以下　略）

＜租税特別措置法施行令＞

第23条

2　法第35条第1項に規定する当該個人と政令で定める特別の関係がある者は，第20条の3第1項各号に掲げる者とする。

第20条の3

法第31条の3第1項に規定する当該個人と政令で定める特別の関係がある者は，次に掲げる者とする。

一　当該個人の配偶者及び直系血族

二　当該個人の親族（…略…）で当該個人と生計を一にしているもの…略…

合格ステップ 74

3,000万円特別控除の適用要件 …………… ランク B

居住用財産の譲渡所得の特別控除（3,000万円特別控除）の適用を受けるためには，以下の条件を満たす必要がある。

①一定の居住用財産を譲渡した場合であること※1
②配偶者など身近な者への譲渡ではないこと※2
③前年又は前々年に，この3,000万円控除の適用を受けていないこと
④本年，前年，前々年に居住用財産の買換えの特例の適用を受けていないこと

※1　居住用財産とは，①現に住んでいる居住用家屋又は居住用家屋とその敷地，②以前住んでいた居住用家屋又は居住用家屋とその敷地，③災害により滅失した居住用家屋の敷地，のいずれかに該当する場合で，その居住の用に供されなくなった日から3年を経過する日の属する年の12月31日までに譲渡したものを指す。

※2　3,000万円特別控除の特例は，①配偶者及び直系血族（祖父，祖母，父，母，子，孫），②①以外の同一生計の親族，③譲渡後，その居住用家屋に同居する親族，④その他同族会社（株式の50％又は出資金額の50％超）に対して譲渡した場合には，適用されない。

宅建試験に「出る！」問題

令和3年1月1日において所有期間が10年を超える居住用財産について，その者と生計を一にしていない孫に譲渡した場合には，居住用財産の譲渡所得の3,000万円特別控除を適用することができる。（2012-23-4改題）

解答：×（上記合格ステップ※2参照）

ウォーク問③ ▶ 問128…(1)(3)(4)　問129…(1)(2)　問132…(3)

3 買換え特例など

(1) 特定の買換え特例

特定の買換え特例（特定の居住用財産の買換えの場合の長期譲渡所得の課税の特例）とは，個人が令和3年12月31日

までの間に一定の居住用財産(**譲渡資産**)を譲渡して,他の一定の居住用財産(**買換資産**)を取得した場合,譲渡資産の譲渡による収入金額が当該買換資産の取得価額以下である場合にあっては当該譲渡資産の譲渡がなかったものとし,当該収入金額が当該取得価額を超える場合にあってはその超える金額についてのみの譲渡があったものとして課税されるとするものです(租特法36条の2)。

【買換え特例】

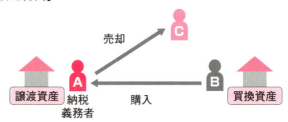

 この特定の買換え特例に関しては,過去の本試験でその適用要件に関する問題が出題されたことがありますので,そのうち重要な要件について,次の合格ステップにまとめておきます。

合格ステップ 75

特定の買換え特例の適用要件

ランク B

(1)譲渡資産	①個人がその居住の用に供している家屋であること，もしくは居住の用に供されなくなった日から同日以後3年を経過する日の属する年の12月31日までの間に譲渡されるものであること ②居住期間が10年以上であること ③所有期間が10年を超えていること ④配偶者，直系血族，生計を一にする親族，内縁の妻又は夫など，特別な関係にある者への譲渡ではないこと等 ⑤譲渡に係る対価の額が1億円以下であること（平成26年1月1日以降の譲渡から適用）
(2)買換資産	①家屋の居住の用に供する部分の床面積が50m^{2}以上であること ②①の家屋の敷地の面積が500m^{2}以下であること ③譲渡資産を譲渡した日の属する年の前年1月1日から当該譲渡の日の属する年の翌年12月31日までの間に取得されること ④取得の日から譲渡資産を譲渡した日の属する年の翌年12月31日までの間に当該個人の居住の用に供される（又は供される見込みである）こと ⑤建築後使用されたことのある一定の耐火建築物である場合には，その取得の日以前25年以内に建築されたものであること（一定の耐震基準を満たす住宅の場合には，建築年数が25年を超えるものでもよい）等
(3)その他	その年，前年又は前々年に3,000万円控除（空家に係る譲渡所得の特別控除を除く），居住用財産の軽減税率などの適用を受けていないこと等

宅建試験に「出る！」問題

譲渡資産とされる家屋については，その譲渡をした日の属する年の1月1日における所有期間が5年を超えるものであることが，適用要件とされている。(2007-26-3)

解答：×（上記合格ステップ(1)③参照）

ウォーク問③ 問130

（2）課税の繰延べ

収用等に伴い代替資産を取得した場合の課税の特例（課税の繰延べ）とは，個人の有する土地建物等が土地収用法などの法律の規定に基づいて収用等をされ，補償金を取得した場合において，その補償金の全部又は一部で代替資産を取得したときは，その補償金の額がその代替資産の取得価額以下であるときは，その譲渡した資産の譲渡がなかったものとし，代替資産の取得価額を超えるときは，その超える金額に相当する部分についてのみ譲渡があったものとされる特例措置です（租特法33条）。

 # 4 軽減税率の特例

（1）居住用財産を譲渡した場合の軽減税率

個人が居住用財産を譲渡し，3,000万円特別控除の適用を受ける場合などにおいて，その居住用財産の所有期間が，譲渡した年の1月1日において **10年を超えている場合**には，**居住用財産を譲渡した場合の軽減税率の特例**（居住用財産を譲渡した場合の長期譲渡所得の課税の特例）が適用されます（租特法31条の3）。

また，居住用財産を譲渡した場合の軽減税率の特例は，その居住の用に供さなくなった日以後3年を経過する日の属する年の12月31日までに譲渡した場合にも適用されます。

プラスアルファ
居住用財産を譲渡した場合の軽減税率の特例は，居住の用に供している家屋を2以上有している場合は，その者が主として居住の用に供していると認められる1の家屋の譲渡に限り，適用を受けることができます。

【3,000万円特別控除と居住用財産の軽減税率の関係】

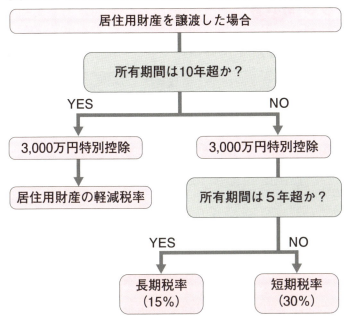

(2) 優良住宅地の軽減税率

　優良住宅地の造成等のために土地等を譲渡した場合の長期譲渡所得の課税の特例(優良住宅地の軽減税率)とは、個人が令和4年12月31日までの間に、**所有期間が5年を超える土地等を国などに対して譲渡する場合**には、税率を軽減するというものです(租特法31条の2)。

　優良住宅地等のための譲渡には次のものがあります。
　　(イ)国又は地方公共団体に対するもの
　　(ロ)独立行政法人都市再生機構等の行う住宅建設や宅地造成の用に供するためのもの
　　(ハ)収用等によるもの、など

合格ステップ 76

軽減税率(譲渡所得)

ランク B

	譲渡益	
(1)居住用財産の軽減税率 （所有期間10年超）	6,000万円以下の部分	6,000万円を超える部分
	10%	15%
(2)優良住宅地の軽減税率 （所有期間5年超）	2,000万円以下の部分	2,000万円を超える部分
	10%	15%
(3)長期税率 （所有期間5年超）	一律15%	

宅建試験に「出る!」問題

譲渡した年の1月1日において所有期間が5年を超える居住用財産を譲渡した場合には，居住用財産を譲渡した場合の軽減税率の特例の適用を受けることができる。(1996-28-1)

解答：×（上記合格ステップ(1)参照）

ウォーク問③　問129…(3)(4)　問131…(1)

5 住宅ローン控除

(1)住宅ローン控除とは

住宅借入金等を有する場合の所得税額の特別控除（住宅ローン控除）とは，個人が，返済期間が10年以上の住宅ローンにより住宅を取得し，又は新築や増改築を行った場合において，一定の要件を満たすときは，その居住年から一定期間，住宅ローンの年末残高を基礎として計算した金額を，各年の所得税額から控除することができる制度をいいます（租特法41

条)。

　この住宅ローン控除の内容について，次の表にまとめておきます。

【住宅ローン控除の内容】

居住年	控除期間	住宅ローンの年末残高の限度額	控除率	最大控除額
平成26年1月～3月	10年間	2,000万円	1.0%	200万円
平成26年4月～令和3年12月		4,000万円		400万円

　なお，長期優良住宅（200年住宅）を取得して居住した場合は，以下のようになります。

居住年	控除期間	住宅ローンの年末残高の限度額	控除率	最大控除額
平成26年1月～3月	10年間	3,000万円	1.0%	300万円
平成26年4月～令和3年12月		5,000万円		500万円

（2）適用要件

　住宅ローン控除の適用要件について，以下，重要なものをまとめておきます。

【住宅ローン控除の適用要件】

①	10年以上の住宅ローンにより，住宅（敷地部分も含む）の取得などすること （ⅰ）民間の金融機関からの借入金だけでなく，独立行政法人住宅金融支援機構（旧住宅金融公庫）など公的資金からの借入金も適用対象となるが，親族や友人からの個人的な借入金は適用の対象とはならない。 （ⅱ）新築・増改築・大規模修繕・大規模模様替などの借入金も適用の対象となる。
②	控除を受けようとする個人の年間所得が3,000万円以下であること（3,000万円を超える年については，控除は行われない）
③	居住年又は当該居住年の前年もしくは前々年に，3,000万円控除・居住用財産の軽減税率・買換え特例などの適用を受けていないこと ※居住用財産の買換え等の場合の譲渡損失の損益通算・繰越控除との併用適用は認められる。
④	家屋の床面積が50m^{2}以上であること
⑤	既存住宅の場合，取得日以前20年（耐火建築物は25年）以内に建築されたものであること

　平成21年の改正により，居住開始年に転居してその年の12月31日に居住していない場合でも，転居の理由が勤務先からの転居命令などのやむを得ない理由に基づくものであり，その後，再度当該住宅に入居した場合には，住宅ローン控除の適用を受けることができるようになりました。

　また，平成25年の改正により，最初に居住の用に供した年の12月31日までの間に再居住した場合も，その年から住宅ローン控除の適用を受けることができるようになりました。

合格ステップ 77

反復チェック / / /

住宅ローン控除

ランク B

適用期間	平成26年4月1日～令和3年12月31日
控除期間	居住の用に供した日の属する年以後**10年間**
控除対象額	**5,000万円**～2,000万円（居住開始年により異なる）
控除率	**1％**
最大控除額	500万円～200万円（居住開始年により異なる）
床面積要件	**50m²以上**
所得要件	**3,000万円以下**であること
既存住宅の築後経過年数	耐火建築物（25年以内） 耐火建築物以外（20年以内）
その他	**居住用財産の買換え等の場合の譲渡損失の損益通算・繰越控除**との併用適用は認められる。

 譲渡損失の繰越控除など

（1）居住用財産の買換え等の場合の譲渡損失の損益通算・繰越控除（租特法41条の5）

　個人が，平成10年1月1日から令和3年12月31日までの間に，居住用財産の譲渡をし，買換資産を取得した場合において，一定の条件を満たすときは，（ⅰ）居住用財産の譲渡損失の金額について，他の所得と**損益通算**（各種の所得の金額を計算する場合において，計算上生じた損失の金額（赤字）があるときに一定の順序によって，これを他の各種所得の金額（黒字）から控除することができるとする特例（所得税法69条参照），及び（ⅱ）特定譲渡の年の翌年以後3年内の各年分の総所得金額等の金額の計算上一定の方法により**繰越控除**する特例の適用を受けることができます（租特法41条の5）。

この制度の適用要件のポイントをまとめておきます。

【適用要件】

譲渡資産	①当該個人がその居住の用に供しているもの，又は居住の用に供されなくなった日から同日以後3年を経過する日の属する年の12月31日までの間に譲渡されたものであること ②所有期間が5年を超えていること ③配偶者・直系血族・同一生計の親族等への譲渡でないこと等
買換資産	①一棟の家屋（独立部分が区分所有されている場合にはその独立部分）の床面積のうち，その個人が居住の用に供する部分の床面積が50m²以上であること ②譲渡資産を譲渡した日の属する年の翌年12月31日までの間に取得したこと ③贈与によって，又は金銭債務の弁済に代えてする代物弁済として取得されたものでないこと ④繰越控除の適用を受けようとする各年の年末において買換資産の取得にかかる住宅借入金等（銀行などからの償還期間10年以上のもの）を有すること等
その他	譲渡があった年の前年又は前々年に3,000万円控除，居住用財産の軽減税率などの適用を受けていないこと※ その年分の所得税にかかるその年の合計所得金額が3,000万円を超えていないこと等

※ 住宅ローン控除との併用適用は認められる。

（2）特定居住用財産の譲渡損失の損益通算・繰越控除（租特法41条の5の2）

　個人が，平成16年1月1日から令和3年12月31日までの間に，一定の居住用財産を譲渡した場合において，その譲渡による譲渡所得の金額の計算上生じた損失の金額がある場合には，その損失の金額のうち一定の金額（特定居住用財産の譲渡損失の金額）について，他の所得と損益通算することができます（租特法41条の5の2）。

この制度の適用要件は，(1)の制度と同様に複雑なものですが，(1)の制度と異なる点としては，①譲渡資産について，当該譲渡資産の取得にかかる一定の住宅借入金等の残高を有することが要件とされていること，②買換資産について，新築又は購入が要件とされていないこと，が挙げられます。

 7 特例相互の適用関係

ここまで，さまざまな特例措置について勉強してきましたが，宅建士試験では，特例相互の適用関係に関する問題が出題されます。過去の試験では，以下の3つの組合せがよく出題されています。

① 3,000万円特別控除の適用を受けるときでも，居住用財産の軽減税率の特例の適用を受けることができる。
② 5,000万円特別控除の適用を受けるときは，優良住宅地の軽減税率の特例の適用を受けることができない。
③ 買換え特例の適用を受けるときは，居住用財産の軽減税率の特例の適用を受けることができない。

以上の3つ以外の組合せについても本試験では出題されているので，ポイントは次の合格ステップにまとめておきます。

合格ステップ 78

特例相互の適用関係

 ランク A

課税標準	税率
①5,000万円控除 ②3,000万円控除 ③買換え特例 ④課税の繰延べ	A　居住用財産の軽減税率 B　優良住宅地の軽減税率

(1) 重ねて適用することができるのは，①A（5,000万円控除と居住用財産の軽減税率），②A（3,000万円控除と居住用財産の軽減税率）の2つの組合せである。

(2) これ以外の組合せ（③A，④A，①B，②B，③B，④B）は，重ねて適用されない。

(3) 住宅ローン控除と居住用財産の買換え等の場合の譲渡損失の繰越控除・損益通算との併用適用は認められる。

※　3,000万円控除と5,000万円控除はいずれか選択適用となる。

宅建試験に「出る！」問題

令和3年1月1日において所有期間が10年を超える居住用財産について，収用交換等の場合の譲渡所得等の5,000万円特別控除（租税特別措置法第33条の4第1項）の適用を受ける場合であっても，特別控除後の譲渡益について，居住用財産を譲渡した場合の軽減税率の特例（同法第31条の3第1項）を適用することができる。（2012-23-2改題）

解答：○（上記合格ステップ(1)参照）

ウォーク問③　問128…(2)　問131…(2)(4)　問132…(1)(2)(4)

ラクしておぼえる L式暗記法

「買換え特例の適用を受けるときは、居住用財産の軽減税率の特例の適用を受けることができない」という点は本試験で頻繁に出題されていますので、以下のゴロ合わせを使って確実に押さえておきましょう。

教
居住用財産の軽減税率

会で
買換え特例

重ね着禁止
重ねて適用できない

MEMO

第4章 印紙税

学習のポイント

学習項目	'11	'12	'13	'14	'15	'16	'17	'18	'19	'20
1 印紙税の基本事項										
2 課税文書・非課税文書			★			★				
3 納税義務者										
4 課税標準	★		★			★				★
5 印紙税の納付方法・消印			★							
6 過怠税						★				
7 非課税										★

　「印紙税」は，過去10年間で4回出題されています。本試験では，どのような文書を作成した場合に，何に着目して印紙税が課税されるのかという点が理解できているかどうかを試す問題が多く出題されています。

　そこで，ここでは，まず，どのような文書が課税対象となるのか，また，その場合の記載金額として扱われる部分はどこかを押さえたうえで，印紙税の納付方法や，過怠税についても勉強していきましょう。

何を学ぶか？ どこに着目するか？

何を学ぶか？

文書を作成する際には印紙税が課税される場合があります。本章ではこの印紙税につき，どんな文書が課税対象なのかを中心に学んでいきます。

印紙税ってどんな税金？

印紙税法に定められた文書を作成する場合に課税される税金です。というと硬く聞こえますが，飲食店や販売店で領収書をもらうとき一定額以上であれば，その領収書に収入印紙を貼ります。それが印紙税です。その収入印紙を消印して国に収めることになります。

どんな文書を作成すると課税されるの？

基本的には，契約の成立などを証明する文書が課税対象になります。契約書や領収書が具体例になります。

税金はいくらかかるの？

文書に書かれた金額（記載金額）によって決まります。金額が書かれていない場合には200円で，記載金額に応じて増えていきます。

合格への着眼点は？

まずは，どのような文書が課税対象なのかをおさえます。さらに，記載金額として扱われるのはどれかもおさえなければなりません。そのうえで，納付方法や過怠税について勉強していきましょう。

1 印紙税の基本事項

　印紙税とは、日常の経済取引に関連して作成される文書（契約書）のうち、印紙税法別表第一に掲げられている文書（**課税文書**）を作成する場合に課税される税で、その文書を作成した者が、原則として、その課税文書に税額に相当する印紙を貼り付け、消印することによって税金を納付するという**自主納付方式**をとっています（つまり、作成者が課税文書であるか否かを判断し、所定の金額の印紙を貼り付けなければなりません）。

　そして、印紙税は、印紙税法に規定されていますが、具体的な運用に関することは、印紙税法基本通達に定められており、試験ではこの通達からも出題されています。

　なお、印紙税はさまざまな文書の作成について課税されますが、ここでは、不動産の取引（契約）をした場合に、作成されるであろう文書及び必要となる印紙税を中心に内容を検討することとします。

　以下、印紙税の基本事項についてまとめておきます。

【印紙税の基本事項】

課税主体	国（国税）
課税客体	課税文書の作成（印紙税法2条）
納税義務者	**課税文書の作成者** 1つの課税文書を2人以上の者が共同して作成した場合には、当該2人以上の者は、**連帯して**印紙税を納める義務がある（印紙税法3条2項）。
課税標準	**文書の記載金額**など（印紙税法7条，別表第一）
納付税額	課税物件により異なる（印紙税法7条，別表第一）
納付方法	自主納付方式
非課税	**国・地方公共団体**が作成する文書など

2 課税文書・非課税文書

　印紙税は，不動産の売買契約書などの課税文書を作成した場合，その作成者に課されることになります（印紙税法2条，別表第一）。どのような文書が課税文書で，どのような文書が非課税文書かは，次の合格ステップにまとめていますので，しっかりと押さえておく必要があります。

　なお，印紙税の課税対象となる契約書とは，**名称**のいかんを問わず，**契約**（その予約を含む。以下同じ。）**の成立**もしくは**更改**又は**契約の内容の変更**もしくは**補充の事実（契約の成立等）を証すべき文書**をいいます。したがって，1つの契約について正本，副本，謄本などのように2通以上の文書が作成された場合であっても，その2通以上の文書がそれぞれ契約の成立を証明する目的で作成されたものであれば，それらの文書は，すべて印紙税の課税対象となります。

　契約当事者以外の者に提出又は交付する文書であって，当該文書に提出もしくは交付先が記載されているもの，又は文書の記載文言からみて当該契約当事者以外の者に提出もしくは交付することが明らかなものは，課税文書に該当しません（基本通達20条）。ただし，消費貸借契約における保証人，不動産売買契約における仲介人など，当該契約に参加するものは契約当事者以外の者に含まれないので，これらの者に交付する文書は課税文書に該当します（基本通達20条）。

重要条文

＜印紙税法＞
第3条（納税義務者）
1　別表第一の課税物件の欄に掲げる文書のうち，第五条の規定により印紙税を課さないものとされる文書以外の文書（以下「課税文書」という。）の作成者は，その作成した課税文書につき，印紙税を納める義務がある。

別表第一　課税物件表（第2条―第5条，第7条，第11条，第12条関係）

番号	課税物件
	物件名
一	1　不動産…（略）…の譲渡に関する契約書 2　地上権又は土地の賃借権の設定又は譲渡に関する契約書 3～4　（略）
十七	1　売上代金に係る金銭…（略）…の受取書 2　（略）

合格ステップ 79

課税文書・非課税文書　ランク A

課税文書	非課税文書
①土地の賃貸借契約書・地上権設定契約書 ②不動産の譲渡に関する契約書（仮契約書を含む） ③請負に関する契約書 ④金銭の受取書※ （ex.敷金の受取書）	①建物の賃貸借契約書 ②委任状又は委任に関する契約書（不動産の仲介契約書など） ③営業に関しない金銭の受取書 ④質権・抵当権の設定又は譲渡の契約書

※　5万円未満のものは非課税

宅建試験に「出る!」問題

建物の賃貸借契約に際して敷金を受け取り,「敷金として20万円を領収し, 当該敷金は賃借人が退去する際に全額返還する」旨を記載した敷金の領収証を作成した場合, 印紙税は課税されない。(2008-27-1)

解答：×（上記合格ステップ・課税文書④参照）

ウォーク問3 ▶ 問134…(1)(3) 問136…(4) 問137…(1) 問138…(2) 問140…(4)

3 納税義務者

　所定の課税文書（契約書等）を作成した場合，その文書の作成者は，課税文書につき印紙税を納めなければなりません（3条1項）。契約当事者の代理人が作成した契約書等についても，作成者である代理人が納税義務者となります。

　1つの課税文書を2人以上の者が共同して作成した場合には，当該2人以上の者は，**連帯**して印紙税を納める義務があります（3条2項）。

4 課税標準

(1) 通常の契約書の課税標準

　印紙税の課税標準は，**文書の記載金額**です。印紙税は，記載金額が一定金額未満の取引に係るものを非課税とし，また文書の種類や記載金額によって税率を異にしています。したがって，課税文書中の何を記載金額と扱って，その文書の課税標準とするのか（記載金額の取扱い）は，印紙税法上重要なのです。たとえば，1つの契約書が不動産の譲渡契約書と請負契約書の両方に該当する場合は，原則として全

部が不動産の譲渡契約書とされ，その総額が記載金額となりますが，記載金額を譲渡と請負のそれぞれに区分することができる場合には，いずれか大きい額が記載金額とされます。

合格ステップ 80

記載金額

ランク A

記載金額とは，原則としてその文書に記載されている金額である（記載金額の原則）。

区分		記載金額
(1)不動産の譲渡に関する契約書	①売買契約書	売買金額
	②交換契約書	交換金額※1
	③贈与契約書	契約金額の記載のない契約書として扱う※2
	④その他	譲渡の対価たる金額
(2)土地の賃貸借契約書		契約に際し，貸主に交付し，後日返還することが予定されていない金額※3
(3)地上権の設定・譲渡に関する契約書		契約に際し，相手方当事者に交付し，後日返還することが予定されていない金額※3

※1 交換契約書において，交換対象物の双方の価額が記載されている場合には，いずれか高いほうの金額を，また，交換差金のみが記載されている場合には，その交換差金の額を記載金額とする。

※2 贈与契約書については，時価の記載がなされていても，譲渡の対価たる金額はないので，記載金額のない不動産の譲渡に関する契約書として扱う（印紙税額は200円となる）。

※3 土地賃貸借契約書や地上権の設定等に関する契約書に関しては，賃料・地代は記載金額とはならず，後日返還することが予定されていない権利金・礼金・更新料等の金額が記載金額となる。したがって，後日返還されることが予定されている敷金・保証金等は記載金額とならない。

宅建試験に「出る!」問題

「時価3,000万円の土地を無償で譲渡する」旨を記載した贈与契約書は，記載金額3,000万円の不動産の譲渡に関する契約書として印紙税が課される。(2009-24-2)

解答：✕（上記合格ステップ(1)③参照）

ウォーク問③▶ 問136…(2)(3) 問138…(4) 問139…(2) 問140…(3) 問194…(2)(4)

（2）記載金額の取扱い

　契約書を作成したといっても，契約金額の一部だけが記載されている場合や，以前作成した契約書の契約金額を変更する場合などさまざまな場合があります。それぞれの契約書(課税文書)について，記載金額をどのように判断するのかという記載金額の取扱いについて重要なものを，次の合格ステップにまとめておきます。

合格ステップ 81

反復チェック / / /

記載金額の取扱い ·············· ランク C

(1) 不動産の譲渡契約書において，その契約の成立などに関し直接証明の目的となる金額ではない手付金や内入金の金額の記載がされていたとしても，それらの金額は，記載金額には該当しないものとする。ただし，手付金額又は内入金額と記載されていても，その実質が契約金額又は契約金額の一部と認められるものは，記載金額として取り扱われる。そこで，売上代金に係る金銭又は有価証券の受取書にいう「売上代金」には，手付金や，賃貸借契約に係る権利金のように資産を使用させることによる対価が含まれる。また，契約書に契約金額自体は具体的に記載されていなくても，「手付金（内入金）額は，契約金額の1割に相当する300万円とする」旨の記載がなされていたような場合には，手付金（内入金）額300万円から算出される3,000万円が記載金額となる。

(2) 契約書に記載されている単価及び数量，記号その他によりその契約金額等の計算をすることができるときは，その計算により算出した金額を記載金額とする。

(3) 消費税及び地方消費税の金額が記載されていることにより，その取引に当たって課されるべき消費税額等が明らかである場合には，消費税額等は記載金額に含めないものとされる。

次に，契約金額を変更する契約書の取扱いについて，次の合格ステップにまとめておきます。

合格ステップ 82

反復チェック / / /

契約金額を変更する契約書 ·············· ランク B

契約金額を変更する契約書については，変更前の契約金額を証明した契約書が作成されていることが明らかであること等を条件に，

契約金額を増加させる場合…その増加金額を記載金額とする。

契約金額を減少させる場合…契約金額の記載がないものとして扱う（印紙税額は200円）。

宅建試験に「出る!」問題

「令和3年10月1日付建設工事請負契約書の契約金額3,000万円を5,000万円に増額する」旨を記載した変更契約書は，記載金額2,000万円の建設工事の請負に関する契約書として印紙税が課される。(2009-24-1改題)

解答：○（上記合格ステップ参照）

ウォーク問③ 問135…(4) 問137…(3) 問139…(1) 問140…(2)

5 印紙税の納付方法・消印

　課税文書の作成者は，その課税文書の作成の時までに，印紙税額に相当する印紙（**収入印紙**）をその課税文書に貼り付ける方法により，印紙税を納付することになっており（**自主納付方式**），また，**課税文書と印紙の彩紋とにかけて，判明に印紙を消さなければなりません**（消印）。これらの納付方法や消印に関することがらも，本試験において過去出題されていますので，ポイントを次の合格ステップにまとめておきます。

合格ステップ 83

納付方法・消印

(1) 課税文書の作成者は，課税文書に印紙を貼り付けた場合には，政令で定めるところにより，課税文書と印紙の彩紋とにかけて，判明に印紙を消さなければならない（消印）。
　※ 印紙を消す方法…印章又は署名で消さなければならない。ただし，作成者自身の印章又は署名である必要はない（たとえば，代理人や使用人のものでもよい）。
(2) 印紙を間違えて貼り付け消印した場合には，所定の手続きをすれば還付を受けることができる。

宅建試験に「出る!」問題

土地譲渡契約書に課税される印紙税を納付するため当該契約書に印紙をはり付けた場合には，課税文書と印紙の彩紋とにかけて判明に消印しなければならないが，契約当事者の従業者の印章又は署名で消印しても，消印したことにはならない。(2013-23-1)

解答：×（上記合格ステップ(1)参照）

ウォーク問③　問135…(1)　問137…(2)

6 過怠税

印紙を貼ってあるか否かは，その契約書自体の効力にはいっさい影響を及ぼしません。しかし，課税文書に印紙を貼り付けなかったり，消印しなかった場合には，過怠税を徴収されます(20条)。

合格ステップ 84

過怠税

区分	過怠税
貼っていなかった場合	その印紙税額の**実質3倍**※ （**自己申告**の場合は**1.1倍**）
消印しなかった場合	消印していない印紙の額面金額

※ 「実質3倍」というのは，過怠税が，当該納付しなかった印紙税の額と，その2倍に相当する金額との合計額に相当する金額であるため，実質的に3倍となるという意味である。

宅建試験に「出る!」問題

印紙をはり付けることにより印紙税を納付すべき契約書について,印紙税を納付せず,その事実が税務調査により判明した場合には,納付しなかった印紙税額と同額に相当する過怠税が徴収される。(2009-24-4)

解答:×(上記合格ステップ参照)

ウォーク問③ 問136…(1) 問139…(4)

7 非課税

印紙税は,所定の文書(課税文書)を作成する場合に課される税ですが,文書の作成者が国などである場合には,非課税となっています(5条)。

合格ステップ 85

反復チェック / / /

非課税

ランク B

国・地方公共団体等が作成する文書は非課税である。

※ 国・地方公共団体等と,それ以外の者(私人)が,共同作成した文書の場合,国・地方公共団体等が保存するものは,国・地方公共団体等以外の者(私人)が作成したものとみなされ,課税されるが,国・地方公共団体等以外の者(私人)が保存するものは,国・地方公共団体等が作成したものとみなされ,課税されない。

宅建試験に「出る!」問題

国を売主,株式会社A社を買主とする土地の譲渡契約において,双方が署名押印して共同で土地譲渡契約書を2通作成し,国とA社がそれぞれ1通ずつ保存することとした場合,A社が保存する契約書には印紙税は課税されない。(2008-27-4)

解答:○(上記合格ステップ参照)

ウォーク問③ 問137…(4) 問140…(1) 問194…(3)

第5章 登録免許税

ここも出る Bランク

学習のポイント

学習項目	'11	'12	'13	'14	'15	'16	'17	'18	'19	'20
1 登録免許税の基本事項										
2 課税標準										
3 納税義務者										
4 税率・住宅用家屋の軽減税率				★				★		
5 納付期日と納付方法										
6 非課税										

　「登録免許税」は，過去10年間で2回出題されています。登録免許税はさまざまな場面ででてくる税金ですが，本試験では登記を受ける際に納める登録免許税について出題されます。

　そして，本試験では，土地や建物について登記を受けるにあたり，誰が登録免許税を納付しなければならないかとか，登録免許税の特例措置の適用を受けるためには，どのような要件を満たす必要があるかといった内容が理解できているかどうかが試されています。ここでは，まず「住宅用家屋の軽減税率」の特例の適用要件を押さえておきましょう。

何を学ぶか？　どこに着目するか？

何を学ぶか？

本章では，登記をする場合に課税される登録免許税について学んでいきます。

どういった登記をするときに税金がかかりますか？

登録免許税は，登記する場合に課税される税金です。しかし，原則として表示の登記には課税されません。課税されるのは，あくまでも権利の登記です。権利の登記であれば，所有権の登記だけでなく，抵当権や賃借権の登記にも課税されます。

いくら払うの？

登記の目的や原因によって課税標準や税率が異なります。例えば，所有権の移転に関する課税標準は，原則として固定資産課税台帳に登録された価格で，税率は，売買の場合は原則として1000分の20です。

安くならないの？

登録免許税には税金が軽減される場合があります。例えば，家を買った場合に限らず，家を建てて保存登記する場合や，抵当権の登記をする場合にも，税率は軽減されます。

合格への着眼点は？

登録免許税は，まずは誰が納めなければならないのかをおさえたうえで，特例措置を受ける要件をおさえていきましょう。

1 登録免許税の基本事項

登録免許税とは，土地や建物を取得して，所有権を第三者に主張できるように登記所で登記を受ける場合など，その登記又は登録を受ける者に対し，課税される税です。

したがって，不動産を取得しても，登記をしない限り，登録免許税は課されません。

以下，登録免許税の基本事項についてまとめておきます。

【登録免許税の基本事項】

課税主体	国（国税）
課税客体	不動産の登記など
納税義務者	登記等を受ける者
課税標準	**固定資産課税台帳に登録されている価格**（登録されていないときは，類似不動産の登録価格をもとに登記機関が認定した価額）など
納付方法	現金納付（ただし，3万円以下のときは，印紙納付もできる）
非課税	国・地方公共団体が自己のために受ける登記など

2 課税標準

登録免許税の課税標準は，原則として，**固定資産課税台帳に登録されている価格**ですが，当該不動産が固定資産課税台帳に登録されていないときは，類似不動産の登録価格をもとに登記機関が認定した価額となります（10条，附則7条，施行令附則3号）。

なお，以下の点には注意する必要があります。

　①登記する不動産の上に所有権以外の権利その他の処分の制限があるときは，**その権利その他の制限がな**

いものとした場合の価額になります(10条)。

②抵当権の設定登記の課税標準は、**債権金額**です(別表第一)。

③課税標準の金額を計算する場合において、その全額が1,000円未満のときは、その課税標準は、**1,000円**として計算されます(15条)。

合格ステップ 86

反復チェック / / /

登録免許税の課税標準

ランク B

(1) 登録免許税の課税標準は、原則として、**固定資産課税台帳に登録されている価格**である。

(2) 登記する不動産の上に所有権以外の権利その他の処分の制限があるときは、**その権利その他の制限がないもの**とした場合の価格になる。

(3) 抵当権の設定登記の課税標準は、**債権金額**である。

(4) 課税標準の金額を計算する場合において、その全額が1,000円未満のときは、その課税標準は、**1,000円**として計算される。

宅建試験に「出る!」問題

土地の売買に係る登録免許税の課税標準は、売買契約書に記載されたその土地の実際の取引価格である。(2002-27-2)

解答：×(上記合格ステップ(1)参照)

ウォーク問③ 問141…(2) 問142…(1) 問143…(3)

3 納税義務者

　登録免許税を納める者(納税義務者)は、**登記を受ける者**です。したがって、登記を受ける者が、個人であるか法人であるかを問わず納税義務者となります(3条)。

たとえば，売買による所有権の移転登記の場合など，登記権利者(買主など)と登記義務者(売主など)のように**登記を受ける者が2人以上いるとき**は，これらの者の双方が登録免許税を連帯して納付する義務を負います。

 合格ステップ 87

納税義務者 ……………………………………… ランク B

　登録免許税の納税義務者は，登記を受ける者である。
　たとえば，売買による所有権移転登記の場合，売主と買主が連帯して登録免許税を納付する義務を負う。

宅建試験に「出る!」問題

土地の売買に係る登録免許税の納税義務は，土地を取得した者にはなく，土地を譲渡した者にある。(2002-27-4)

　　　　　　　　　　　　　　　　　　　　解答：×(上記合格ステップ参照)

ウォーク問③ 問141…(4)

---

4 税率・住宅用家屋の軽減税率

　登録免許税の税率は，登記原因により異なっています(9条，別表第一)。
　また，登録免許税も住宅政策の一環から，住宅用家屋(住宅)に関する登記については特例措置(軽減税率)が設けられています(租特法72条の2，73条，75条)。
　主なものについて，適用される通常の税率と住宅用家屋(住宅)の特例措置(軽減税率)をまとめると次の表のようになります。なお，この税率の軽減措置は，以前にこの措置の適用を受けたことのある者が新たに受ける登記にも適用されます。

また，この税率の軽減措置は，その登記を受ける年分の合計所得金額が3,000万円超である個人が受ける登記にも適用されます。

【登録免許税の税率と住宅用家屋の軽減税率】

		課税標準 ※1	税率	軽減税率
所有権保存登記		不動産 の価額	4／1,000	1.5／1,000
所有権 移転 登記	相続※2 ・法人の合併		4／1,000	―
	贈与・遺贈など		20／1,000	―
	売買など※3		20／1,000	3／1,000
抵当権設定登記		債権金額	4／1,000	1／1,000
地上権・賃借権設定登記 ※4		不動産 の価額	10／1,000	―
仮登記	所有権移転など ※5		10／1,000	―

※1 課税標準に一定の税率を適用して計算した金額が1,000円に満たない場合には，その登記に係る登録免許税の額は，1,000円となる。
※2 相続人に対する遺贈を含む。
※3 **売買による所有権の移転の登記**については，原則として20／1,000であるが，**売買による土地の所有権の移転の登記**については，平成25年4月1日から令和3年3月31日まで15／1,000とされる。
※4 地上権，永小作権，賃借権等の登記がされている土地又は賃借権の設定の登記がされている建物について，その土地又は建物に係るこれらの権利の登記名義人が**その土地又は建物の取得に伴いその所有権の移転の登記を受ける場合**，通常の税率から100分の50を乗じた割合とする。
※5 所有権移転の仮登記に基づき，その後，その所有権移転の本登記を受けるときは，通常の税率から一定の割合を控除した割合とする。

本試験では，以上の軽減税率が適用されるための要件がよく出題されていますので，次の合格ステップでまとめましょう。

↗ 合格ステップ 88

反復チェック / / /

住宅用家屋の軽減税率(登録免許税) ……… ランク B

(1) 住宅用家屋に係る軽減税率の特例の適用要件

住宅用家屋に係る軽減税率の特例の適用要件		
所有権の保存登記	所有権の移転登記	抵当権の設定登記
家屋の床面積要件50㎡以上(自己の居住用に供すること) 新築(取得)後1年以内に登記を受けること		
新築住宅のみ適用	既存住宅にあっては取得日以前20年(鉄骨造・鉄筋コンクリート造等の場合25年)以内に建築されたものであること※	

(2) この軽減税率の特例が適用されるのは,建物(住宅用家屋)だけであり,土地には適用されない。

(3) 法人に関しては,住宅用家屋の軽減税率の適用はない。

(4) 所有権の移転登記に係る軽減税率の特例が適用されるのは,売買又は競落により住宅用家屋を取得した場合に限られ,贈与により取得した場合には適用されない。

※　一定の耐震基準を満たす住宅の場合又は既存住宅売買瑕疵保険に加入している一定の既存住宅の場合には,建築年数が20年又は25年を超えるものでもよい。

宅建試験に「出る!」問題

軽減措置の適用対象となる住宅用家屋は,床面積が100㎡以上で,その住宅用家屋を取得した個人の居住の用に供されるものに限られる。(2009-23-1)

解答:×(上記合格ステップ(1)参照)

ウォーク問③ ▶ 問143…(1)(2)(4)　問144…(1)(2)(4)　問145…(1)(2)

5 納付期日と納付方法

　登録免許税は，原則，**現金納付**の方法がとられています。具体的には，登記を受ける者は，その登記につき課されるべき登録免許税を国税の収納機関（日本銀行の歳入代理店となっている銀行や郵便局など）に納付し，その領収書を登記の申請書に貼り付けて，登記機関（登記所等）へ提出することになっています。

　なお，登録免許税が3万円以下の場合や登記所の近くに国税の収納機関がなく，現金納付が困難な場合などは，例外的に登録免許税に相当する金額の「印紙」を申請書に貼り付けて，登記機関へ提出することもできます（**印紙納付**）。この場合，原則どおり現金で納付することもできる点に注意してください。

　当該登記機関は，登録免許税の納付期限後において，税金未納である事実を知ったときは，遅滞なくその旨を所轄税務署長に通知し，税務署長がこれを徴収します。

合格ステップ 89

登録免許税の納付方法

(1) 登録免許税の納付方法は，**現金で納めることが原則**であり，例外として税額が**3万円**以下のときなどは，印紙で納めることも認められている。
(2) 納税地は，登記を受ける登記所の所在地になる。
(3) 登記に係る登録免許税の納期限は，当該登記を受ける時である。

宅建試験に「出る！」問題

登録免許税の納付は，納付すべき税額が３万円以下の場合においても，現金による納付が認められる。（1991-28-4）

解答：○（上記合格ステップ(1)参照）

ウォーク問3　問141…(3)　問142…(4)

6 非課税

不動産を取得し，登記する場合には，登記費用として登録免許税が課税されるのが原則ですが，次のような場合には，課税されないことになっています（登免法４条）。

①国，地方公共団体，特別の公共法人（土地開発公社，地方住宅供給公社など）が自己のために受ける登記
②特定の公益法人（学校法人，社会福祉法人，宗教法人等）が自己のために受ける特定の登記
③表示登記（ただし，分筆・合筆の表示変更登記は課税されます。）

合格ステップ 90

登録免許税の非課税措置

表示に関する登記（分筆・合筆の表示変更登記は除く）は，課税されない。

宅建試験に「出る!」問題

建物の新築をした所有者が行う建物の表題登記については，登録免許税は課税されない。(1991-28-3改題)

解答：○（上記合格ステップ参照）

ウォーク問③ 問142…(3)

登録免許税の分野では，「住宅用家屋の軽減税率」がよく出題されているのじゃ。

第6章 贈与税

学習のポイント

学習項目	'11	'12	'13	'14	'15	'16	'17	'18	'19	'20
1 贈与税とは										
2 住宅取得資金などの贈与を受けた場合					★					
3 贈与税の配偶者控除										

「贈与税」の分野は、過去10年間で1度出題されています。ここで、贈与税とは、個人から財産を贈与された場合にその贈与を受けたことに関して課される税金であり、相続により財産を譲り受けた場合に相続税が課税されることとのバランスを考慮してできた制度です。

贈与税の分野では、
①基礎控除
②住宅取得資金等の贈与を受けた場合の特例
③配偶者控除
の3つの制度が重要ですが、過去10年間で2度しか出題されていないこと、また、内容的に複雑であることを考えると、それほど時間をかけて勉強する必要はありません。テキストを一通り読み、問題集に掲載されている問題を解いておくぐらいで十分です。

何を学ぶか？ どこに着目するか？

何を学ぶか？

本章では，お金や物をもらった場合に課税される贈与税について学んでいきます。

なぜもらっただけで税金がかかるの？

贈与税は，相続税逃れを防ぐために課税されるものです。財産を生前に贈与してしまえば，相続税がかからなくなりますが，これでは相続税を払う人と比べて不公平なので，贈与税が設けられました。

どんな場合でも物をもらったら払わないとだめ？

まず，贈与税は個人から個人への贈与にしか課税されません。また，さまざまな控除が用意されています。

父から家を建てるためにお金をもらいましたが，贈与税を納めなければなりませんか？

家を建てるために親からお金をもらった場合には，2500万円まで非課税となる措置がありますので，この適用があれば，納めなくて済みます。

合格への着眼点は？

贈与税は内容的に複雑な分野であり，必ずしも効率の良い分野ではありません。基礎控除，住宅資金等の贈与を受けた場合の特例，配偶者控除は重要ですので，ここはおさえておきましょう。

1 贈与税とは

(1) 概要

贈与税とは，**個人から土地や建物などの財産を贈与により もらった場合に，そのもらった個人に対して課される税金で す**（①）。したがって，②法人から個人への贈与，③法人から 法人への贈与，④個人から法人への贈与に対しては，贈与 税は課されません。②については所得税，③と④については， 法人税が課されることになっています。

以上の贈与者（あげた人）と受贈者（もらった人）の組み合わ せによる課税の関係を表にまとめると，次のようになります。

【贈与に係る税のまとめ】

	贈与者	受贈者	受贈者に課される税
①	個人	個人	贈与税
②	法人	個人	所得税
③	法人	法人	法人税
④	個人	法人	法人税

贈与税は，相続税を免れるために財産を生前に贈与して しまう人もいますので，相続税を納める人との課税の公平を 図る観点から設けられた税金です。

(2) 贈与税の課税方法

贈与税の課税方法には，「**暦年課税**」と「**相続時精算課税**」 の2つがあります。

(a) 暦年課税

暦年課税の場合，贈与税は，1年間（1月1日～12月31日） にもらった財産の合計額から基礎控除額の**110万円**を差し引

いた残りの額に対してかかります(租特法70条の2の2)。

(b)相続時精算課税

相続時精算課税の場合，相続時精算課税を選択した贈与者ごとに，1年間(1月1日～12月31日)に贈与を受けた財産の価額の合計金額から2,500万円の特別控除額を控除した残額に対して贈与税がかかります。前年以前にこの特別控除を適用した金額がある場合には，2,500万円からその金額を控除した残額がその年の特別控除額となります。

(c)贈与税の納め方

贈与税がかかる場合，財産をもらった人が，財産をもらった年の翌年2月1日から3月15日の間に申告書を納税地の所轄税務署長に提出して行います(申告納税方式，28条)。

(3)贈与税額の計算方法

(a)暦年課税の場合

暦年課税の場合は，次のようになります。

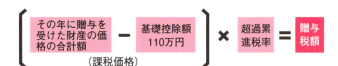

【贈与税(暦年課税)の速算表(一般贈与財産用)】

課税価格(基礎控除後)		税率	控除額
	200万円以下	10%	―
200万円超	300万円以下	15%	10万円
300万円超	400万円以下	20%	25万円
400万円超	600万円以下	30%	65万円
600万円超	1,000万円以下	40%	125万円
1,000万円超	1,500万円以下	45%	175万円
1,500万円超	3,000万円以下	50%	250万円
3,000万円超		55%	400万円

※ 1年間に贈与により取得した財産の価額の合計が110万円以下の場合は，贈与税は課税されない。

(b)相続時精算課税の場合

父からの3年にわたる各1,000万円の贈与について、相続時精算課税を選択した場合、次のようになります。

①1年目

※翌年以降に繰り越される特別控除額
2,500万円－1,000万円＝1,500万円

②2年目

※翌年以降に繰り越される特別控除額
1,500万円－1,000万円＝500万円

③3年目

その後、父（特定贈与者）についての相続が開始した時に、支払うべき相続税額から、すでに支払った贈与税相当額が控除されます（21条の15第3項）。

合格ステップ 91

贈与税の基本事項 ・・・・・ ランク C

(1) 贈与税は、**個人から個人に**贈与が行われた場合に課される。
(2) 贈与税がかかる場合には、財産をもらった人が、財産をもらった年の翌年2月1日から3月15日の間に申告書を納税地の所轄税務署長に提出して行う。
(3) 贈与者・受贈者が一定の要件を満たす場合、受贈者の選択によって、贈与税と相続税を通じた納税（相続時精算課税）をすることができる。

2 住宅取得資金などの贈与を受けた場合

20歳以上の子や孫が自己の住宅の取得や増改築のための**資金の贈与を受けた場合**に課税の特例を受けることができます。この課税の特例には、直系尊属から住宅取得等資金の贈与を受けた場合の**贈与税の非課税**（租特法70条の2）と特定の贈与者から住宅取得等資金の贈与を受けた場合の**相続時精算課税の特例**（租特法70条の3）とがあります。

（1）直系尊属から住宅取得等資金の贈与を受けた場合の贈与税の非課税

20歳以上の直系卑属（子や孫等）が直系尊属（父母や祖父母等）から自己の住宅の取得や増改築のため住宅取得などの資金の贈与を受けた場合には、一定額の非課税措置を受けることができます（租特法70条の2）。例えば、令和3年4月から令和3年12月までに住宅用家屋の取得や増改築に係る契約をした場合、700万円の非課税措置が受けられます（住宅用の家屋の新築等に係る対価等の額に含まれる消費税等の税率が10％である場合）。

贈与者である父母や祖父母などの直系尊属について、年齢要件はありません。特定受贈者である20歳以上の子や孫について、**所得金額が2,000万円以下**であることという要件があります。

この非課税措置は、「暦年課税」、「相続時精算課税」どちらを選択しても適用を受けることができます。したがって、暦年課税の場合は、基礎控除額110万円を控除した上で、700万円が非課税となります。また相続時精算課税を選択した場合は、特別控除額2,500万円を控除した上で、700万円が非課税となります。

（2）特定の贈与者から住宅取得等資金の贈与を受けた場合の相続時精算課税の特例

この制度は，贈与者である父母や祖父母が60歳以上という年齢要件がある相続時精算課税制度（特別控除額2,500万円）を，**住宅の取得や増改築のための資金の贈与を受ける場合は，60歳未満の父母や祖父母からの贈与についても，適用できるようにする特例**です（租特法70条の3）。

この特例の適用要件に関して，住宅用の家屋の新築又は取得に要した費用の額についての要件はありません。また，**受贈者の所得要件もありません。**なお，この特例は相続時精算課税制度についての特例なので，暦年課税に係る基礎控除110万円と併用することができません。

📋 合格ステップ 92

反復チェック ／ ／ ／

住宅取得等資金の贈与を受けた場合の非課税，特例の適用要件…ランク C

	贈与税の非課税	相続時精算課税の特例
贈与の内容	住宅取得等資金の贈与	住宅取得等資金の贈与
贈与者	直系尊属（祖父母・父母等，年齢を問わない）	祖父母・父母（令和3年12月31日までの贈与について，年齢を問わない）
受贈者	20歳以上の直系卑属（子・孫等）	20歳以上の子・孫
受贈者の所得要件	所得金額2,000万円以下	所得金額を問わない
非課税額特別控除額	非課税額700万円※（住宅取得契約締結日が令和3年4月から令和3年12月まで）	特別控除額2,500万円（父母双方から贈与を受けたときは，それぞれから控除することができる）
基礎控除(110万円)との併用	併用できる	併用できない
その他	贈与を受けた資金による家屋の新築・取得に限らず増改築等や既存住宅の取得にも適用がある	

※　基礎控除額110万円（暦年課税）又は特別控除額2,500万円（相続時精算課税）に加えて，700万円が非課税となる。

宅建試験に「出る！」問題

父母双方から住宅取得のための資金の贈与を受けた場合において，父母のいずれかが65歳以上であるときには，双方の贈与とも相続時精算課税の特例の適用をうけることができない。(2010-23-2)

解答：×（上記合格ステップ(1)参照）

ウォーク問③　問146…(1)(3)(4)

 ## 3 贈与税の配偶者控除

(1) 贈与税の配偶者控除とは

所定の要件を充足する夫婦間の贈与については，申告書を提出することにより，贈与税の課税価格から基礎控除110万円を加えた2,110万円までの金額が，配偶者控除額として控除されます(21条の6)。

(2) 贈与税の配偶者控除の適用要件

①婚姻期間が20年以上の配偶者からの贈与であること
②居住用不動産（住宅及びその敷地）の贈与，又は居住用不動産を取得するための金銭の贈与であること
③翌年の3月15日までに居住の用に供し，かつ，その後も引き続き居住の用に供する見込みであること
④過去に同一配偶者からこの配偶者控除の特例の適用を受けていないこと（同一配偶者からは，一生に1回だけ適用できます。）

第7章 地価公示法

学習のポイント

学習項目	'11	'12	'13	'14	'15	'16	'17	'18	'19	'20
1 地価公示法の目的			★							
2 地価公示の手続き	★			★	★	★	★		★	
3 公示価格の効力	★		★				★		★	

　「宅地及び建物の価格の評定」の分野からは、地価公示法と不動産鑑定評価基準のいずれかから1問出題されています。

　このうち、ここで勉強する「地価公示法」に関しては、過去10年間で6回出題されています。この地価公示法は、第8章の「不動産鑑定評価基準」と比べて出題範囲が狭く、かつ、基本的な内容が出題されていることから、得点源とすべき分野です。

　出題内容としては、
　①地価公示の手続き
　②公示価格の効力
の2つに分かれますが、このうち①の「地価公示の手続き」に関しては、標準地を選定してから一般の閲覧に供するまでの流れに沿って内容を理解する必要があります。

　そして、②の「公示価格の効力」に関しては、(ⅰ)指標となる場合と(ⅱ)規準となる場合の2つがあります。それぞれどのような場面で公示された地価を指標あるいは規準として取り扱うのかという点については内容を理解したうえで、問題を多く解いて慣れておくとよいでしょう。

何を学ぶか？ どこに着目するか？

何を学ぶか？

地価公示法のうち，主として地価公示の手続きと公示価格の効力を学びます。

地価公示ってそもそも何ですか？

土地はいろんな要因によってその価値が定まる特性があるから，一般に土地取引をする人が土地の適正な値段を判断することは難しいです。そこで，客観的な市場価格を公示することで，地価が正常に保たれるようにしています。この公示が地価公示です。

地価公示はだれがどう決めているんですか？

国土交通省に置かれる土地鑑定委員会が地価公示の手続きを行います。一定の範囲の土地についての標準地を定めた上，標準地の価格を判定し，この価格を公示します。みなさんが新聞等で見る地価公示は，この標準地ごとの価格の平均値の変動になります。

今度土地を売るんですけど，公示価格どおりの売値にするべきですか？

その場合，一般の土地取引ですので地価公示の価格に拘束されることはありません。したがって，売値はご自身でお決めになれますが，公示価格を目安として決定するよう努めるべきです。公示価格が拘束力を持つのは，土地収用などの一定の場合になります。

合格への着眼点は？

地価公示の手続きは，地価公示がどのようなものかイメージしながら手続きの流れを掴んでおく必要があります。公示価格の効力は拘束力のある場合を正確に記憶しておきましょう。

1 地価公示法の目的

　例年，3月頃になると，「全国の地価○○年ぶりの上昇」といった記事が新聞の一面に掲載されているのをよく目にします。これは，**地価公示法**という法律に基づいて公示された全国の地価(土地の価格)に関する記事です。

　例えば，ある場所の土地を購入したいと思っても，値段がいくらぐらいかかるのか判断に悩むこともあります。このとき，目安となる土地の値段が公表されていれば，判断材料として活用することができます。また，公共事業を行うにあたり，お役所が取得する土地の補償金を決める際にも土地の値段が公表されていれば，大いに役に立ちます。

　そこで，地価公示法は，①**一般の土地の取引価格に対して指標**(目安)**を与え**，また，②**公共用地等を取得する際の適正な補償金の額の算定規準**とすることで，適正な地価が形成されるよう貢献することを目的として，全国のさまざまな場所の土地の価格を公示しています。

　なお，公示価格のほかに，公的土地評価には，相続税評価及び固定資産税評価等があり，国は，これらの評価について相互の均衡と適正化が図られるように努めなければなりません。

2 地価公示の手続き

(1) 地価公示を実施する機関

　地価公示は，
　①標準地の選定
　②標準地の価格の判定
　③官報への公示

というプロセスを経て実施されます。

このような地価公示法に基づく権限を行わせるために，国土交通省に，**土地鑑定委員会**が置かれます（12条1項）。この土地鑑定委員会は，7人の委員によって組織され（14条1項），委員は，国会の両議院（衆議院・参議院）の同意を得て，国土交通大臣が任命します（15条1項）。

（2）標準地の選定

地価公示の出発点は，その公示の対象となる土地を選び出すことにあります。この鑑定評価の対象となる土地を，「**標準地**」といいます。

標準地は，**都市計画区域その他の土地取引が相当程度見込まれるものとして国土交通省令で定める区域（公示区域）**のなかから，**土地鑑定委員会が選定**します（2条1項，3条）。そして，公示区域は，国土交通大臣が定めます。なお，都市計画区域外であっても，土地取引が相当程度見込まれる区域であれば，国土交通大臣は，当該区域を公示区域として定めることができます（規則1条1項）。ただし，国土利用計画法により指定された規制区域内の土地は，取引の自由が大幅に制約されるため（土地取引の許可制），標準地の対象になりません（2条1項）。

標準地は，自然的及び社会的条件から見て類似の利用価値を有すると認められる地域において，土地の利用状況，環境等が通常と認められる一団の土地について選定されます（3条）。なお，土地鑑定委員は，標準地の選定を行うために他人の占有する土地に立ち入って測量又は調査を行う必要があるときは，その必要の限度において，他人の占有する土地に立ち入ることができます。この場合は，立ち入ろうとする日の3日前までに，土地の占有者に通知しなければなりませんが，占有者の承諾を得る必要はありません（22条1項，2項）。

（3）標準地の価格の判定

標準地が選定されると，その土地について土地鑑定委員会が２人以上の不動産鑑定士に鑑定評価を求めます。

標準地の鑑定評価は，地価公示法では，「近傍類地の取引価格から算定される推定の価格，近傍類地の地代等から算定される推定の価格及び同等の効用を有する土地の造成に要する推定の費用の額を勘案してこれを行わなければならない」（4条）としています。

そして，不動産鑑定士は，その結果を土地鑑定委員会に提出します。さらに，その結果を**土地鑑定委員会が審査し，必要な調整を行い，一定の基準日**（毎年１月１日）における当該標準地の単位面積（1㎡）あたりの「正常な価格」を判定します（2条1項）。

「正常な価格」とは，土地について自由な取引が行われるとした場合における，その取引において，通常成立すると認められる価格をいいます（2条2項）。ここで，注意すべきは，土地に建物が建っていたり，地上権等の権利が付着していたりする場合には，**建物や権利が存在しないものとして価格が算定される**という点です。

第7章

地価公示法

重要条文

＜地価公示法＞
第2条（標準地の価格の判定等）

1　土地鑑定委員会は，都市計画法第4条第2項に規定する都市計画区域その他の土地取引が相当程度見込まれるものとして国土交通省令で定める区域（国土利用計画法第12条第1項の規定により指定された規制区域を除く。以下「公示区域」という。）内の標準地について，毎年一回，国土交通省令で定めるところにより，2人以上の不動産鑑定士の鑑定評価を求め，その結果を審査し，必要な調整を行って，一定の基準日における当該標準地の単位面積当たりの正常な価格を判定し，これを公示するものとする。

2　前項の「正常な価格」とは，土地について，自由な取引が行なわれるとした場合におけるその取引（農地，採草放牧地又は森林の取引（農地，採草放牧地及び森林以外のものとするための取引を除く。）を除く。）において通常成立すると認められる価格（当該土地に建物その他の定着物がある場合又は当該土地に関して地上権その他当該土地の使用若しくは収益を制限する権利が存する場合には，これらの定着物又は権利が存しないものとして通常成立すると認められる価格）をいう。

合格ステップ 93

「標準地」と「正常な価格」 ランク A

(1) **標準地**とは，自然的及び社会的条件から見て類似の利用価値を有すると認められる地域において，土地の利用状況，環境等が通常と認められる一団の土地をいう。

不動産鑑定士は，標準地の鑑定評価を行うにあたっては，近傍類地の取引価格から算定される推定の価格，近傍類地の地代等から算定される推定の価格及び同等の効用を有する土地の造成に要する推定の費用の額を勘案して行わなければならない。

(2) **正常な価格**とは，土地について自由な取引が行われるとした場合に，通常成立すると認められる価格をいう。

土地上に建物等の定着物がある場合，地上権等の権利が付着している場合は，これらの**定着物や権利がないものとして**価格を算定する。

宅建試験に「出る！」問題

地価公示において判定を行う標準地の正常な価格とは，土地について，自由な取引が行われるとした場合において通常成立すると認められる価格をいい，当該土地に，当該土地の使用収益を制限する権利が存する場合には，これらの権利が存するものとして通常成立すると認められる価格をいう。(2009-25-3)

解答：×（上記合格ステップ(2)参照）

ウォーク問③ ▶ 問147…(3)(4)　問148…(2)(3)　問149…(3)　問151…(3)(4)　問152…(4)

(4) 官報への公示

土地鑑定委員会による標準地についての正常な価格の判定が終わると，その価格を公開（公示）することになります。この価格の公示は，**毎年1回，官報**によって行われます（6条）。

官報に公示すべき事項の具体例としては，以下のようなも

のがあります（6条）。

①標準地の所在地……○○市○○町○○番地というようなかたちで示される。

②標準地の単位面積あたりの価格・価格判定の基準日

③標準地の地積(面積)及び形状(土地の形)

④標準地及びその周辺の土地の利用の現況

⑤標準地についての水道・ガス供給施設及び下水道の整備の状況等

（5）公示後の措置

土地鑑定委員会は，関係市町村の長に対して，公示した事項のうち当該市町村が属する都道府県内の標準地に関する部分を記載した書面等を送付しなければなりません（7条1項）。そして，送付を受けた関係市町村の長は，書面等（これを「図書」という）を当該市町村の事務所において，一般の閲覧に供しなければなりません（7条2項）。

合格ステップ 94

地価公示の手続き

ランク A

(1) 土地鑑定委員の任命	国土交通大臣が，国会の両議院の同意を得て，土地鑑定委員を任命する。
(2) 標準地の選定	土地鑑定委員会が公示区域内の土地から標準地を選定する。※ ※公示区域は，都市計画区域および都市計画区域以外で土地取引が相当程度見込まれる区域で，国土交通大臣が定める。
(3) 標準地の価格の判定	土地鑑定委員会が2人以上の不動産鑑定士に標準地の価格を鑑定評価させる。 その結果を土地鑑定委員会が審査・調整して，基準日（1月1日）における標準地の単位面積（1m^2）当たりの「正常な価格」を判定する。
(4) 官報による地価の公示	土地鑑定委員会が，年1回すみやかに，官報で公示する。
(5) 公示後の措置	土地鑑定委員会が，関係市町村の長に対し，公示事項のうち当該市町村の属する都道府県内の標準地に関する部分を記載した書面等を送付する。 送付を受けた関係市町村の長は，書面等を当該市町村の事務所において一般の閲覧に供する。

第7章 地価公示法

宅建試験に「出る!」問題

地価公示は、土地鑑定委員会が、毎年1回、2人以上の不動産鑑定士の鑑定評価を求め、その結果を審査し、必要な調整を行って、標準地の正常な価格を判定し、これを公示するものである。(2002-29-2改題)

解答：〇（上記合格ステップ参照）

ウォーク問3 問147…(2)　問148…(1)(4)　問149…(2)(3)　問150…(1)　問151…(2)
問153…(1)(3)

3 公示価格の効力

(1) 一般の土地取引に対する効力

都市及びその周辺の地域等において**土地の取引**を行う者は、類似の利用価値のある標準地について公示された価格を**指標**として取引を行うよう努めなければなりません（1条の2）。つまり、一般の土地取引に関しては、公示価格は、「一応の目安」「努力目標」にすぎないのです。そのため、実際の取引では、公示価格よりも高い水準で土地が取引される場合もあります。

(2) 公示価格が規準となる場合

(1)で述べたように、公示価格は一般の土地取引に対しては、弱い効力しかもっていません。これに対し、**公示区域内の土地**において、以下のことが行われる場合には、公示価格は価格算定の**規準**としなければならないとされます。

① **不動産鑑定士が鑑定評価**を行う場合において、土地の**正常な価格を求めるとき**（8条）
② 法律によって**土地を収用することができる事業**を行う者が、土地をその事業の用に供するため取得する場合に

おいて，当該土地の取得価格を定めるとき（9条）

また，土地収用法の規定により**収用する土地に対する補償金の額を算定するとき**は，公示価格を規準として算定した当該土地の価格を考慮しなければならないとされます（10条）。

なお，公示価格を規準とするとは，対象土地の価格を求めるに際して，当該対象土地とこれに類似する利用価値を有すると認められる標準地との比較を行い，その結果に基づき，当該標準地の公示価格と当該対象土地の価格との間に均衡を保たせることをいいます（11条）。

合格ステップ 95

反復チェック ／ ／ ／

公示価格の効力

ランク **A**

(1) 都市及びその周辺の地域等において**土地取引**を行う者は，当該土地に類似する利用価値があると認められる標準地についての公示価格を**指標**として取引を行うよう**努めなければならない**。

(2) **公示区域内の土地**において，次の場合は，公示価格を規準としなければならない。※

　①**不動産鑑定士が土地の正常な価格を求める**とき

　②**土地収用ができる事業**を行う者が，その事業用に取得しようとする**土地の価格を求める**とき

※　土地収用法の規定により**収用する土地に対する補償金の額を算定するとき**は，公示価格を規準として算定した当該土地の価格を考慮しなければならない。

(3) 公示価格を規準とするとは，対象土地の価格を求めるに際して，当該対象土地とこれに類似する利用価値を有すると認められる標準地との比較を行い，その結果に基づき，当該標準地の公示価格と当該対象土地の価格との間に均衡を保たせることをいう。

第7章

地価公示法

LEC東京リーガルマインド　2021年版出る順宅建士 合格テキスト ③法令上の制限・税・その他　369

宅建試験に「出る!」問題

土地収用法その他の法律によって土地を収用することができる事業を行う者は，公示区域内の土地を当該事業の用に供するため取得する場合において，当該土地の取得価格を定めるときは，公示価格を規準としなければならない。(2011-25-2)

解答：〇（上記合格ステップ（2）参照）

ウォーク問③ 問147…(1) 問149…(4) 問150…(2)(3) 問151…(1) 問152…(3)

第8章 不動産鑑定評価基準

学習のポイント

学習項目	'11	'12	'13	'14	'15	'16	'17	'18	'19	'20
1 不動産の鑑定評価とは										
2 価格を形成する要因		★								
3 不動産の価格に関する諸原則								★		★
4 鑑定評価の基本的事項						★		★		★
5 鑑定評価の方式	★					★		★		★

「不動産鑑定評価基準」は、過去10年間で4回出題されています。不動産鑑定評価基準は以下の表にあるとおり、さまざまな規定が置かれています。内容は複雑で、かつ、難しい問題が出題されることもあります。ただ、以下の表のうち「総論第7章　鑑定評価の方式」に関してはよく出題されているので5で説明します。その大まかな内容については理解しておきましょう。

【不動産鑑定評価基準全体】

総論		各論	
第1章	不動産の鑑定評価に関する基本的考察	第1章	価格に関する鑑定評価
第2章	不動産の種別及び類型	第2章	賃料に関する鑑定評価
第3章	不動産の価格を形成する要因		
第4章	不動産の価格に関する諸原則	第3章	証券化対象不動産の価格に関する鑑定評価
第5章	鑑定評価の基本的事項		
第6章	地域分析及び個別分析		
第7章	鑑定評価の方式		
第8章	鑑定評価の手順		
第9章	鑑定評価報告書		

何を学ぶか？ どこに着目するか？

何を学ぶか？

不動産の価格はいろいろな要因で評価されますが、最終的には人の評価によって決まります。

その評価の基準が国土交通省が出す不動産鑑定評価基準です。本章ではこの不動産鑑定評価基準について学んでいきます。

不動産鑑定評価基準って具体的にはどんなもの？

不動産の価格を決めるにあたって、どんな事情が影響するのか、実際にどのような手順で価格を決めるのかの基準が定められています。いうなれば、不動産の価格決定のマニュアルです。

実際にはどうやって価格を決めるの？

不動産の価格は流動的なので、いつの時点の価格なのかを決めなくてはなりません。そして、その不動産がある場所や、周辺環境を考慮します。そして、詳しくは本編で説明しますが、鑑定評価の手法と呼ばれる方法を適用していきます。

いまいちイメージがわきません。具体的にはどうするの？

例えば都心にある不動産と山中の村にある不動産では一般に価格が異なります。また、周辺にごみ処理施設のような一般に避けられる施設があるかないかも価格に影響します。このような事情を前提に、鑑定評価基準に定められた3つの評価方式を適用します。

合格への着眼点は？

不動産鑑定評価基準は、聞きなれない用語がたくさん出てきますが、一つ一つの言葉にこだわらず、3つの評価方式の大まかな流れと、求める4つの価格の特徴をとらえるようにしましょう。

1 不動産の鑑定評価とは

（1）不動産鑑定評価基準

　不動産は，いうまでもなく重要な財産ですが，それがいったいどのような価値をもつかは必ずしも明らかなものではありません。

　実際の取引価格を調べたとしても，その価格は取引にかかわる当事者の個別的な事情に左右されており，そこから客観的にはいくらかを見出すことは一般的には難しいものです。

　また，だいたいの相場が分かったとしても，それはあくまで相場であって，具体的な不動産が客観的にはいくらになるかは，なかなか分かりません。

　そこで，不動産の経済価値，つまり価格を，誰もが納得できるように理論的にきちんと明らかにすることが必要となります。このように，**ある不動産の経済価値を判定し，それを貨幣額（価格）で表示することを不動産の鑑定評価**といいます。

　いくら理論的に不動産の価格を導いたとしても，その理論が好き勝手なものでよいとすると，その価格は客観的なものになりません。そこで，「**不動産鑑定評価基準**」という鑑定評価の理論的な基準が定められ，不動産の鑑定評価は，これに従ってすべきものとされています。

（2）鑑定評価の手順

　不動産の鑑定評価は，次のような手順で行われます。

　まず，どの不動産を鑑定評価するか明確にしなければなりません。たとえば，Aという建物を鑑定評価しようとしているのに，その隣のBという建物を鑑定評価するのだと誤解していたのでは，正しい評価をすることはできません。この**鑑定評価の対象となる不動産を対象不動産**といいます。

次に必要な資料を十分に収集してそれを整理する必要があります。

さらに，集めて整理した資料を分析して，不動産鑑定評価基準に定められたさまざまな方法を駆使することによって，具体的な不動産の価格が求められるのです。

2 価格を形成する要因

(1) 価格形成要因とは

不動産の価格は，どのような要因により決まるのでしょうか。

不動産の価値は，その不動産が，①どんな使い方ができるものか(**効用**)，②どれくらい数が少ないものか(**相対的稀少性**)，③どれくらい人々が必要としているか(**有効需要**)によって生じます。

これらは，一般経済社会や，その不動産の存在する地域や，その不動産自体の状況によって，影響を受けます。つまり，こういった状況がどのようなものであるかが不動産の価格を形成するのです。この**不動産の価格を形成する要因**を，価格形成要因といいます。

不動産の鑑定評価を行うにあたっては，価格形成要因を市場参加者の観点から明確に把握し，それに加え，過去からの推移，現在の動向，それぞれの要因間の相互関係を十分に分析して，それらが不動産の効用などにどのような影響を与えるか判定することが必要です。

（2）価格形成要因の分類

価格形成要因は，一般的要因，地域要因，個別的要因の3つに分けられます。

（a）一般的要因

人々の生活様式が変われば，不動産の価格は影響を受けるでしょう。たとえば，「一戸建てを持つ」ということにこだわることなく，「マンションがいい」という人が増えれば，一戸建てとマンションの価格は影響を受けることになります。

このように，不動産の価格は一般経済社会の状況に影響を受けます。この一般経済社会における不動産のあり方及びその価格水準に影響を与える要因を，一般的要因といいます。

この一般的要因は，①気象の状態などの自然的要因，②生活様式の状態などの社会的要因，③物価などの経済的要因，④税制などの行政的要因に分けられます。

（b）地域要因

不動産の価格は，対象不動産がどんな地域にあるかによっても，影響を受けます。たとえば，同じ100m²の土地であっても，繁華街にあるのと，山林にあるのではその価格が違ってきます。

このように，不動産は，その存在する地域によって，その

第8章 不動産鑑定評価基準

あるべき用途が決まってくるため，どの地域にあるかによって，価格が影響を受けます。不動産鑑定評価基準では，不動産が不動産の用途に関して区分されるが，この分類を**不動産の種別**といいます。

【不動産の種別】

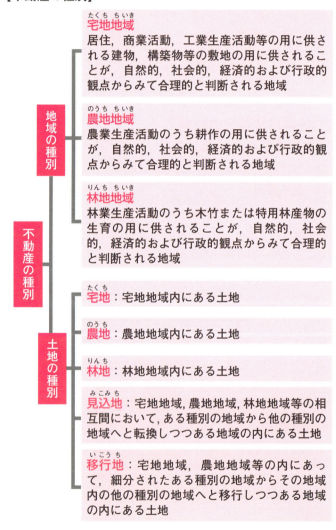

この不動産の種別によって分類される地域に，それぞれ

不動産の価格に影響を与える要因があると考えるのです。この要因を地域要因といいます。

(c) 個別的要因

さらに，不動産の価格は不動産自体がどのような特徴をもっているかによっても影響を受けます。たとえば，どれくらいの面積なのか，上下水道などは整備されているのか，などによって，価格は違ってくるのです。これを個別的要因といいます。

不動産の特徴は，その存在する地域によって，変わってくるため，不動産の種別のうち，土地の種別（地域の種別に応じて分類される土地の区分）によって異なる個別的要因が考慮されることとなります。

また，対象不動産にどんな権利が設定されているか，どんな建物が建っているかなどの実際の使われ方によっても，異なる個別的要因が考慮されることとなります。このような不動産の使われ方による分類を不動産の類型といいます。

【不動産の類型】

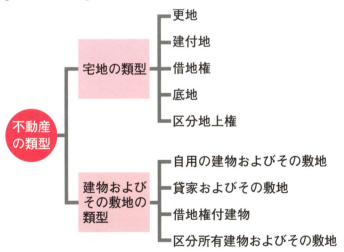

合格ステップ 96

価格形成要因

(1) **価格形成要因**とは，**不動産の効用**及び**相対的稀少性**ならびに不動産に対する**有効需要**の三者に影響を与える**要因**をいう。
(2) 価格形成要因は，次の3つに分けられる。
 ① **一般的要因**とは，一般経済社会における不動産のあり方及びその価格水準に影響を与える要因をいう。
 ② **地域要因**とは，一般的要因の相関結合によって規模，構成の内容，機能等にわたる各地域の特性を形成し，その地域に属する不動産の価格の形成に全般的な影響を与える要因をいう。
 ③ **個別的要因**とは，不動産に個別性を生じさせ，その価格を個別的に形成する要因をいう。

宅建試験に「出る！」問題

不動産の効用及び相対的稀少性並びに不動産に対する有効需要の三者に影響を与える要因を価格形成要因といい，一般的要因，地域要因及び個別的要因に分けられる。(2010-25-2)

解答：〇（上記合格ステップ参照）

 不動産の価格に関する諸原則

（1）価格形成要因と不動産の価格の法則性

不動産の価格は，価格形成要因の相互作用によって形成されます。そのため，**価格形成要因と価格との間には一定の法則性がある**といえます。つまり，価格形成要因がどのようなものであるかということを考えると，価格がどうなっているかが分かるということです。このような原則について，不

動産鑑定評価基準では最有効使用の原則の他に，需要と供給の原則，代替の原則，均衡の原則，寄与の原則，適合の原則などが挙げられています。ここでは最有効使用の原則について述べましょう。

（2）最有効使用の原則

　たとえば，繁華街にあるAという土地が木造2階建ての店舗として利用されている場合を考えてみましょう。もし，そこにデパートを建てたとすれば，その土地からより多くの収入が得られるかもしれません。そこにデパートを建てることができるのであれば，現在のA地は最もうまく利用されているとはいえないのです。このような状態は，「対象不動産は最有効使用の状態にない」ということができます。

　では，この場合，A地の価格はどうなるでしょうか。客観的にはデパートを建てることが最も有効に活用しているといえるのであれば，その価格はデパートを建てた場合の価格によって決まるでしょう。木造2階建ての店舗用の土地としての価格では決まらないのです。つまり，不動産の価格は，その不動産が最もうまく利用されている時の価値で決まるのです。

　これを最有効使用の原則といいます。つまり，最有効使用の原則とは，**不動産の価格は，その不動産の効用が最高度に発揮される可能性に最も富む使用（最有効使用）を前提として把握される価格を標準として形成される**ということです。

📈 合格ステップ 97

反復チェック ／ ／ ／

最有効使用の原則 ・・・・・・・・・・・・・・

ランク **B**

　最有効使用の原則とは，不動産の価格は，その不動産の効用が最高度に発揮される可能性に最も富む使用を前提として把握される価格を標準として形成されるという原則をいう。

第8章 不動産鑑定評価基準

宅建試験に「出る!」問題

不動産の価格は,その不動産の効用が最高度に発揮される可能性に最も富む使用を前提として把握される価格を標準として形成されるが,これを最有効使用の原則という。(1995-33-1)

解答:○(上記合格ステップ参照)

ウォーク問③ 問155…(1) 問196…(1)

4 鑑定評価の基本的事項

(1) 価格の種類

たとえば,ある土地A地の価格を求める場合を考えてみましょう。通常は,このA地を一般的に売りに出したらいくらになるか考えて,その価格を求めることになるでしょう。

しかし,そのA地の隣地,B地の地主が自分の土地をより広くするため,B地とA地を併合しようとする場合は,どうでしょうか。一般に売りに出す場合と価格は異なるものになるでしょう。

このように不動産の価格はどのような価格を求めるかによって考えるべき点が違ってきます。「不動産鑑定評価基準」には,4つの価格の種類があるので,それぞれを順に見ていきましょう。

(2) 各種の価格

(a) 正常価格

現実の社会経済情勢の下で,合理的と考えられる取引がされているところ(市場)での価格を,**正常価格**といいます。売り急ぎなどがされている市場は合理的なものとはいえません。この価格が成立するためには,対象不動産が一般的に

取引されるものであることが必要です(**市場性**)。

(b)限定価格

　他の不動産との併合や，不動産の一部の分割などの場合の価格を，**限定価格**といいます。隣地の併合の場合や，土地を借りて建物を所有している借地権者がその土地の所有権(底地)の取得をしようとする場合などには，正常価格とは異なる価格となるのです。

(c)特定価格

　会社の経営が破綻し，経営を再建する場合には，その資産を鑑定評価したり，売却したりすることになります。このような場合には，経営の再建が可能な時期に売却する必要が生じるなど，正常価格とは異なる価格となります。このような場合の価格を**特定価格**といいます。

(d)特殊価格

　国宝や重要文化財などの建築物は売却されることはありません(市場性を有しない)が，その価格が求められることがあります。この価格を**特殊価格**といいます。

重要条文

＜不動産鑑定評価基準総論＞
　総論
第5章　鑑定評価の基本的事項
　第3節　鑑定評価によって求める価格又は賃料の種類の確定
Ⅰ　価格
　不動産の鑑定評価によって求める価格は，基本的には正常価格であるが，鑑定評価の依頼目的に対応した条件により限定価格，特定価格又は特殊価格を求める場合があるので，依頼目的に対応した条件を踏まえて価格の種類を適切に判断し，明確にすべきである。なお，評価目的に応じ，特定価格として求めなければならない場合があることに留意しなければならない。

第8章　不動産鑑定評価基準

1．正常価格

正常価格とは，市場性を有する不動産について，現実の社会経済情勢の下で合理的と考えられる条件を満たす市場で形成されるであろう市場価値を表示する適正な価格をいう。この場合において，現実の社会経済情勢の下で合理的と考えられる条件を満たす市場とは，以下の条件を満たす市場をいう。

（1）市場参加者が自由意思に基づいて市場に参加し，参入，退出が自由であること。

…(略)…

（2）取引形態が，市場参加者が制約されたり，売り急ぎ，買い進み等を誘引したりするような特別なものではないこと。

（3）対象不動産が相当の期間市場に公開されていること。

2．限定価格

限定価格とは，市場性を有する不動産について，不動産と取得する他の不動産との併合又は不動産の一部を取得する際の分割等に基づき正常価格と同一の市場概念の下において形成されるであろう市場価値と乖離することにより，市場が相対的に限定される場合における取得部分の当該市場限定に基づく市場価値を適正に表示する価格をいう。

…(略)…

3．特定価格

特定価格とは，市場性を有する不動産について，法令等による社会的要請を背景とする鑑定評価目的の下で，正常価格の前提となる諸条件を満たさないことにより正常価格と同一の市場概念の下において形成されるであろう市場価値と乖離することとなる場合における不動産の経済価値を適正に表示する価格をいう。

…(略)…

4．特殊価格

特殊価格とは，文化財等の一般的に市場性を有しない不動産について，その利用現況等を前提とした不動産の経済価値を適正に表示する価格をいう。

合格ステップ 98

不動産の価格の種類 ランク B

(1) **正常価格**とは，市場性を有する不動産について，現実の社会経済情勢の下で合理的と考えられる条件を満たす市場で形成されるであろう市場価値を表示する適正な価格をいう。

(2) **限定価格**とは，市場性を有する不動産について，不動産と取得する他の不動産との併合又は不動産の一部を取得する際の分割等に基づき，正常価格と同一の市場概念の下において形成されるであろう市場価値と乖離することにより，市場が相対的に限定される場合における取得部分の当該市場限定に基づく市場価値を適正に表示する価格をいう。

(3) **特定価格**とは，市場性を有する不動産について，法令等による社会的請を背景とする鑑定評価目的の下で，正常価格の前提となる諸条件を満たさないことにより正常価格と同一の市場概念の下において形成されるであろう市場価値と乖離することとなる場合における不動産の経済価値を適正に表示する価格をいう。

(4) **特殊価格**とは，文化財等の一般的に市場性を有しない不動産について，その利用現況等を前提とした不動産の経済価値を適正に表示する価格をいう。

宅建試験に「出る！」問題

正常価格とは，市場性を有する不動産について，現実の社会経済情勢の下で合理的と考えられる条件を満たす市場で形成されるであろう市場価値を表示する適正な価格をいう。(2010-25-3)

解答：○（上記合格ステップ(1)参照）

ウォーク問3 問154…(1) 問155…(4) 問196…(3)

5 鑑定評価の方式

（1）鑑定評価の方式の種類

不動産の鑑定評価の方式には，**原価方式**，**比較方式**及び**収益方式**の3方式があります。このそれぞれの方式の考え方を中心とした**不動産の価格を求める手法**は，**原価法**，**取引事例比較法**及び**収益還元法**と呼ばれます。それぞれの鑑定評価の手法の適用により求められた価格を**試算価格**といいます。

不動産の価格を鑑定評価する場合には，**複数の鑑定評価の手法を適用すべき**とされます。そして，それぞれの手法によって求められた試算価格が適切かどうか再吟味し，それがどれぐらい説得力があるか判断を行って，鑑定評価の最終判断である鑑定評価額を決定することとなります。

合格ステップ 99

鑑定評価の手法の適用　　　　　ランク B

(1) 不動産の価格を求める鑑定評価の基本的な手法は，**原価法**，**取引事例比較法**及び**収益還元法**に大別される。
(2) 鑑定評価の手法の適用に当たっては，**複数の鑑定評価の手法を適用すべき**である。そして，対象不動産の種類，所在地の実情，資料の信頼性等により複数の鑑定評価の手法の適用が困難な場合においても，その考え方をできるだけ参酌するように努めるべきである。

> ## 宅建試験に「出る!」問題
>
> 不動産の価格を求める鑑定評価の基本的な手法は，原価法，取引事例比較法及び収益還元法に大別され，鑑定評価に当たっては，原則として案件に応じてこれらの手法のうちいずれか一つを選択して適用すべきこととされている。(2008-29-1改題)
>
> 解答：×（上記合格ステップ(2)参照）
>
> **ウォーク問③** 問155…(3) 問157…(1)

【鑑定評価の流れ】

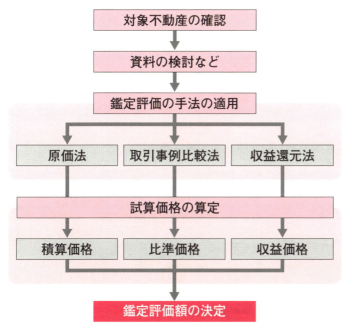

　以下では，これらの3手法がそれぞれどのようなものであるか見ていきます。その前に試算価格を求める場合に一般的に留意すべき主な事項について触れておきましょう。

(a)事例の収集及び選択

　このような鑑定評価の方式を使って，不動産の価格を求

めるには，やはり必要な資料を十分に集め，その集めた資料のなかで適切なものだけを選択しなければなりません。例えば，投機的取引と認められる事例などは，不適切な資料として鑑定評価のための資料として用いることができません。

このような資料の収集においては，他の不動産に関する建設事例，取引事例，収益事例が収集されます。

また，これらの取引事例等は，対象不動産が属する地域で，ある特定の用途に供されることを中心として地域的にまとまりのあるところ（**近隣地域**），又は対象不動産と代替関係があるために価格の形成に相互に影響を与えるものがあるところで，近隣地域と似た特性を有する地域（**同一需給圏**内の**類似地域**）に存する不動産から選択するものとされます。

また，類似地域以外であっても，同一需給圏内には，対象不動産と代替，競争等の関係が成立している不動産（**同一需給圏内の代替競争不動産**）があり，この資料を選択することもできます。

【近隣地域・同一需給圏・類似地域】

近隣地域	対象不動産の属する用途的地域であって，より大きな規模と内容とを持つ地域である都市あるいは農村等の内部にあって居住，商業活動，工業生産活動等人の生活と活動とに関して，ある特定の用途に供されることを中心として地域的にまとまりを示している地域※ ※　宅地，農地など，地域を用途的観点から区分したものを用途的地域という。近隣地域は対象不動産が属する用途的地域であり，その価格形成に直接影響を与える特性をもつ。
類似地域	近隣地域の地域の特性と類似する特性を有する地域
同一需給圏	一般に対象不動産と代替関係が成立して，その価格の形成について相互に影響を及ぼすような関係にある他の不動産の存する圏域※ ※　近隣地域を含み，類似地域などの存する範囲を規定するものである。

【近隣地域と同一需給圏内の類似地域】

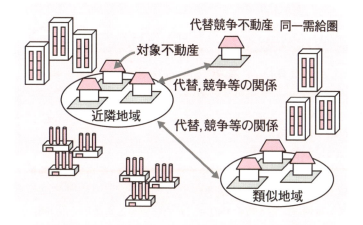

(b)事情補正

　資料として収集された取引事例等には，その事例の取引での特殊な事情が影響している場合があります。対象不動産の鑑定評価を行う場合には，この影響を適切に補正しなければなりません。この補正を**事情補正**といいます。

(c)時点修正

　資料として収集された取引事例等の取引時点と，対象不動産の価格を求めようとしている時点（価格時点）では，価格水準が異なることがあるため，これを価格時点の価格等に修正しなければなりません。この修正を**時点修正**といいます。

合格ステップ **100**

反復チェック / / /

試算価格を求める場合の一般的留意事項…**C** ランク

(1) 鑑定評価をする際に**必要な資料**は，次のいずれかの不動産の取引事例等を選択する。

　①**近隣地域**に存する不動産

　②**同一需給圏内の類似地域等**に存する不動産

　③**同一需給圏内の代替競争不動産**

(2) **事情補正**とは，取引事例等に係る取引等が特殊な事情を含み，価格等に影響を及ぼしているときに，適切に補正することをいう。

(3) **時点修正**とは，取引事例等に係る取引等の時点が価格時点と異なり，その間に価格水準に変動があると認められる場合に，当該取引事例等の価格等を価格時点の価格等に修正することをいう。

宅建試験に「出る！」問題

取引事例に係る取引が特殊な事情を含み，これが当該取引事例に係る価格等に影響を及ぼしているときは，適切に補正しなければならない。(2010-25-4)

解答：○(上記合格ステップ(2)参照)

（2）原価法

　同じ程度の不動産を作るとしたら，いくらぐらいかかるだろうかと計算してみる方法が**原価法**です。この手法による試算価格を**積算価格**といいます。

　原価法は，対象不動産が①建物，又は②建物及びその敷地である場合に，後述する「**再調達原価**」の把握及び「**減価修正**」を適切に行うことができるときに有効であり，対象不動産が土地のみである場合においても，再調達原価を適切に求めることができるときはこの手法を適用することができます。

388　**LEC**東京リーガルマインド　2021年版出る順宅建士 合格テキスト ③法令上の制限・税・その他

【原価法】

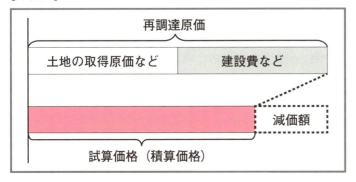

(a)再調達原価

　原価法では，たとえば，建物及びその敷地の価格を求める場合，まず，他の建設事例などの資料を集めて，現在これと同じ土地を取得し，同じ建物を建てると，いくらかかるのかということを調べて，このコストを求めます。これを**再調達原価**といいます。すなわち，再調達原価とは，対象不動産を価格時点において再調達することを想定した場合において必要とされる適正な原価の総額をいいます。これは，**価格を求めようとしている時点（価格時点）に，再び建築（再調達）**したらいくらかかるのかということであって，実際にその建物を建てた時にいくらかかったのかということではありません。なお，価格時点において建設資材，工法等の変遷により対象不動産の再調達原価を求めることが困難な場合には，同じような有用性をもつものに置き換えて求めた原価（置換原価）を再調達原価とみなして，鑑定評価をします。

　再調達原価を求める場合には，建設請負で，請負人が発注者に対してすぐに使える状態にして引き渡す通常の場合を想定し，素材となる**土地の取得原価などに，そのときに支払う建設費などを加算**し求めるものとされます。なお，土地についての原価法の適用において，宅地造成直後と価格時点とを比較し公共施設の整備等による環境の変化が価格水準に影響を与えていると客観的に認められる場合は，熟成度と

して地域要因の変化の程度に応じた増加額を加算できます。

（ｂ）減価修正

次に，この再調達原価から，必要な価格の修正をします。建物は，一般的に，老朽化や新しい建築方法の開発，ライフスタイルの変化などにより価値が下がります。そこで，このような点につき査定を行い，**減価しているところがあれば，再調達原価から，その分を差し引く（控除）のです。これを減価修正**といいます。なお，原価法において，対象不動産の再調達原価から控除すべき減価額を求める方法には，耐用年数に基づく方法と観察減価法があり，原則としてこれらを併用するものとされます。

重要条文

＜不動産鑑定評価基準総論＞

　総論

第７章　鑑定評価の方式

　第１節　鑑定を求める鑑定評価の手法

Ⅱ　原価法

１．意義

　原価法は，価格時点における対象不動産の再調達原価を求め，この再調達原価について減価修正を行って対象不動産の試算価格を求める手法である（この手法による試算価格を積算価格という。）。

　原価法は，対象不動産が建物又は建物及びその敷地である場合において，再調達原価の把握及び減価修正を適切に行うことができるときに有効であり，対象不動産が土地のみである場合においても，再調達原価を適切に求めることができるときはこの手法を適用することができる。

合格ステップ 101

原価法

(1) **原価法**は、価格時点における対象不動産の**再調達原価**を求め、この再調達原価について**減価修正**を行って、対象不動産の試算価格を求める手法である。この手法による試算価格を**積算価格**という。

(2) **再調達原価**とは、対象不動産を価格時点において再調達することを想定した場合に必要とされる適正な原価の総額をいう。

宅建試験に「出る!」問題

原価法は、求めた再調達原価について減価修正を行って対象物件の価格を求める手法であるが、建設費の把握が可能な建物のみに適用でき、土地には適用できない。(2010-25-1)

解答：×（上記合格ステップ(1)参照）

(3) 取引事例比較法

　不動産の価格は、いくつかの取引の事例を探して、これらの**取引価格と比較**をし、対象不動産を売買するとしたらいくらで取引されるのだろうかと考えることによっても求めることができるでしょう。この手法を**取引事例比較法**といいます。この手法による試算価格を**比準価格**といいます。

　この手法は、対象不動産の近くなどでよく似た不動産の取引が行われている場合などに有効です。

【取引事例比較法】

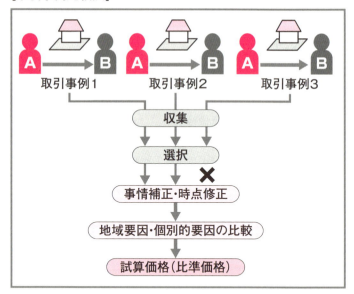

　取引事例比較法は，まず，**多数の取引事例を収集して適切な事例の選択**を行います。この事例は，取引事情が正常なもの，又は正常なものに補正できるものを収集，選択しなければなりません。投機的取引の事例は選択できません。

　そして，これらの取引事例の取引価格に，必要に応じて**事情補正及び時点修正**を行います。**地域要因の比較及び個別的要因の比較**も行います。なお，取引事例比較法における取引事例は，近隣地域又は同一需給圏内の類似地域に存する不動産に係るものでなければなりませんが，必要やむを得ない場合には，近隣地域の周辺の地域に係るものからも選択できます。

　このようにして求められたいくつかの取引事例の価格を比較考量し，対象不動産の試算価格を求めるのです。

重要条文

＜不動産鑑定評価基準総論＞

総論

第7章　鑑定評価の方式

　第1節　鑑定を求める鑑定評価の手法

Ⅲ　取引事例比較法

1．意義

　取引事例比較法は，まず多数の取引事例を収集して適切な事例の選択を行い，これらに係る取引価格に必要に応じて事情補正及び時点修正を行い，かつ，地域要因の比較及び個別的要因の比較を行って求められた価格を比較考量し，これによって対象不動産の試算価格を求める手法である（この手法による試算価格を比準価格という。）。

　取引事例比較法は，近隣地域若しくは同一需給圏内の類似地域等において対象不動産と類似の不動産の取引が行われている場合又は同一需給圏内の代替競争不動産の取引が行われている場合に有効である。

合格ステップ 102

反復チェック　/　/　/

取引事例比較法 ‥‥‥‥‥‥‥‥‥‥‥‥‥‥‥‥‥ ランク A

（とりひきじれいひかくほう）

　取引事例比較法とは，まず**多数の取引事例を収集して適切な事例の選択**を行い，これらに係る取引価格に必要に応じて**事情補正**及び**時点修正**を行い，かつ，**地域要因の比較及び個別的要因の比較**を行って求められた価格を比較考量し，これによって対象不動産の試算価格を求める手法をいう。

　この手法による試算価格を**比準価格**という。

宅建試験に「出る!」問題

取引事例比較法とは，まず多数の取引事例を収集して適切な事例の選択を行い，これらに係る取引価格に必要に応じて事情補正及び時点修正を行い，かつ，地域要因の比較及び個別的要因の比較を行って求められた価格を比較考量し，これによって対象不動産の試算価格を求める手法である。(2001-29-2)

解答：〇（上記合格ステップ参照）

ウォーク問③ ▶ 問157…(2)

（4）収益還元法

　収益還元法は，対象不動産からどれくらい利益をあげることができるかという点から試算価格を求める手法です。この手法による試算価格を**収益価格**といいます。対象不動産が今後何年かにわたって生み出す利益の合計が現在の価値にすると，どれくらいになるかを算定するのです。

　建物を賃貸した場合を考えると，家主には月々の家賃の他，権利金や更新料などの収入が生じます。これらの収入の合計を**総収益**といいます。また，こうした賃貸業を続けていくには，建物の維持管理費や固定資産税等の公租公課など，さまざまな費用がかかります。これらの費用の合計を**総費用**といいます。収益還元法では，この**総収益**から総費用を控除した純収益の現在価値の総和が求められます。

　収益価格を求める方法には，直接還元法とDCF（Discounted Cash Flow）法があり，一期間の純収益を還元利回りによって還元する方法を直接還元法，連続する複数の期間に発生する純収益及び復帰価格を，その発生時期に応じて現在価値に割り引き，それぞれを合計する方法をDCF法といいます。

　なお，証券化対象不動産の鑑定評価における収益価格を

求めるに当たっては、DCF法を適用しなければなりません。この場合において、あわせて直接還元法を適用することにより検証を行うことが適切です。

【収益還元法】

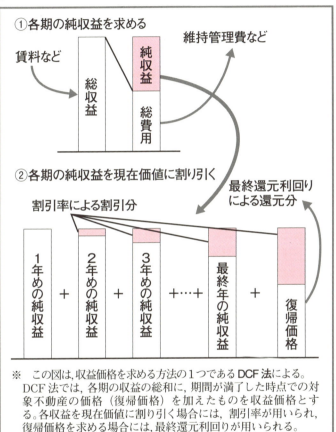

収益還元法は、**賃貸用不動産や賃貸以外の事業の用に供する不動産の価格を求める場合に特に有効**です。文化財の指定を受けた建造物など一般に取引されない不動産以外のものであれば、**自用の不動産であっても賃貸を想定すること**

によって**適用**することができます。

　市場での土地の取引価格の上昇が著しいときには，その価格と収益価格は大きくずれたものとなります。そのため，先走りがちな**取引価格が適正か否かを検証する手段**として，収益還元法は活用されるべきものです。

重要条文

＜不動産鑑定評価基準総論＞
　総論
第7章　鑑定評価の方式
　第1節　鑑定を求める鑑定評価の手法
Ⅳ　収益還元法
1．意義
　収益還元法は，対象不動産が将来生み出すであろうと期待される純収益の現在価値の総和を求めることにより対象不動産の試算価格を求める手法である（この手法による試算価格を収益価格という。）。

　収益還元法は，賃貸用不動産又は賃貸以外の事業の用に供する不動産の価格を求める場合に特に有効である。

　また，不動産の価格は，一般に当該不動産の収益性を反映して形成されるものであり，収益は，不動産の経済価値の本質を形成するものである。したがって，この手法は，文化財の指定を受けた建造物等の一般的に市場性を有しない不動産以外のものには基本的にすべて適用すべきものであり，自用の不動産といえども賃貸を想定することにより適用されるものである。

　なお，市場における不動産の取引価格の上昇が著しいときは，取引価格と収益価格との乖離が増大するものであるので，先走りがちな取引価格に対する有力な検証手段として，この手法が活用されるべきである。

合格ステップ 103

収益還元法

ランク A

(1) **収益還元法**とは，対象不動産が将来生み出すであろうと期待される**純収益の現在価値の総和を求めることにより**対象不動産の試算価格を求める手法をいう。
　この手法による試算価格を**収益価格**という。

(2) **収益還元法は，賃貸用不動産，賃貸以外の事業の用に供する不動産の価格を求める場合に，特に有効**である。
　文化財に指定されている建造物等**以外**のものには基本的にすべて適用すべきものであり，**自用の不動産**といえども，**賃貸を想定することにより適用**される。

(3) 市場における不動産の取引価格の上昇が著しいときは，取引価格と収益価格との乖離が増大するものであるので，先走りがちな**取引価格に対する有力な検証手段**として，この手法が活用されるべきである。

宅建試験に「出る！」問題

収益還元法は，対象不動産が将来生み出すであろうと期待される純収益の現在価値の総和を求めることにより対象不動産の試算価格を求める手法であることから，賃貸用不動産の価格を求める場合に有効であり，自用の不動産には適用すべきでない。
(2008-29-4改題)

　　　　　　　　　　　　　　　　　　　解答：×（上記合格ステップ(2)参照）

ウォーク問3 ▶ 問154…(4)　問155…(2)　問157…(3)

(5) 賃料を求める鑑定評価の手法

　賃料といって普通に思いつくのは月々支払いをする賃料です。この**各支払時期に支払われる賃料**を**支払賃料**といいます。
　しかし，借主が貸主に支払うのは，月々の賃料だけではなく，権利金や保証金のような金銭の支払いがされる場合もあ

ります。また，清掃費，冷暖房費などがいわゆる付加使用料，共益費等の名目で支払われる場合もありますが，これらのうちには実質的な賃料としての性格をもつものもあります。このようなその種類を問わず，**賃貸人等に支払われる賃料の算定の期間に対応する適正なすべての経済的対価**を**実質賃料**といいます。

　なお，賃料を求める鑑定評価の手法には，新たに不動産を賃貸借する場合の賃料(新規賃料)を求める場合として，積算法，賃貸事例比較法，収益分析法などがあります。また，賃貸借を継続しようとする特定の当事者間の賃料(継続賃料)を求める場合として，差額配分法，利回り法，スライド法，賃貸事例比較法などがあります。

免除科目

第1章	住宅金融支援機構法
第2章	不動産の需給・統計
第3章	不当景品類及び不当表示防止法
第4章	土地
第5章	建物

第1章 住宅金融支援機構法

学習のポイント

学習項目	'11	'12	'13	'14	'15	'16	'17	'18	'19	'20
1 住宅金融支援機構の目的										
2 住宅金融支援機構の業務	★	★	★	★	★	★	★	★	★	★
3 業務の委託					★					
4 その他	★									

「住宅金融支援機構法」の分野から，毎年1問の出題があります。

住宅金融支援機構は，2006年まであった住宅金融公庫の権利義務を引き継ぐものとして2007年4月1日に設立されました。そのため，2007年からは「住宅金融支援機構法」から，毎年1問の出題となっています。

本章では，住宅金融支援機構法の基本的内容をまとめておきます。

住宅金融支援機構の主要業務は，証券化支援業務となっています。この証券化支援業務は，「貸付金債権の譲受け」や「債権の証券化」といった難解かつ高度に専門的な知識を元にした業務であり，深入りすべきではありません。

対策の立てにくい分野といえますので，時間をかけすぎないように，基本的な枠組みを押さえることを心がけましょう。

何を学ぶか？ どこに着目するか？

  何を学ぶか？

本章では，住宅金融支援機構という団体の行う業務について勉強していきます。

住宅金融支援機構って何？

家を建てるにはお金がかかるので，多額のローンを組むことが多くあります。しかし，多額でかつ長期にわたる返済だと，支払い不能のリスクもあり，ローンを組む方もお金を貸す方も慎重になります。そこで，銀行がお金を貸しやすくしたり，住宅の情報を教えたり，あるいは銀行が融資しにくい場合にはお金を直接融資する，といったことをするのが住宅金融支援機構です。

銀行がお金を貸しやすくするってどうやるの？

銀行としては，返ってこないのにお金を貸すことはできません。しかし，お金を貸して得た債権を誰かが買ってくれるなら，銀行としては融資しようかな，と考えます。そこで，機構が銀行の貸付債権を譲り受けたりします。

直接お金も貸してくれるの？

どんな場合でも貸してくれるわけではありません。社会全体に利益があるような場合に貸してくれます。例えば，災害復興に必要な建物や，子供や高齢者に必要な建物を建てる場合です。

合格への着眼点は？

対策の立てにくい分野ですが，試験対策としては，住宅金融支援機構の行う業務を中心に覚えていくことになります。

1 住宅金融支援機構の目的

　独立行政法人住宅金融支援機構（以下「**住宅金融支援機構**」という。）は，①一般の金融機関による住宅の建設等に必要な資金の融通を支援するための**貸付債権の譲受け等の業務**を行うとともに，②国民の住生活を取り巻く環境の変化に対応した**良質な住宅の建設等に必要な資金の調達等に関する情報の提供その他の援助の業務**を行うほか，③一般の金融機関による融通を補完するための**災害復興建築物の建設等に必要な資金の貸付けの業務**を行うことにより，住宅の建設等に必要な資金の円滑かつ効率的な融通を図り，もって国民生活の安定と社会福祉の増進に寄与することを目的とします（4条）。

合格ステップ 104

住宅金融支援機構の目的 …… ランク C

①	一般の金融機関による住宅の建設等に必要な**資金の融通を支援**
②	良質な住宅の建設等に必要な資金の調達等に関する**情報の提供**
③	一般の金融機関による融通を補完するための災害復興建築物の建設等に必要な**資金の貸付けの業務**

2 住宅金融支援機構の業務

（1）業務の内容

　住宅金融公庫は，個人に対する融資業務を行っていましたが，住宅金融支援機構は，個人融資を原則として廃止し，**証券化支援業務**を主要業務として行うことになっています。そこで，まず，「証券化支援業務」について，説明します。

民間の金融機関にとって，長期・固定金利の住宅ローンは，将来の金利変動等によって収支が悪化するリスクがあることから，なかなか積極的に実行することができません。そこで，住宅金融支援機構は，民間金融機関が融資した住宅ローン債権を買い取り，信託したうえで証券化し，その担保とした証券を投資家に売却して，将来の金利変動のリスクを投資家に引き受けてもらうことにより，民間の長期・固定の住宅ローンの供給を支援する業務を行うことになっています（13条1項1号，2号）。

　証券化支援事業において，住宅金融支援機構による買取りの対象となるのは，銀行，信用金庫，信用組合，農業協同組合，保険会社等の金融機関が貸し付けた住宅ローン債権で，この住宅ローン金利は，各取扱金融機関によって異なります。住宅ローンによって購入する住宅は，新築・中古を問いません。

　また，住宅金融支援機構が金融機関から譲り受ける貸付債権は，住宅の建設又は購入に付随する土地又は借地権の取得に必要な資金の貸付に係る貸付債権を含みます。

　機構は，それ以外にも，さまざまな業務を行います（13条1項）。そこで，合格ステップに，住宅金融支援機構の行う業務の内容をまとめておきます。

重要条文

＜住宅金融支援機構法＞
第13条（業務の範囲）

1　機構は，第4条の目的を達成するため，次の業務を行う。

　一　住宅の建設又は購入に必要な資金（当該住宅の建設又は
　　　購入に付随する行為で政令で定めるものに必要な資金を含
　　　む。）の貸付けに係る主務省令で定める金融機関の貸付債権
　　　の譲受けを行うこと。

　二～三　（略）

　四　住宅の建設，購入，改良若しくは移転（以下この号におい
　　　て「建設等」という。）をしようとする者又は住宅の建設等に
　　　関する事業を行う者に対し，必要な資金の調達又は良質な
　　　住宅の設計若しくは建設等に関する情報の提供，相談その
　　　他の援助を行うこと。

　五　災害復興建築物の建設若しくは購入又は被災建築物の補
　　　修に必要な資金（当該災害復興建築物の建設若しくは購入又
　　　は当該被災建築物の補修に付随する行為で政令で定めるも
　　　のに必要な資金を含む。）の貸付けを行うこと。

　六　災害予防代替建築物の建設若しくは購入若しくは災害予
　　　防移転建築物の移転に必要な資金（当該災害予防代替建築物
　　　の建設若しくは購入又は当該災害予防移転建築物の移転に
　　　付随する行為で政令で定めるものに必要な資金を含む。），
　　　災害予防関連工事に必要な資金又は地震に対する安全性の
　　　向上を主たる目的とする住宅の改良に必要な資金の貸付け
　　　を行うこと。

　七　合理的土地利用建築物の建設若しくは合理的土地利用建
　　　築物で人の居住の用その他その本来の用途に供したことの
　　　ないものの購入に必要な資金（当該合理的土地利用建築物の
　　　建設又は購入に付随する行為で政令で定めるものに必要な
　　　資金を含む。）又はマンションの共用部分の改良に必要な資
　　　金の貸付けを行うこと。

合格ステップ 105

住宅金融支援機構の主な業務

ランク B

(1) 証券化支援業務 （主要業務）	一般の金融機関の貸付債権の譲受け，貸付債権を担保とする債券に係る債務保証による証券化支援業務を行う。
(2) 融資保険業務	民間住宅ローンについて保険を行う。
(3) 住情報の提供業務	住宅ローンや住宅の建設・購入等に関する情報の提供を行う。
(4) 直接融資業務	災害関連，都市居住再生等の一般の金融機関による融通が困難な分野に限り直接融資業務を行う。
(5) 既往債権の管理・回収業務	住宅金融公庫の権利・義務を承継し，住宅金融公庫の既往債権の管理・回収業務を行う。
(6) 業務の役割分担・質の向上	一般の金融機関との適切な役割分担を図るとともに，住宅の質の向上を図るために必要な措置を講じる。

宅建試験に「出る!」問題

独立行政法人住宅金融支援機構は，証券化支援事業（買取型）において，民間金融機関が貸し付ける長期・固定金利の住宅ローン債権を買取りの対象としている。(2011-46-3)

解答：○（上記合格ステップ(1)参照）

ウォーク問3 問159…(2) 問161…(4) 問197…(1)

住宅金融支援機構が行う「**貸付業務**」の内容としては，以下のようなものがあります(13条1項5号〜9号，2項2号5号)。住宅金融支援機構は，高齢者が自ら居住する住宅に対して行うバリアフリー工事又は耐震改修工事に係る貸付けについて，毎月の返済を利息のみの支払いとし，借入金の元金は債務者本人の死亡時に一括して返済する制度(高齢者向け返済特例制度)を設けています。**証券化支援事業では，高齢者向け返済特例制度**は設けられていません。なお，住宅金融支援機構

は，あらかじめ貸付けを受けた者と一定の契約を締結し，その者が死亡した場合に支払われる生命保険金を当該貸付に係る債務の弁済に充てる団体信用生命保険も，業務として行っています。

【住宅金融支援機構の行う貸付業務の内容】

①	災害復興建築物の建設・購入，被災建築物の補修に必要な資金の貸付け
②	災害予防代替建築物の建設・購入，災害予防移転建築物の移転に必要な資金，災害予防関連工事に必要な資金又は地震に対する安全性の向上を主たる目的とする住宅の改良に必要な資金の貸付け
③	合理的土地利用建築物の建設，合理的土地利用建築物で人の居住の用その他その本来の用途に供したことのないものの購入に必要な資金又はマンションの共用部分の改良に必要な資金の貸付け
④	子どもを育成する家庭，高齢者の家庭に適した良好な居住性能及び居住環境を有する賃貸住宅もしくは賃貸の用に供する住宅部分が大部分を占める建築物の建設に必要な資金，又は当該賃貸住宅の改良に必要な資金の貸付け
⑤	高齢者の家庭に適した良好な居住性能及び居住環境を有する住宅とすることを主たる目的とする住宅の改良（高齢者が自ら居住する住宅について行うものに限る。）に必要な資金，又は，高齢者の居住の安定確保に関する法律7条5項に規定する登録住宅（賃貸住宅であるものに限る。）とすることを主たる目的とする人の居住の用に供したことのある住宅の購入に必要な資金の貸付け
⑥	阪神・淡路大震災に対処するための特別の財政援助及び助成に関する法律77条，東日本大震災に対処するための特別の財政援助及び助成に関する法律138条又は福島復興再生特別措置法31条もしくは43条の規定による貸付け
⑦	勤労者財産形成促進法10条1項の規定による貸付け

　住宅金融支援機構は，貸付けを受けた者が一定の事由により，元利金の支払いが困難になった場合には，住宅金融支援機構が定めるところにより貸付条件の変更又は延滞元利金の支払方法の変更をすることができますが，元利金の支

払いの免除をすることはできません。

（2）業務の実施

　住宅金融支援機構は，前記合格ステップ(1)及び(4)の業務を実施するに当たっては，住宅の建設等に必要な資金の需要及び供給の状況に応じて，一般の金融機関との適切な役割分担を図り，これらの業務を通じ，国民に対する住宅の建設等に必要な長期資金の融通が円滑に行われるよう努めなければなりません(14条1項)。

　また，住宅金融支援機構は，証券化支援業務や直接融資業務を実施するに当たっては，住宅の質の向上を図るために必要な事項に配慮して，貸付債権の譲受け，特定債務保証又は資金の貸付けの条件の適切な設定その他の必要な措置を講ずるとともに，国及び地方公共団体が行う良好な居住環境を整備するためのまちづくりその他の必要な施策について協力しなければなりません(14条2項)。

（3）緊急の必要がある場合の主務大臣の要求

　主務大臣(国土交通大臣及び財務大臣)は，災害の発生，経済事情の急激な変動その他の事情が生じた場合において，国民の居住の安定確保を図るために金融上の支援を緊急に行う必要があると認めるときは，住宅金融支援機構に対して，業務に関し必要な措置をとることを求めることができます(15条1項)。また，住宅金融支援機構は，主務大臣から上記の求めがあったときは，正当な理由がない限り，その求めに応じなければなりません(15条2項)。

3 業務の委託

住宅金融支援機構は、業務をすべて行っているわけではなく、住情報の提供業務を除き、その一部を金融機関などに委託することができます(16条1項)。

合格ステップ 106

業務の委託　　　ランク C

住宅金融支援機構は、業務をすべて行っているわけではなく、住情報の提供業務を除き、その一部を金融機関などに委託することができる。

①	主務省令で定める金融機関
②	債権管理回収業に関する特別措置法第2条3項に規定する債権回収会社
③	地方公共団体その他政令で定める法人

住宅金融支援機構は、必要があると認めるときは、業務の委託を受けた者に対し、その委託を受けた業務について報告を求め、又は住宅金融支援機構の役員もしくは職員に、その委託を受けた業務について必要な調査をさせることができます(16条3項)。

4 その他

(1) 長期借入金及び住宅金融支援機構債券等

住宅金融支援機構は、一定の業務に必要な費用に充てるため、主務大臣の認可を受けて、長期借入金をし、又は**住宅金融支援機構債券**を発行することができます(19条1項)。

また、住宅金融支援機構は、勤労者財産形成促進法10条1項の規定による貸付け業務に必要な費用に充てるため、主

務大臣の認可を受けて，勤労者財産形成促進法に規定する
勤労者財産形成貯蓄契約等を締結した金融機関等が引き受
けるべきものとして，**住宅金融支援機構財形住宅債券**を発
行することができます(19条3項)。

　主務大臣は，上記の認可をしようとするときは，あらかじ
め，主務省の**独立行政法人評価委員会**の意見を聴かなけれ
ばなりません(19条4項)。

（２）債務保証

　政府は，国会の議決を経た金額の範囲内において，住宅
金融支援機構の長期借入金又は住宅金融支援機構債券に係
る債務(国際復興開発銀行等からの外資の受入に関する特別
措置に関する法律の規定に基づき政府が保証契約をするこ
とができる債務を除きます。)について保証することができま
す(20条)。

（３）機構債券の担保のための貸付債権の信託

　住宅金融支援機構は，主務大臣の認可を受けて，住宅金
融支援機構債券に係る債務(政府が保証するものを除きま
す。)の担保に供するため，その貸付債権の一部を信託会社
等に信託することができます(21条)。

　住宅金融支援機構は，その貸付債権を信託するときは，
当該信託の受託者から当該貸付債権に係る元利金の回収そ
の他回収に関する業務及びこれに附帯する業務の全部を受
託しなければなりません(23条1項)。

（４）貸付債権の信託の受益権の譲渡等

　住宅金融支援機構は，主務大臣の認可を受けて，債権譲
受業務等に必要な費用に充てるため，その貸付債権につい
て，次に掲げる行為をすることができます(22条)。

【貸付債権の信託の受益権の譲渡等】

①	信託会社等に信託し，当該信託の受益権を譲渡すること。
②	特定目的会社に譲渡すること。
③	上記①②に掲げる行為に附帯する行為をすること。

　住宅金融支援機構は，その貸付債権を譲渡するときは，当該貸付債権の譲受人から当該貸付債権に係る元利金の回収その他回収に関する業務及びこれに附帯する業務の全部を受託しなければなりません(23条1項)。

（5）償還計画

　住宅金融支援機構は，毎事業年度，長期借入金ならびに住宅金融支援機構債券及び財形住宅債券の償還計画を立てて，主務大臣の認可を受けなければなりません(24条1項)。

　そして，主務大臣は，認可をしようとするときは，あらかじめ，主務省の独立行政法人評価委員会の意見を聴かなければなりません(24条2項)。

（6）報告及び検査

　主務大臣は，必要があると認めるときは，委託を受けた金融機関，債権回収会社，地方公共団体等に対し，その委託を受けた業務に関し報告をさせることができます(26条1項)。

（7）住宅金融公庫の解散・権利及び義務の承継等

　住宅金融公庫は，住宅金融支援機構の成立の時において解散し，その一切の権利及び義務は，国が承継する資産を除き，住宅金融支援機構が承継します(附則3条)。そのため，住宅金融支援機構は，住宅金融公庫が住宅金融支援機構法の施行前に受理した申込みに係る資金の貸付けの業務を行います。

　そして，住宅金融支援機構は，住宅金融支援機構が承継

する住宅金融公庫が貸し付けた資金に係る債権の回収が終了するまでの間，当該債権の管理及び回収等の業務を行います(附則7条1項1号)。

（8）住宅金融支援機構住宅宅地債券の発行

住宅金融支援機構は，当分の間，一定の者に対し，**住宅金融支援機構住宅宅地債券**を発行することができます(附則8条)。

第2章 不動産の需給・統計

学習のポイント

学習項目	'11	'12	'13	'14	'15	'16	'17	'18	'19	'20
1 地価公示に関する統計	★	★	★	★		★	★	★	★	★
2 新設住宅着工戸数に関する統計	★	★	★	★	★	★	★	★	★	★
3 その他の統計	★	★	★	★	★	★	★	★	★	★
4 取引の実務										

　不動産に関する統計問題は、近年毎年出題されています。不動産に関する統計には、非常に多種多様なものがありますが、本試験で出題されているのは、主に次の統計資料からです。

　①地価公示（国土交通省）
　②住宅着工統計（国土交通省）
　③住宅・土地統計調査（総務省）
　④法人企業統計（財務省）
　⑤国土交通白書（国土交通省）
　⑥土地白書（国土交通省）

　これらで発表されている統計資料から、不動産の動向をみていきましょう。
　なお、統計の問題は、その年の最新の統計資料を入手して準備しておく必要があります。LECでは「法改正・統計情報」をインターネット上で公開しています。詳細は巻頭「インターネット情報提供サービス」のページをご覧下さい。

何を学ぶか？ どこに着目するか？

 何を学ぶか？

不動産取引に関係する主要な統計資料の学習ポイントをおさえます。

統計資料っていくつあるの？

不動産取引に関係するという意味では多種多様なものがあります。もっとも、宅建士試験との関係では、地価公示・建設着工統計・法人企業統計・国土交通白書・土地白書などが問題になる統計です。

統計資料はすべて読んで記憶しなければならないの？

上記した5つの統計資料だけでも膨大な量があります。当然統計情報をすべて記憶する必要はありません。宅建士試験で繰り返し出題されている統計項目にポイントを絞って記憶しましょう。

そのポイントだけでもすごい量じゃないの？

実際それほどの知識量はなくとも、需給・統計の問題は正解できます。たとえば国土交通白書自体は膨大な資料ですが、宅建士試験に出題されてきた項目は数ページに収まります。

合格への着眼点は？

宅建士試験では統計の数値そのものよりも前年あるいは近年の変動状況が問われることが多いです。そこで数値を丸覚えするのではなく、変動状況をまず記憶してこれに連動して数値を記憶してください。なお、宅建士試験では最新の統計情報を入手して準備する必要があります。ＬＥＣでは最新の「法改正・統計情報」をインターネット上で公開しています。詳細は、巻頭「インターネット情報提供サービス」のページをご覧ください。

1 地価公示に関する統計

地価公示に関する統計は、93年以降出題されています（2015年は出題されませんでした）。

この地価公示については、細かな数字が問われることはほとんどありません。公示されたデータのうち、①住宅地と商業地、②全国の地価、大都市圏の地価、地方圏の地価の大まかな動向（上昇したか下落したか、上昇率・下落率はどうか）をしっかりと理解できているかどうかを試す出題が続いています。

2 新設住宅着工戸数に関する統計

住宅・宅地に関する統計のうち、新設住宅着工戸数（住宅着工統計（国土交通省））に関する問題が、93年以降出題されています（2009年は出題されませんでした）。この新設住宅着工戸数については、着工戸数は約何万戸か、また、何％増加したか減少したか、といった細かな数字が問われることもあります。

3 その他の統計

その他の統計については、**総住宅数の推移**や**全国の宅地供給量**、**全国の土地取引面積**、**全国の売買による土地の所有権移転登記の件数**、**宅建業者の数**、**不動産業の売上高・経常利益**（法人企業統計）、**指定流通機構への登録物件数**など、幅広い内容が出題されています。

4 取引の実務

取引の実務に関する出題として、取引において契約当事者が注意すべき点についてみておきましょう。

(1) 申込者の確認

(a) 申込者の本人確認

まず、申込者の本人確認が必要です。特に売却の申込みの場合が重要で、申込者は所有者本人でなければ、申込者と所有者本人との関係を調査する必要があります。

(b) 申込者の所有権の確認

次に、売却の申込みの場合、申込者が所有者であるかどうか確認しなければなりません。

①登記記録等の確認

まず、不動産登記簿を閲覧したり、登記事項証明書の交付を求めたりして、登記記録上の名義人と売主の住所・氏名が一致しているか否かを確認する必要があります。

しかし、登記には必ずしも正しい権利関係が反映されているわけではありません。この方法だけに頼るのはきわめて危険で、次の実態調査をすることが必要不可欠となります。

②実態調査

実態調査の方法としては、固定資産税を誰が納税しているのかを調査することが考えられます。固定資産税はその物件の所有者に課税されますので、納税者はその物件の真実の所有者である可能性が高いといえます。もっとも、借地人等の管理者が納税している場合もありうるので、登記記録上の名義人と納税者の氏名が異なるときは、納税理由を調査するなど、相当の注意を払う必要があります。

その他、水道・光熱費等を誰が支払っているのか、当

該目的物件たる不動産の近隣の人々が誰を所有者として認識しているかなども調べる必要があります。

以上のように，目的物件の売却の申込者（売主）が真の所有者か否かを確認するのは，非常に困難な作業ですが，上述の諸点を調査して，総合的に判断しなければなりません。

（c）申込者が代理人であるか否かの調査

申込者が代理人である場合には，その申込者が真実の代理人であるか否かの調査が必要です。

この調査のためには，代理権限を証明する委任状等と本人の印鑑証明書を収集することを要します。しかし，委任状などは偽造が可能ですから，直接本人に代理権授与の事実の有無を確認すべきです。

（d）本人の行為能力の確認

申込者が所有者本人であっても，制限行為能力者であれば完全な取引ができませんので，①本人が制限行為能力者か否か，②制限行為能力者であれば保護者の同意があるか等の調査が必要です。

①本人の行為能力

本人が制限行為能力者か否かは，公的文書により確認できる場合があります。すなわち，たとえば未成年者か否かは，住民票・戸籍謄（抄）本・運転免許証の提示・収集により確認できます。

②保護者の同意

申込者が制限行為能力者である場合の対応ですが，申込者が未成年者である場合には，当該取引について親権者が同意しているか否かを確認します。被保佐人や被補助人については，不動産の売買契約が保佐人や補助人の同意を要する行為となりうるので，この同意の有無を確認します。これらの確認がとれないと，後で制限行為能力者側から取消しを受ける危険があります。

以上に対して，成年被後見人が単独でなした行為については，成年後見人の同意を得た場合にも取り消される危険がありますから，実際には契約について，成年後見人に代理人となってもらう必要があります。

（２）物件の状況と権利関係

　所在地や面積は，登記記録に記録されている事項と現地の状況が異なる場合がありますので，売買の目的となった不動産が特定できるように，気を付ける必要があります。

　権利については，法令による制限や抵当権など他人の権利が付いていないかを確認します。売買に先立って，付いている抵当権をどうするのかなどを検討しておく必要があります。

（３）代金の支払方法の決定・貸借のあっせん

　契約に際しては，売買代金の支払時期・場所・金額・方法を決定する必要があります。買受けの申込者が代金の支払いを，融資を受けて行おうとする場合，宅建業者が金融機関をあっせんすることが多いですが，このような貸借のあっせんは，あっせん先の金融機関に契約締結義務はありませんので，金銭消費貸借契約のあっせんが不成立になる場合もあります。そこで，宅建業者は，あっせんが不成立となった場合の措置等をあらかじめ定めて，重要事項の説明として買受けの申込者に説明しなければなりません。

（４）登記の移転・引渡し

　登記の移転は，代金の支払いと同時に行われるのが望ましいでしょう。契約で別段の定めをする場合には，宅建業法にいう「不当な履行遅延の禁止」に該当しないように十分に注意する必要があります（宅建業法44条）。

第3章 不当景品類及び不当表示防止法

超頻出 A ランク

学習のポイント

学習項目	'11	'12	'13	'14	'15	'16	'17	'18	'19	'20
1 不当景品類及び不当表示防止法の目的										
2 不当な表示の禁止	★	★	★	★	★	★	★	★	★	★
3 景品類の制限・禁止										
4 違反をした場合の措置										

　「不当景品類及び不当表示防止法」の分野は、毎年１問出題されています。
　この不当景品類及び不当表示防止法の規定を受けて、景品規約と表示規約が定められています。
　そして、景品規約では景品類の提供について、表示規約では広告内容について具体的な規制がかけられています。本試験では、大部分の問題がこの規約から出題されています。
　宅建士試験では、表示規約の広告内容の規制に関する出題が圧倒的に多いのですが、出題内容としては多くは常識でも判断できるものです。それゆえ、多く問題を解いたうえで、常識では判断できなかった知識を補っておけば得点が容易な分野です。
　景品規約については、提供が許される場合について押さえておけばよいでしょう。

何を学ぶか？ どこに着目するか？

何を学ぶか？

本章では，一般の消費者がだまされないように，誇大広告や虚偽の広告を防ぐ法律や規約を学びます。

家を売りたいので広告をしようかと思っています。何か注意する点がありますか？

広告をするには「不当景品類及び不当表示防止法」や，「不動産の表示に関する公正競争規約」に反しないようにしないといけません。たくさんの禁止事項がありますので，広告をするには注意が必要です。

具体的にはどんな禁止事項があるの？

例えば，存在しない物件を表示するなど，明らかに消費者をだまそうとするものを禁じているものもあれば，物件の周辺の施設との距離をはっきりと明示しなければならないといったものまで多数あります。

家を買ってくれた人にプレゼントをあげようかと思うのですが？

そこにも注意が必要です。プレゼントにつられて本当は家を買いたいわけではないのに買ってしまう人がいるかもしれません。そうならないように，景品類についても制限があります。

合格への着眼点は？

この分野は覚えるべき知識の量が多く，また細かい数字まで要求されることもあります。一般常識で解ける問題も多いので，問題を解きながら自分の常識と合わない部分について復習していきましょう。

不当景品類及び不当表示防止法の目的

　商品にどのような景品を付けるか，どのような広告をするかは，本来，事業者の自由に任せられるべきことがらです。しかし，過大な景品（不当景品類）の提供や虚偽・誇大な広告（不当表示）が広く行われるようになると，一般消費者は，このような広告や景品類につられて，商品やサービスを買ってしまうことになり，正しい商品選択ができなくなってしまいます。

　そこで，「不当景品類及び不当表示防止法」（以下，「景品表示法」という）が制定され，不当な景品類の提供を制限・禁止し，不当表示を禁止したのです。

　すなわち，この法律は，一般消費者による自主的かつ合理的な選択を阻害するおそれのある行為の制限及び禁止について定めることにより，**一般消費者の利益保護**を目的とします（1条）。

どんな広告がまずいのか，消費者の立場に立って考えるのじゃ。

2 不当な表示の禁止

10問/10年

折込み広告のまずい点とは？

新聞の折込みに以下のような広告が入っていました。
ところが，実際の取引物件は，
① ○○台駅から道路距離1.2km
② 間取りは，和室6畳，洋室6畳，4.5畳，4畳，納戸，リビング及びダイニングキッチン
③ 建築後1年6カ月経過，未使用
④ 新設駅の予定は売主の独自の調査に基づいた情報であり，運行主体が公表したものではない
ということでした。

このような広告には何も問題がないでしょうか。（解答は423頁）

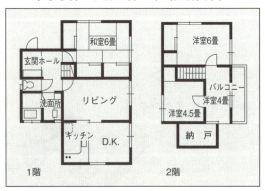

ケーススタディの答え

　この広告には，いくつかまずい点があります。なぜなら，この広告はいくつかの点で，表示規約に反しているからです。

　問題のある点を指摘してみましょう。

①徒歩による所要時間は，道路距離80mにつき1分を要するものとして算出した数値を表示しなければならないので，道路距離が1.2kmある場合は「徒歩15分」と表示すべきなのに，「徒歩10分」と表示されています。

②建築基準法上居室と認められない納戸などはその旨を納戸等と表示しなければならないのに，納戸も居室の数に入れて「5LDK」と表示しています。

③新築という用語は，建築後1年未満であって，居住の用に供されたことがないものでなければ表示できないのに，建築後1年6カ月経過した物件で，「新築」と表示しています。

④新設予定の駅又は停留所は，その路線の運行主体が公表したものに限り，その新設予定時期を明らかにして表示することができるのに，独自の調査に基づいて「乗り入れ予定」と表示しています。

これらの点で，この広告は不当な表示となるのです。

　宅地・建物の取引に関する不当な表示に関しては，景品表示法で一定の規制がかかることに加えて，「**不動産の表示に関する公正競争規約**」（以下，「表示規約」という）という，宅建業者団体の自主規制規約が，具体的に規制しています。

　この表示規約についてどのような内容があるのか，合格ステップとして具体的にみていきましょう。

　まずは，一般消費者を誤認させるおそれのある広告に関する規制についてみていきましょう。

　次に，物件の特殊性に関する規制についてみていくこととします。ここでは，4つの規制が掲げられていますが，最初からおぼえようとするのではなく，違和感を感じた部分に印でもつけておきましょう。

第3章　不当景品類及び不当表示防止法

合格ステップ 107

一般消費者を誤認させるおそれのある広告 …… ランクA

(1) **おとり広告の禁止**

次のような表示は禁止される。
① 物件が存在しないため，実際には取引することができない物件に関する表示
② 物件は存在するが，実際には取引の対象となり得ない物件に関する表示
③ 物件は存在するが，実際には取引する意思がない物件に関する表示

(2) **実際のものより新しいと誤認される表示**

建物の建築経過年数又は建築年月について，実際のものよりも経過年数が短い又は建築年月が新しいと誤認されるおそれのある表示をしてはならない。

(3) **実際のものより有利な利率である表示**

割賦販売又は不動産ローンの条件について，実質利率を表示せず，アドオン利率のみを表示するなど，実際のものよりも有利であると誤認されるおそれのある表示をしてはならない。

(4) **比較広告の規制**

比較広告において，次に掲げる広告表示をしてはならない。
① 実証されていない，又は実証することができない事項を挙げて比較する表示
② 一般消費者の物件等の選択にとって重要でない事項を重要であるかのように強調して比較するもの，及び比較する物件等を恣意的に選び出すなど不公正な基準によって比較する表示
③ 一般消費者に対する具体的な情報ではなく，単に競争事業者又はその物件等を誹謗し又は中傷する表示

(5) **他の物件の写真の使用**

宅地又は建物の写真は，原則として取引するものの写真を用いなければならない。

ただし，建築工事の完了前であるなど，取引しようとする建物の写真を用いることができない場合は，規模，形質などが同一であるものに限り，他の建物の外部写真又は内部写真を用いることができる。この場合，その写真が他の建物の

ものである旨を写真に接する位置に明示しなければならない。

(6) 価格・賃料

　住宅(マンションにあっては, 住戸)の価格については, 1戸当たりの価格を表示しなければならない。

　ただし, すべての住戸の価格を示すことが困難であるときは, 新築分譲住宅及び新築分譲マンションの価格については, 1戸あたりの最低価格, 最高価格及び最多価格帯ならびにその価格帯に属する住宅又は住戸の戸数を表示すること。この場合において, 販売戸数が10戸未満であるときは, 最多価格帯の表示を省略することができる。

　なお, 土地の価格についても同様である。

　賃貸住宅(マンション又はアパートにあっては, 住戸)の賃料については, 1カ月当たりの賃料を表示しなければならない。

　ただし, 新築賃貸マンション又は新築賃貸アパートの賃料について, すべての住戸の賃料を表示することが困難である場合は, 1住戸当たりの最低賃料及び最高賃料を表示しなければならない。

　また, マンションの管理費や修繕積立金については, 1戸あたりの月額を表示しなければならない。ただし, 住戸により管理費や修繕積立金の額が異なる場合において, そのすべての住宅の管理費を示すことが困難であるときは, 最低額及び最高額のみで表示することができる。

(7) 二重価格表示

　物件の価格, 賃料又は役務の対価について, 実際に販売する価格(実売価格)にこれよりも高い価格(比較対照価格)を併記する等の方法により, 実売価格に比較対照価格を付す二重価格表示をする場合において, 事実に相違する広告表示又は実際のものもしくは競争事業者に係るものよりも有利であると誤認されるおそれのある広告表示をしてはならない。

(8) 住宅ローン等

　住宅ローンについては, 次に掲げる事項を明示して表示しなければならない。

　ア　金融機関の名称もしくは商号又は都市銀行, 地方銀行, 信用金庫等の種類

　イ　提携ローン又は紹介ローンの別

　ウ　融資限度額

　エ　借入金の利率及び利息を徴する方式(固定金利型, 固定金利指定型, 変動金利型, 上限金利付変動金利型等の種別)又は返済例

宅建試験に「出る!」問題

不当景品類及び不当表示防止法（不動産の表示に関する公正競争規約を含む。）の規定によれば，分譲宅地（50区画）の販売広告を新聞折込チラシに掲載する場合，広告スペースの関係ですべての区画の価格を表示することが困難なときは，1区画当たりの最低価格，最高価格及び最多価格帯並びにその価格帯に属する販売区画数を表示すれば足りる。(2011-47-1)

解答：〇（上記合格ステップ(6)参照）

ウォーク問3 問163…(2) 問164…(1) 問166…(3) 問167…(2) 問168…(1)
　　　　　　問169…(1)(3) 問170…(2) 問198…(4)

合格ステップ 108

物件の特殊性に関する表示

ランク **A**

(1) 土地上の古家など
土地取引において，当該土地上に古家，廃屋等が存在するときは，その旨を明示しなければならない。

(2) 高圧電線
土地の全部又は一部が高圧電線路下にあるときは，その旨及びそのおおむねの面積を表示しなければならない。

この場合において建物その他の工作物の建築が禁止されているときは，併せてその旨を明示しなければならない。

(3) 不整形画地など著しく特異な地勢の土地
土地の有効な利用が阻害される著しい不整形画地及び区画の地盤面が2段以上に分かれている等の著しく特異な地勢の土地については，その旨を明示しなければならない。

(4) 傾斜地
傾斜地を含む土地で，
①傾斜地の割合が おおむね30パーセント以上 を占める場合（マンション及び別荘地等を除く）

②傾斜地を含むことにより，当該**土地の有効な利用が著しく阻害**される場合（マンションを除く）

のいずれかに該当するものについては，その旨及び傾斜地の割合又は面積を表示しなければならない。

(5) 私道負担

私道負担を含む土地については，その旨を表示し，原則として私道負担部分の面積を表示しなければならない。

(6) 工事中断

建築工事に着手した後に，同工事を相当の期間にわたり中断していた新築住宅又は新築分譲マンションについては，建築工事に着手した時期及び中断していた期間を明示しなければならない。

(7) 名称の使用基準

物件が公園，庭園，旧跡その他の施設から**直線距離**で300m以内に所在している場合は，これらの施設の名称を用いることができる。

宅建試験に「出る!」問題

不当景品類及び不当表示防止法（不動産の表示に関する公正競争規約を含む。）の規定によれば，傾斜地を含むことにより当該土地の有効な利用が著しく阻害される場合は，原則として，傾斜地を含む旨及び傾斜地の割合又は面積を明示しなければならないが，マンションについては，これを明示せずに表示してもよい。(2010-47-3)

解答：〇（上記合格ステップ(4)②参照）

ウォーク問3 ▶ 問163…(3)(4)　問164…(2)　問165…(4)　問171…(3)

さらに，「法令上の制限に関する表示」「交通機関と所要時間に関する表示」「特定用語の使用」についてみていきます。

まず，「法令上の制限に関する表示」に関しては，都市計画法や建築基準法で勉強した項目が広告を行う際にはどのように規制されているのかという視点でみると良いでしょう。次に，「交通機関と所要時間に関する表示」と「特定用語の使用」に関しては，徒歩による所要時間等の数字や新築等の用語

第3章　不当景品類及び不当表示防止法

をしっかりと押えておく必要があります。

➋ 合格ステップ **109**

反復チェック ／ ／ ／

法令上の制限に関する表示 …………… ランク **A**

(1) 納戸等の表示

採光及び換気のための窓その他の開口部の面積の当該室の床面積に対する割合が建築基準法28条の規定に適合していないため,同法において居室と認められない納戸その他の部分については,その旨を「納戸」等と表示すること。

(2) 市街化調整区域内の土地

市街化調整区域に所在する土地については,原則として,「市街化調整区域。宅地の造成及び建物の建築はできません。」と16ポイント以上の文字で明示しなければならない。

(3) 道路予定地内の土地

道路法18条1項の規定により道路区域が決定され,又は都市計画法20条1項の告示が行われた都市計画道路等の区域にかかる土地についてはその旨を明示すること。

(4) 接道義務を満たさない土地

建築基準法42条に規定する道路に2メートル以上接していない土地については,原則として,「再建築不可」又は「建築不可」と明示しなければならない。

宅建試験に「出る!」問題

不当景品類及び不当表示防止法(不動産の表示に関する公正競争規約を含む。)の規定によれば,建築基準法で規定する道路に2m以上接していない土地に建築物を建築しようとしても,原則として建築基準法第6条第1項の確認を受けることはできないため,「建築不可」又は「再建築不可」と明示しなくてもよい。(2009-47-2)

解答:×(上記合格ステップ(4)参照)

ウォーク問3 ▶ 問163…(1)　問167…(4)　問169…(2)

428　LEC東京リーガルマインド　2021年版出る順宅建士 合格テキスト ③法令上の制限・税・その他

合格ステップ **110**

反復チェック / / /

交通機関と所要時間に関する表示 ………… ランク**A**

(1) 新設予定の駅など
新設予定の駅等は，その路線の運行主体が公表したものに限り，その新設予定時期を明示して表示することができる。

(2) 徒歩による所要時間
徒歩による所要時間は，道路距離80mにつき1分間を要するものとして算出した数値を表示しなければならない。

この場合において，1分未満の端数が生じたときは1分として計算する。

(3) 自動車による所要時間
自動車による所要時間は，道路距離を明示して，走行に通常要する時間を表示しなければならない。

(4) 電車，バス等の所要時間
電車，バス等の交通機関の所要時間は，次の基準により表示しなければならない。

ア　起点及び着点とする駅等又はバスの停留所の名称を明示すること。この場合において，最寄りの駅等からバスを利用する場合であって，物件の最寄りの停留所までのバスの所要時間を表示するときは，停留所の名称を省略することができる。

イ　乗換えを要するときは，その旨を明示すること等

(5) 商業施設等
デパート，スーパーマーケット，商店等の商業施設は，現に利用できるものを物件までの道路距離を明示して表示しなければならない。ただし，工事中である等その施設が将来確実に利用できると認められるものにあっては，その整備予定時期を明示して表示することができる。

第3章 不当景品類及び不当表示防止法

宅建試験に「出る！」問題

不当景品類及び不当表示防止法（不動産の表示に関する公正競争規約を含む。）の規定によれば，建売住宅の販売広告において，実際に当該物件から最寄駅まで歩いたときの所要時間が15分であれば，物件から最寄駅までの道路距離にかかわらず，広告中に「最寄駅まで徒歩15分」と表示することができる。(2011-47-3)

解答：×（上記合格ステップ(2)参照）

ウォーク問3 問165…(3) 問168…(3)(4) 問170…(3) 問171…(2) 問198…(2)

🔁 合格ステップ **111**

反復チェック / / /

特定用語の使用 ·········· ランク **A**

(1) 全く欠けるところがないことを意味する用語

　事業者は, 表示内容を裏付ける合理的な根拠を示す資料を現に有している場合を除き, 物件の形質その他の内容又は役務の内容について, 「完全」, 「完ぺき」, 「絶対」, 「万全」等, 全く欠けるところがないこと又は全く手落ちがないことを意味する用語を使用してはならない。

(2) 新築

　新築という用語は, 建築後1年未満であって, 居住の用に供されたことがないものをいう。

(3) 新発売

　新たに造成された宅地又は新築の住宅 (造成工事又は建築工事完了前のものを含む。) について, 一般消費者に対し, 初めて購入の申込みの勧誘を行うこと (一団の宅地又は建物を数期に区分して販売する場合は, 期ごとの勧誘) をいい, その申込みを受けるに際して一定の期間を設ける場合においては, その期間内における勧誘をいう。

(4) リフォーム等

　建物をリフォーム又は改築したことを表示する場合は, そのリフォーム等の内容及び時期を明示しなければならない。

(5) リビング・ダイニング・キッチン(LDK)

　居間と台所と食堂の機能が1室に併存する部屋をいい, 住宅の居室(寝室)数に応じ, その用途に従って使用するために必要な広さ, 形状及び機能を有するものをいう。

宅建試験に「出る!」問題

不当景品類及び不当表示防止法 (不動産の表示に関する公正競争規約を含む。) の規定によれば, 完成後8か月しか経過していない分譲住宅については, 入居の有無にかかわらず新築分譲住宅と表示してもよい。(2013-47-4)

解答：✕ (上記合格ステップ(2)参照)

ウォーク問3 ▶ 問165…(2)　問166…(4)　問167…(3)

第3章
不当景品類及び不当表示防止法

3 景品類の制限・禁止

　景品表示法では，**内閣総理大臣**が，不当な景品類の提供を制限，禁止できる旨を定めています（4条）。これを受けて，宅地・建物の取引に関する景品類の提供についての規制は，宅建業者団体が消費者庁長官及び公正取引委員会の認定を受けて定めた自主規制規約である「**不動産業における景品類の提供の制限に関する公正競争規約**」（以下，「景品規約」という）によって，具体的な規制がなされています。

　この景品規約により，宅建業者は，一定額を超える景品類の提供を禁止されています。どのくらいの額なら許されるのでしょうか。

(a)懸賞により提供する景品類

　抽選などの**懸賞により提供する景品類**にあっては，**取引価額の20倍又は10万円のいずれか低い額を超えない場合**にしか景品類の提供は許されません。ただし，景品類の総額が当該懸賞に係る取引予定総額の100分の2以内の場合に限られます。

(b)懸賞の方法によらないで提供する景品類

　懸賞の方法によらないで提供する景品類にあっては，**取引価額の10分の1又は100万円のいずれか低い額を超えない場合**にしか景品類の提供は許されません。

　また，これらの額を超える景品類であっても，提供が禁止される景品類にあたらないものがあるので注意してください。たとえば，①家具・照明器具などの割引購入をあっせんすること，②損害保険料・管理費を負担することなどです。

合格ステップ 112

景品類の制限及び禁止 — ランク B

宅地・建物の取引に際して，宅建業者は，次の額を超えない景品類であれば提供することができる。
① 懸賞により提供する景品類にあっては，取引価額の20倍又は10万円のいずれか低い額を超えない場合
② 懸賞の方法によらないで提供する景品類にあっては，取引価額の10分の1又は100万円のいずれか低い額を超えない場合

宅建試験に「出る!」問題

不当景品類及び不当表示防止法（不動産の表示に関する公正競争規約を含む。）の規定によれば，宅地建物取引業者は，不動産の購入者に対して景品を提供する場合，抽選により提供するものであれば，景品の最高額について制限を受けることはない。(1994-32-3)

解答：✕（上記合格ステップ①参照）

4 違反をした場合の措置

　内閣総理大臣又は権限の委任を受けた**消費者庁長官**は，不当な景品類の提供や不当な表示がなされた場合には，その**違反行為を行った事業者**に対し，**違反行為の差止め**などを命じることができます（7条1項，33条1項）。これを**措置命令**といいます。この措置命令は，対象となった**違反行為が既になくなっている場合**にも，次の者に対し，することができます。
　①違反行為をした事業者
　②違反行為をした事業者が法人である場合，その法人が

合併により消滅したときにおける合併後存続し、又は合併により設立された法人

③違反行為をした事業者が法人である場合、その法人から分割によりその違反行為に係る事業の全部又は一部を承継した法人

④違反行為をした事業者からその違反行為に係る事業の全部又は一部を譲り受けた事業者

　宅地建物取引業者が自ら広告を作成したのではなく、広告代理業者に委託して作成した新聞折込みチラシにより不動産の販売広告を行った場合であっても、その内容が景品表示法に違反するものであれば、当該宅地建物取引業者が同法の規制を受けることになります。

　平成28年4月から、内閣総理大臣又は権限の委任を受けた消費者庁長官は、景品表示法の規定に違反する著しく優良であると誤認させる表示や著しく有利であると誤認させる表示を行った事業者に対して、課徴金を国庫に納付することを命じなければならないことになりました（8条、33条1項）。不当な表示によって顧客を誘引することを防止するためです。

　また、この違反行為に対しては、公正競争規約を設定した事業者の団体により違約金の納付が命じられます。

合格ステップ 113

措置命令

　消費者庁長官は、不当な景品類の提供や不当な表示がなされた場合には、その違反行為を行った**事業者に対し、違反行為の差止めなど**を命じることができる（措置命令）。

　この措置命令は、対象となった**違反行為が既になくなっている場合にも、一定の者**には、することができる。

宅建試験に「出る!」問題

不当景品類及び不当表示防止法(不動産の表示に関する公正競争規約を含む。)の規定によれば,消費者庁長官は,景品表示法第4条(不当な表示の禁止)の規定に違反する行為があるときは,当該事業者に対して措置命令をすることができるが,当該違反行為が既になくなっているときは,することができない。(1994-32-2改題)

解答:×(上記合格ステップ参照)

第3章

不当景品類及び不当表示防止法

MEMO

第4章 土地

学習のポイント

学習項目	'11	'12	'13	'14	'15	'16	'17	'18	'19	'20
1 宅地としての適否	★	★	★	★	★	★	★	★	★	★
2 造成された宅地の注意点										★
3 宅地選定の資料										★

　「土地」の分野は，毎年1問出題されています。出題内容としては，宅地としての適否と造成工事に関する理解を問うものが中心です。

　まず，宅地としての適否については，どのような土地が災害に強く，また，どのような土地が災害に弱いのかという点について理解しておく必要があります。つまり，地盤が安定している土地であれば一般的に災害による被害を受けにくいですが，地盤が軟弱であったり，低湿であれば地震や洪水による被害を受けやすいことになります。

　次に，造成工事に関しては，安全な宅地として利用できるようにするためにはどのような点に注意して造成工事を行う必要があるかという点に注意する必要があります。

　「土地」の問題では，専門用語を使った問題文の表現がされるものの，内容的にはよく読むと常識的なことで判断できる問題が多く出題されています。ここでは，「土地」について基本的な知識を整理してみましたので，学習していきましょう。

何を学ぶか？ どこに着目するか？

何を学ぶか？

様々な土地の宅地としての適性，造成工事に関する知識を学びます。

土地といっても漠然としすぎて……。

日本の国土を，「山地」と「平地」に分類したときに，それぞれ宅地の適否を考えます。さらに，「山地」は山地(狭義)や丘陵などに，「平地」は台地，段丘，低地などに分類できるので，それぞれ，宅地としての適否を考えていきます。

土地の分類を覚えるのも大変そうなのですが……。

土地の名前は専門用語であったりするので，とっつきにくさはあります。しかし，その土地のイメージを持てれば，その場所がどのような災害に遭いやすいかとか，地盤が強力かどうかといった，宅地としての適否にかかわる性質も理解しやすいと思われます。そのため，それほど覚える量が多い科目というわけでもありません。

造成工事って宅地にするための工事だよね？

そのとおりです。それゆえに，工事自体に伴う問題や，工事の後の処理について，どのように対処しておけば宅地として危険性が少ないかを理解しておく必要があります。このような知識が宅建士試験でも問われています。

合格への着眼点は？

土地の問題は，宅地としての適否及び造成工事の理解が問われることが多いです。問題には専門用語を使った表現がなされるが，常識で判断できる問題も多いので，本章で学んだ基礎知識を前提に冷静に対処しましょう。

1 宅地としての適否

宅地として利用するには，どのような土地が向いているでしょうか。以下，その特徴をみておきましょう。

(1) 山地

山地とは，傾斜が急で，表土の下に岩盤又はその風化土が現れる地盤をいいます。大部分が森林となっています。国土を山地と平地に大別すると，山地の占める比率は，国土面積の約75％であり，平地の占める割合は国土面積の約25％にすぎません。

山の形には，山地の広がりや方向などいろいろなものがあります。そのなかでも，**傾斜が緩やかで地層が安定している場所は，宅地に適しています**。

一方，**傾斜が急なところは宅地には適しません**。傾斜角が25度を超えると急激に崩壊の危険性が高まります。

(a) 崖錐

崖錐とは，雨や風化などの影響で落下した岩などが堆積した，傾斜の緩い円錐形をした地形をいいます。地形図では同心半円状の等高線で表されることが多いです。

山麓（山地と平地の接点部分，いわゆる山すそなど）には，雨や風化などの影響で落下した岩などが堆積していることが多いものです。この堆積によりできあがった地形を崖錐といいます。

【崖錐】

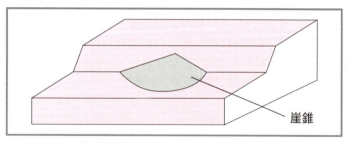

崖錐

　このような**崖錐堆積物におおわれた地域**は，一般的に，もともとの地盤を基盤として，その上に**岩がルーズに堆積**しています。そのため，**透水性が高い**，つまり水が通りやすいということです。また，基盤との境付近は，水の通り道となり，そこに地下水をもつことが多く，**雨の後，短時間で湧水**（わき水）**が増加**することがあり，そこをすべり面とした**地すべりや崩落が生じやすくなります**。また，切土をすると，崩壊や地すべりを起こしやすくなります。

　このような崖錐となっている土地は，一般に**宅地には適しません**。

(b) 地すべり地・崩落跡地

　地すべり（地質構造の異なる地層がある場合に，上に乗っている地層が滑り落ちること）は，地質構造の違いから起きます。特定の地質や地質構造を有する地域に集中して分布する傾向が強く，特に粘性土の上にのっている地層は，それをすべり面として，地すべりを起こしやすく，規模が大きなものとなります。地すべり地については，上部は急斜面，中部は緩やかな斜面，下部には末端部に相当する急斜面があり，等高線は乱れて表れることが多いです。

　宅地予定地周辺の擁壁や側溝，道路等にひび割れが見られる場合，地すべりが活動している可能性が高いです。

　崩落（いわゆるがけ崩れなど）は，雨や地震などによって，急激に斜面などが崩れることにより起きます。突発的なもの

であり、その規模は大きくありません。地すべりが地質構造の違いから生じるのに対して、崩落は地質構造の同じ部分が崩れ落ちる点で異なります。

　樹木が生育している斜面では、その根が地盤をしっかり結合し、崩落を抑止する効果が期待できます。しかし、根より深い位置の崩落は抑止できません。

　地すべり地・崩落跡地ともに、上部は急斜面、中部は緩やかな斜面、下部には末端部に相当する急斜面という**独特の地形**となっています。なお、崩落跡地は、微地形的には馬蹄形状の凹地形を示すことが多く、また地下水位が高いため竹などの好湿性の植物が繁茂することが多いです。

【地すべり地、崩落跡地の特徴】

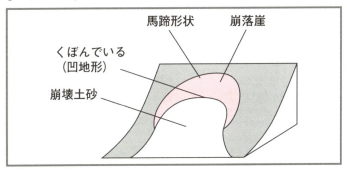

　また、どちらも安定していても、盛土や切土などをすると、バランスを崩し、崩れやすくなります。棚田等の水田として利用されることはありますが、**宅地には適しません**。

(ｃ)**断層**

　断層とは、地層がある面を境としてお互いに上下・左右にずれているものをいいます。断層面周辺の地層は著しく弱くなっています。

　断層地形は、直線状の谷、滝などの地形の急変する地点が連続して存在するといった特徴がみられます。

　断層では、ある面を境にして地層が上下又は水平方向にく

い違っているため、その周辺では地盤の強度が安定していないので、断層に沿った崩壊、地すべりが発生する危険性は高くなっています。

【断層】

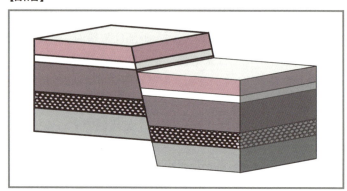

(d) 土石流

土石流は、谷や斜面にたまった土砂などが、雨による水といっしょになって、一気に流れ出すものです。土石流が起こるのは、急勾配の渓流に多量の不安定な砂礫の堆積がある所や、流域内で豪雨に伴う斜面崩壊の危険性の大きい場合です。

(2) 丘陵地など

(a) 丘陵地・台地

台地・段丘は、国土面積の約12％を占めており、地盤も安定し、土地利用に適した土地です。地盤も安定し、災害も少ないです。ほとんどすべての土地利用に適した土地であり、商業用地、住宅用地、農業用地等、用途を問わず多く利用されています。

丘陵地・台地は、一般に水はけが良く、地耐力もあり、洪水や地震に対する安全性が高いことから、農地として利用されることも多く、**宅地に適している**といえます。

しかし，丘陵地・台地でも，縁辺部であれば傾斜が急で，豪雨などにより崩落による被害を受けることがあります。

【丘陵地・台地】

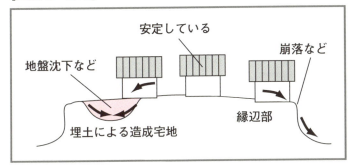

また，丘陵地・台地内の小さな谷間は，軟弱地盤であることが多く，これを埋土して造成された宅地では，地盤沈下や排水不良を生じることがあります。

(b) 段丘

段丘は，さまざまな原因によってできた階段状の土地をいいますが，河川の作用でできたものを河岸段丘，海の作用でできたものを海岸段丘といいます。

段丘は，一般に水はけが良く，地盤が安定しています。

【段丘】

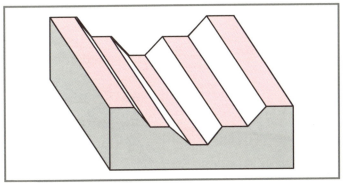

(3) 低地

　低地は，国土面積の約13％を占めており，地盤の軟弱な地域で，液状化，洪水，高潮等の災害の危険度も高い土地です。

　低地は，一般に洪水や地震に対して弱く，防災上の見地から**宅地には適しません**。また，地表がほとんど平坦で，近くの河，湖，海などの水面との高低差が極めて小さく，古い集落や街道がないような地形は，軟弱地盤であることが多いものです。

　河川近傍の低平地で盛土を施した古い家屋が周辺に多く見られるのは，その地が洪水常習地帯である可能性が高いことを示すものです。

　また，臨海部の低地は，水利，海陸の交通に恵まれていますが，洪水，高潮，地震等の災害の危険があるため，住宅地として利用するためには十分な防災対策が必要です。

【低地】

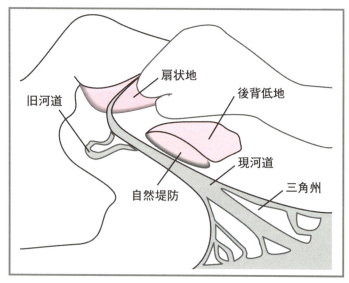

(a)旧河道

旧河道は，以前川であったところです。地盤が軟弱で，地震や洪水による被害を受けることがあります。特にそれを埋める堆積物の上部が厚い粘土質となるときには，排水不良となっていることが多く，一般に宅地には不適当です。

ただし，天井川（川底が周辺の土地より高い位置にある川）の廃川敷は，宅地としての利用が可能です。

(b)自然堤防・後背低地

自然堤防は，主に砂や礫（いわゆる砂利よりも小さな小石）からなり，排水性がよく地盤の支持力もあるため，一般に宅地として良好な土地です。

一方，自然堤防に囲まれた低地（後背低地，後背湿地）は，洪水にも地震にも弱く，主に粘性土等からなり地盤は軟弱である場合が多く，宅地には適しません。

(c)扇状地

扇状地は，谷の出口などに扇状に広がった微高地です。

地形図上では，谷の出口を頂点とする同心円状の等高線で表され，地形図のほか空中写真などによって，土石流や洪水流の危険度をある程度判別できることがあります。

扇状地は，一般に，砂礫層からなり，水はけが良く，構造物の基礎について十分な支持力を得られ，宅地に適します。

ただし，傾斜が急で小型の扇状地では，突発的な洪水を繰り返すおそれがあります。

谷の出口などに広がる扇状地は，地盤は堅固ですが，土石流災害に対しては，必ずしも安全とはいえません。

(d)谷底平野・三角州

谷底平野とは，河川の堆積作用により山間部の谷底に形成される平坦地をいいます。谷底平野は，山間部において，河川の運搬する土砂が多く，侵食作用より堆積作用の方が上回るときに，谷底に幅が狭く細長い谷が発達したもので，主に軟らかい粘性土で構成され，一般に建築物の基礎地盤

には不向きです。

三角州とは、デルタともいわれ、河川の上流から流れてきた砂などが堆積することにより、河口付近で枝分かれした2本以上の河川と海で囲まれた三角形に近い形で形成される地形です。三角州では、一般に地下水位が浅いため、地震時の液状化現象が発生しやすいです。

(e) 干拓地・埋立地

干拓地は、海面などを堤防で囲み、中の水を排水して利用している土地です。一般に、海面以下の場合が多く、洪水のおそれが高く、また地盤が軟弱で、**宅地には適しません**。

【干拓地・埋立地】

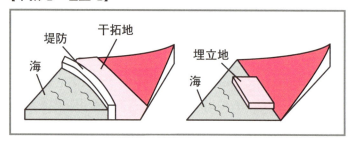

埋立地は、海面などを土砂で埋め立てた土地です。

一般に、数メートルの比高をもつため、護岸など**十分な工事がなされていれば、宅地としての利用も可能**です。しかし、高潮などの頻発する地域では災害発生の危険があります。

(f) 液状化現象

地震の場合には、液状化現象（地中の水分と地盤の砂粒が混ざり合って軟弱な地盤となる現象）が起こることがあります。なかでも、比較的粒の大きさのそろった砂地盤で、地下水位の高い、地表から浅い地域で発生することが多く、これにより建物の傾斜、沈下などが起きます。

液状化現象は、ゆるい地盤が多くの水を保水しているところで起こりやすいです。たとえば、台地や段丘上の浅い谷に

見られる小さな池沼を埋め立てた所は，もともと水面であったため，地震の際に液状化現象が起こりやすいといえます。

　これに対して，丘陵地帯で地下水位が深く，砂質土で形成された地盤では，地震の際の液状化現象は起こりにくいといえます。

⤴ 合格ステップ 114

反復チェック　／　／　／

宅地としての適否 ・・・・・・・・・・・・・・・・・・・・・・・・・・・・・・・・・・・

ランク **A**

第4章

土地

(1)

山地		○
	急傾斜地	×
	谷の出口，崖錐	×
	地すべり地，崩落跡地	×
	断層	×
丘陵地・台地		○
	縁辺部	×
	台地上の浅い谷	×
	段丘	○
低地		×
	旧河道	×
	天井川の廃川敷	○
	自然堤防	○
	後背低地，後背湿地	×
	扇状地	○
	干拓地	×
	埋立地(十分な工事がされているものに限る)	○

○…一般に宅地に適する。　×…一般に宅地に適さない。

(2) 地すべり地は，地すべり地形と呼ばれる特有の地形を形成することが多い。

LEC東京リーガルマインド　2021年版出る順宅建士 合格テキスト ③法令上の制限・税・その他　447

宅建試験に「出る!」問題

丘陵地や台地内の小さな谷間は、軟弱地盤であることが多く、これを埋土して造成された宅地では、地盤沈下や排水不良を生じることが多い。(1997-50-1)

解答：○（上記合格ステップ(1)参照）

ウォーク問3 問175…(3)(4) 問176…(3)(4) 問177…(1) 問178…(1)(4)

2 造成された宅地の注意点

(1) 切土による造成

切土により宅地を造成する場合、風化による強度の低下と流水による浸食のおそれがあり、原則として擁壁（いわゆる土留め）を設置し、そのがけ面（のり面）を覆い、保護する必要があります（宅造法施行令6条1項）。なお、のり面とは、がけの斜面部分のことをいいます。

自然斜面は、地層分布、土質などが複雑かつ不均一で、多くは地盤の強さが場所により異なります。特に高いがけを生じる切土を行う際は、のり面の安定性の検討をする必要があります。

切土したがけ面に涌水がみられる場合には、一般にその涌水地点から上の部分のほうが、それより下の部分よりも、崩落などを起こしやすいので、特に注意が必要です。

また、切土斜面は、切土掘削直後の斜面の安定が確認できても、日時の経過とともに降雨や風化により強度が低下し、不安定になることがあります。

なお、樹木が生育する斜面地では、その根が土層と堅く結合しても、根よりも深い位置の斜面崩壊に対しては、樹木による安定効果を期待することはできません。

【擁壁によるのり面の保護】

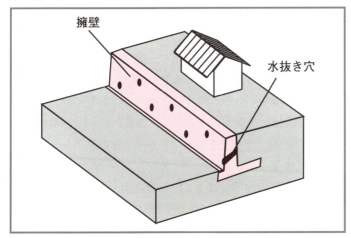

(2) 盛土による造成

　盛土による造成においても，擁壁を設置し，**のり面を覆わなければなりません**(宅造法施行令6条1項)。具体的には，盛土をする場合には，地表水の浸透により，地盤にゆるみ，沈下又は崩壊が生じないように締め固めます。特に，著しく傾斜している谷に盛土して宅地を造成する場合，盛土前の地盤と盛土が接する面がすべり面となって崩壊するおそれがあります。原地盤に繁茂している樹木を残したまま盛土を行うことは，崩落の原因になり得ます。

　軟弱地盤は，盛土をすると，大きな沈下を生じたり，側方にすべったりすることがあり，そこに隣接する建物などが傾くなどの影響が生じることがあります。

　擁壁は，原則として鉄筋コンクリート造などでなければなりません(宅造法施行令6条1項2号)。石垣などの練積み(石などをモルタルなどで積むこと)とする場合には，コンクリートを用いて一体の擁壁としなければなりません(宅造法施行令8条2号)。既存の擁壁の上に，ブロックを積み増し，盛土して造成した場合は，崩落の危険性があります。

（3）排水処理，不同沈下など

（a）排水処理

　宅地の排水が十分でないと，がけの崩落の危険性が高くなります。排水処理は重要であり，**擁壁の水抜き穴などによる排水処理を行う必要があります**（宅造法施行令10条）。

　まさ，しらす，山砂，段丘砂礫などの主として砂質土からなるのり面は，地表水による浸食には比較的弱く，簡易な排水施設の設置では安定を図ることができません。

（b）不同沈下

　盛土した後の地盤はゆるく，一般に切土した地盤より，建物や構造物の不同沈下（不等沈下）が起こりやすいものです。

　造成して平坦にした宅地では，一般に切土部分に比べて盛土部分で地盤沈下量が大きくなります。

　また，丘陵地を切り盛りして平坦化した宅地で，**切土部と盛土部にまたがる区域では，沈下量の違いにより不同沈下を生じやすくなります。**

（c）産業廃棄物の処分場跡地

　産業廃棄物の処分場跡地を宅地に利用する場合は，あらかじめ，長時間をかけて，ガス抜き，浸出水の浄化，地盤沈下の観測などを行う必要があります。

🗹 合格ステップ 115

反復チェック ／ ／ ／

ランク **B**

のり面の保護

(1) 切土又は盛土により造成した宅地ののり面は，原則として一体の擁壁で覆わなければならない。

(2) 擁壁には，水抜き穴などの排水処理を行わなければならない。

(3) 丘陵地を切り盛りして平坦化した宅地で，切土部と盛土部にまたがる区域では，不同沈下を生じやすい。

宅建試験に「出る！」問題

丘陵地を切り盛りして平坦化した宅地において，切土部と盛土部にまたがる区域では，沈下量の違いにより不同沈下を生じやすい。(1997-50-3)

解答：○（上記合格ステップ(3)参照）

ウォーク問3　問177…(3)(4)

(4) 都市の河川氾濫

近年，都市の中小河川の氾濫被害が多発するという現象がみられます。

原因としては，急速な都市化・宅地化により，雨水が短時間に大量に河川に流れ込むことや，河川の改修が進んだにもかかわらず，その流量が十分調整されていないことが挙げられます。

また，このような現象は地下空間利用が進んでいる現在では，地下空間の浸水を生じさせる原因にもなっています。

(5) その他の注意点

がけ崩れは，梅雨の時期や台風時の豪雨によって発生することが多く，がけに近接する住宅では日頃から降雨に対する注意が必要です。

3 宅地選定の資料

地形などをみれば，先に述べてきたような点から宅地の適否は判断できます。このような地形などの情報を入手するための資料として，地図や空中写真が活用できます。

地図の中でも，地形図は位置や距離について正確に記載しています。また，傾斜については，等高線の間隔によって，

表現しています。崖などについても詳しい記載があり、宅地選定の資料として有用です。地形図で見ると、急傾斜地では等高線の間隔は密になり、傾斜が緩やかな土地では等高線の間隔は疎になっています。等高線が山頂に向かって高い方に弧を描いている部分は谷で、山頂から見て等高線が張り出している部分は尾根です。等高線の間隔の大きい河口付近では、河川の氾濫により河川より離れた場所でも浸水する可能性が高くなります。地形図の上で斜面の等高線の間隔が不ぞろいで大きく乱れているような場所では、過去に崩壊が発生した可能性があることから、注意が必要です。

【等高線】

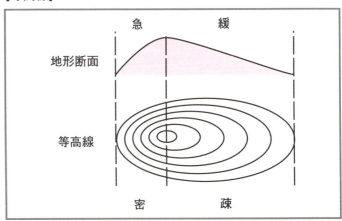

　また、土地条件図においては、多色刷により、災害に対して安全か否かが色分けされています。

　近年、洪水氾濫危険区域図、土砂災害危険区域図などの災害時に危険性があると予想される区域を表示した図書が一般に公表されています。

　都市計画図は、地域の現況と、計画を色分けして示した地図です。

第5章 建物

学習のポイント

学習項目	'11	'12	'13	'14	'15	'16	'17	'18	'19	'20
1 木造	★	★			★		★	★		
2 組積造	★									
3 鉄骨造	★	★				★		★		
4 鉄筋コンクリート造	★	★		★		★	★	★		
5 建築物の基礎						★	★			★
6 耐震性による建物構造の分類				★				★		

「建物」の分野は、毎年1問出題があります。

建築物の構造には、主に木造、組積造、鉄骨造、鉄筋コンクリート造があります。このうち、宅建士試験では、木造建築物の構造、鉄筋コンクリート造建築物の構造に関する理解を問う問題が多く出題されています。

近年の本試験では、常識的なことで判断できる問題が出題されることもありますが、かなり細かな知識がないと得点できない問題のほうが多く出題されています。そのうえ、出題範囲が広いため、確実に得点するのは、建築の勉強の経験がある人を除いて、なかなか困難です。

そこで、建物の分野を勉強するにあたっては、建築物の構造に関する用語などの基本的な内容について一通り押さえておきましょう。

何を学ぶか？ どこに着目するか？

 何を学ぶか？

本章では主に建物の構造について学んでいきます。

新しく家を建てたいのですが，どんな家にしようか悩んでいます？

建物の構造には，主に木造，組積造，鉄骨造，鉄筋コンクリート造があり，どの構造にするか選ぶことになります。それぞれ特徴があり，日本では伝統的に戸建てでは木造が特に用いられていますが，マンションやオフィスビルでは鉄筋コンクリート造や鉄骨造が多くを占めています。それぞれの特徴を把握して選びましょう。

その特性とは？

詳しくは本編で学びますが，それぞれに耐久性や耐火性，耐震性が異なります。また，それぞれ向き不向きのある建物があったり，建築に必要な時間やコストも異なります。一長一短です。

地震が怖いのですが？

地震対策については最近研究が進んでいます。地震に耐えようとする耐震構造，揺れを抑える免震構造，揺れを吸収する制震構造といったものがあります。

合格への着眼点は？

建物の分野は，範囲が広いうえ，専門的な知識を問う問題が多く出題されています。なかなか対策の難しい分野ですが，建築に関する基本的な用語についてはおさえておきましょう。

1 木造

建築物の設計においては，一定荷重のもとで，時間の経過によりひずみが増大する現象（クリープ）を考慮する必要があります。

(1) 特性

木造は，木材でその骨組みを造った建築物をいいます。加工や組み立てが容易であり，日本では伝統的に多くの建築物に使われてきました。

木造は，軽いわりに，圧縮に対しては，コンクリートに匹敵する強度があります。なお，圧縮する力に対しては，繊維方向に比べて繊維に直角方向のほうが弱いです。また，乾燥すると強くなる性質をもちます。他方で，燃えやすく，水分を吸収しやすいという短所があります。また，水分を吸収すると，変形し，腐りやすく，しろあり等の虫害を受けやすくなります。

木材の辺材は，心材より腐朽しやすいです。

建築物に近接してその建築物を風の方向に対して有効にさえぎる他の建築物，防風林その他これらに類するものがある場合においては，その方向における速度圧は，一定程度まで減らすことができます。

なお，積雪荷重の計算に当たり，雪下ろしを行う慣習のある地方においては，その地方における垂直積雪量が1mを超える場合においても，積雪荷重は，雪下ろしの実況に応じて垂直積雪量を1mまで減らして計算することができます。

（2）主要構造部

【木造建築物の主要構造部】

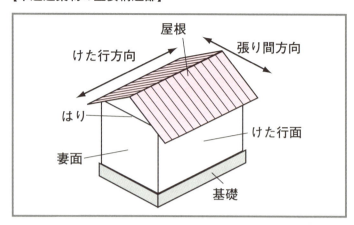

（a）壁

　軸組とは，基礎の上に土台を置き，その上に柱を立て，その柱をけたやはりなどでつなぎ，さらにこれらの間に間柱や貫を加える木造建築物の壁を構成する骨組みのことをいいます。つまり，木造建築物の壁を構成する骨組みのことです。

【軸組】

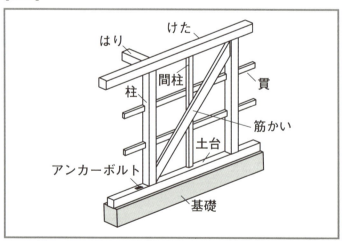

土台は，アンカーボルトで基礎に緊結しなければなりません。

　また，構造耐力上主要な部分である柱，筋かい及び土台のうち，地面から1m以内の部分には，有効な防腐措置を講ずるとともに，必要に応じて，しろありその他の虫による害を防ぐための措置を講じなければなりません（建基法施行令49条2項）。なお，構造耐力上主要な部分に使用する木材の品質は，節，腐れ，繊維の傾斜，丸身等による耐力上の欠点がないものでなければなりません。

　柱は，2階建てでは，**すみ柱**（建物の隅にある柱）などは1階から2階まで貫く**通し柱としなければなりません**（建基法施行令43条5項）。ただし，接合部を通し柱と同等以上の耐力があるように補強した場合には，通し柱とする必要はありません。

　接合部の種類には，継手（同一方向に継いだもの）と，仕口（角度をもって継いだもの）があります。外部に露出する接合部は，意匠（デザイン）よりも，防虫・防腐対策を重視する必要があります。

継手　　　　　仕口

　柱の小径は，原則として，張り間方向とけた行方向で，それぞれについて，土台などの横架材との関係から定められます（建基法施行令43条1項）。なお，木造建築物の構造設計用の荷重として，地震力より風圧力の方が大きく設定される場合があります。そして，木造建築物において，地震力の大きさは，見付面積の大きさより屋根の重さに大きく影響を受けます。ここでいう見付面積とは，建築物の張り間方向又はけた行方向の鉛直投影面積で，立面図に見える面積に相当します。

はりは，たわみが大きくならないように注意する必要があります。また，はり，けたその他の横架材には，補強をしたとしても，その中央部附近の下側に耐力上支障のある欠込みをしてはなりません。

軸組には，**耐震性を向上させるなどのために筋かい**を入れます。筋かいは，木材又は鉄筋を使用します。そして，筋かいには，欠込みをしてはなりません。ただし，筋かいをたすき掛けにするためにやむを得ない場合において，必要な補強を行ったときは，この限りではありません。木造建築物の引張り力を負担する筋かいには，径9mm以上の鉄筋を使用したものとすることができます。

また，木造建築物の耐震性を向上させるには，軸組に筋かいを入れるほか，合板を打ち付ける方法もあります。

軸組の種類には，主に洋風建築で用いられる大壁造と，和風建築で用いられる真壁造があります。大壁造のほうが耐震性や耐風性で優れます。

【真壁造と大壁造】

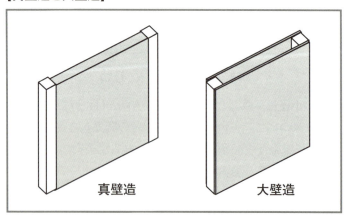

また，壁には，建物にかかる力を受けとめるための耐力壁と，単に間仕切りのためだけの間仕切り壁があります。耐力壁は，そのかかる力に応じてその長さを決める必要がありま

す。なお、木造の外壁のうち、鉄網モルタル塗その他軸組が腐りやすい構造である部分の下地には、防水紙その他これに類するものを使用しなければなりません。

(b) 屋根

屋根を構成する骨組みを小屋組といいます。

軽い材料を用い、下地に緊結すれば耐震性に優れたものとなり、重い材料を用い、形を単純にすれば、耐風性に優れたものとなります。どちらを重視するかは、建築する土地の気候風土などを考慮して決めます。

(3) 枠組壁工法

木造であっても、軸組を使わず、木材で組まれた枠組みに構造用合板などをくぎ打ちした壁や床を、組み上げる構造法を枠組壁工法といいます。ツーバイフォー（2×4）工法がその代表です。

【枠組壁工法（2×4工法の場合）】

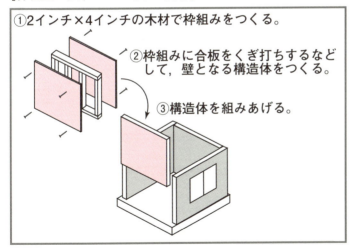

① 2インチ×4インチの木材で枠組みをつくる。
② 枠組みに合板をくぎ打ちするなどして、壁となる構造体をつくる。
③ 構造体を組みあげる。

※ この図は枠組壁工法の考え方を理解しやすいように描いたものであり、実際の建築方法とまったく同じというわけではありません。

枠組みを耐力壁として使うため，一般に，**軸組によるよりも，地震などの外力に耐える力が強くなります**。

(4) 集成木材構造

集成材は，単板等を積層したもので，伸縮・変形・割れなどが生じにくくなるため，大規模な木造建築物の骨組みにも使用されます。この集成木材で骨組みを構成した構造を集成木材構造といい，体育館等に用いられます。

合格ステップ 116

反復チェック / / /

木造建築物

ランク

(1) 軸組には，耐震性を向上させるなどのために**筋かい**を入れる。
(2) 木材は，湿潤状態より気乾状態のほうが強度が大きい。また，水分を吸収すると，変形し，腐りやすく，しろありに侵されやすい。
(3) **枠組壁工法**は，木材で組まれた枠組みに構造用合板等をくぎ打ちした壁及び床により構造体が形成される。**耐震性に優れる**。

宅建試験に「出る！」問題

木材の強度は，含水率が大きい状態のほうが小さくなる。（2010-50-3）

解答：○（上記合格ステップ(2)参照）

ウォーク問3 問180…(1) 問182…(3) 問184…(1) 問185…(1)

2 組積造

組積造には，れんが造，石造，コンクリートブロック造などがあります。組積造は，さまざまなブロックを積み上げて壁を造る方式です。ブロック同士の間は，コンクリートなどの目地を使います。

火には強く、耐久性もありますが、耐震性は比較的劣るため、鉄筋コンクリートで補強した、補強コンクリートブロック造がよく採用されています。

はね出し窓やはね出し縁(壁面から突き出した形の窓や縁)を設ける場合は、その窓や縁を鉄骨又は鉄筋コンクリートで補強しなければなりません(建基法施行令57条4項)。

3 鉄骨造

骨組みに鉄の鋼材を使って組み立てた構造を鉄骨造といいます。鋼構造ともいいます。なお、鉄は炭素含有量が多いほど、引張強さ及び硬さが増大し、伸びが減少するため、鉄骨造には、一般に炭素含有量が少ない鋼が用いられます。

鉄骨造は、地震に強いが、腐食しやすく、燃えないものの、火熱による耐力の低下が著しく、耐火性が低いため、**耐火材料などで覆う必要があります**。

鉄筋コンクリート造より軽く、また、材質として粘り強い(靱性が大きい)ため、大きな空間を有する建築物、高層建築物などに向きます。

ただし、鋳鉄(型に流し込んで造ったもの)は、曲げや引っ張りなどに弱いため、圧縮などの力以外の力がかかる部分には、使用できません(建基法施行令64条)。

鉄骨に使う鋼材はボルト又は溶接などで接合します。

4 鉄筋コンクリート造

引っ張りに弱いコンクリートの内部に、引っ張りに強い鉄筋を配置した一体式構造が、鉄筋コンクリート造です。

（1）特性

　鉄筋コンクリート造は，成形が自由であるとともに，火，地震などに強く，長持ちします。しかし，自重が大きく，取り壊しにくいという短所があります。なお，常温常圧において，鉄筋と普通コンクリートを比較すると，温度上昇に伴う体積の膨張の程度(熱膨張率)は，ほぼ等しいです。また，コンクリートの引張強度は，一般に圧縮強度の10分の1程度です。

　鉄筋の末端は，原則として，かぎ状に折り曲げて，コンクリートから抜け出ないように定着しなければなりません。

　コンクリートに，酸，塩分，泥土などがついていると，鉄筋がさびるなどしてしまうため，これらを含んではなりません(建基法施行令72条1号)。

　防錆効果のあるコンクリートのアルカリ性が，空気中の炭素その他酸性ガス等の作用により失われることをコンクリートの中性化といいます。このコンクリートの中性化が進むと，鉄筋が錆びて膨張し，コンクリートにひび割れが発生する原因となり，構造体の耐久性や寿命に影響します。

（2）主筋と帯筋・あばら筋

　帯筋(柱につかう主筋に巻きつけるもの)やあばら筋(はりにつかう主筋に巻きつけるもの)は，耐震性を高め，せん断補強のほか，コンクリートを拘束し，主筋が折れ曲がる(座屈)のを防止するために配置します。

　主筋は4本以上とし，主筋と帯筋は緊結します(建基法施行令77条)。

　また，これらの鉄筋は一定以上コンクリートの表面から深いところに設けなければなりません(これを「かぶり厚さ」といいます)。そして，鉄筋に対するコンクリートのかぶり厚さは，耐力壁以外の壁又は床にあっては2cm以上，耐力壁，柱又ははりにあっては3cm以上としなければなりません。

なお、鉄骨鉄筋コンクリート造とは、鉄骨造と鉄筋コンクリート造の長所を組み合わせたものをいい、鉄筋コンクリート造よりさらに優れた強度、靭性があり、主に高層建築物に用いられます。

合格ステップ 117

建築物の構造ごとの強度　ランク C

構造	階数	張間	耐震性	耐火性	耐久性
木造	1～3階	中	△	×	×
組積造	1～3階	中	△	○	△
鉄骨造	高層 超高層	大	○	△	△
鉄筋コンクリート造	中高層	大	○	○	○
鉄骨鉄筋コンクリート造	高層	大	◎	○	○

◎…特に強い　○…強い　△…中程度　×…弱い

宅建試験に「出る！」問題

鉄骨構造は、不燃構造であるが、火熱に遭うと耐力が減少するので、耐火構造にするためには、耐火材料で被覆する必要がある。(2012-50-4)

解答：○（上記合格ステップ参照）

ウォーク問③　問180…(3)　問181…(3)

5 建築物の基礎

建築物の基礎には、主に次のような方法があります。

【建築物の基礎】

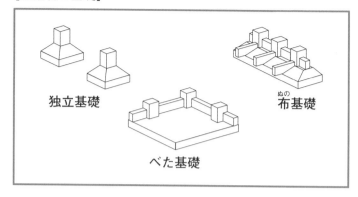

　建築物の基礎の構造は，原則として建築物の構造，形態及び地盤の状況を考慮して国土交通大臣が定めた構造方法を用いるものとしなければなりません（建基法施行令38条3項）。この点，建物の基礎の支持力は，粘土地盤よりも砂礫地盤の方が発揮されやすいです。また，原則として，異なる構造方法による基礎を併用してはなりません（建基法施行令38条2項）。

　木造建築物は，鉄筋コンクリート造の布基礎とすれば，耐震性を向上させることができます。

　杭基礎は，建築物自体の重量が大きく，浅い地盤の地耐力では建築物が支えられない場合に用います。高さ13mを超える建築物で，その最下階の床面積1m²につき100キロニュートンを超える荷重がかかるものの基礎ぐいの先端は，原則として，良好な地盤に達していなければなりません。防火地域内に建築する仮設建築物の基礎に木ぐいを用いる場合，その木ぐいは，平家建ての木造の建築物に使用する場合を除き，常に水面下にあるようにしなければなりません。

6 耐震性による建物構造の分類

地震対策の建築構造について、研究が進んでいます。その特徴をみておきましょう。

(1) 耐震構造

柱、はり、耐震壁などで、建物自体の剛性を高めて地震に対応する構造です。

(2) 免震構造

建物の基礎と上部構造との間に積層ゴムやすべり機能を持つ免震装置を設け、地震力に対して、建物がゆっくり水平に移動するようにし、揺れを減らす構造です。この免震構造の建築物の免震層には、一般に積層ゴムやオイルダンパーが使用されます。

(3) 制震構造

建物の骨組みに取り付けた制震ダンパーなどにより、地震の揺れを吸収して、揺れを小さくする構造です。

重要項目索引

ア

移行地 ························ 376
一団 ························ 199
一般的要因 ···················· 375
埋立地 ························ 446

カ

買換資産 ······················ 316
海岸法 ························ 273
崖錐 ·························· 439
開発行為 ······················ 63
開発整備促進区 ················· 51
開発登録簿 ····················· 77
外壁の後退距離 ················· 161
価格形成要因 ··················· 375
確認済証 ················ 175, 183
課税の繰延べ ··················· 318
課税文書 ······················ 332
河川法 ························ 273
過怠税 ························ 339
課徴金 ························ 434
仮換地 ························ 244
換地照応の原則 ················· 241
監視区域 ······················ 205
干拓地 ························ 446
換地 ·························· 233
　―計画 ····················· 240
　―処分 ················· 233, 251
規制区域 ······················ 211
規準 ·························· 368
北側斜線制限 ··················· 134

旧河道 ························ 445

急傾斜地の崩壊による災害の
　防止に関する法律 ·········· 271
丘陵地 ························ 442
居住用財産
　―の譲渡所得の特別控除 ······ 312
　―を譲渡した場合の軽減
　　税率 ····················· 318
　―を譲渡した場合の長期
　　譲渡所得の課税の特例 ······ 318
近隣商業地域 ··················· 36
近隣地域 ······················ 386
区域区分 ······················ 31
　―が定められていない
　　都市計画区域 ·············· 32
区画整理会社 ··················· 236
景観地区 ······················ 44
景観法 ························ 274
減価修正 ······················ 390
原価法 ························ 388
建築確認 ······················ 174
建築協定 ······················ 172
建築審査会 ····················· 185
建築主事 ······················ 183
限定価格 ······················ 381
建蔽率 ························ 112
減歩 ·························· 232
権利移動 ······················ 220
工業専用地域 ··················· 37
工業地域 ······················ 37
公示区域 ······················ 362
高層住居誘導地区 ··············· 43

公的施行 ………………… 236	自動車専用道路 ………… 146
高度地区 …………………… 42	支払賃料 ………………… 397
高度利用地区 ……………… 43	指標 ……………………… 368
後背低地 ………………… 445	斜線制限 ………………… 132
公有地の拡大の推進に関する法律	収益価格 ………………… 394
………………………… 274	収益還元法 ……………… 394
効用 ……………………… 374	住宅借入金等を有する場合の
港湾法 …………………… 273	所得税額の特別控除 ……… 320
固定資産課税台帳 ……… 298	住宅金融支援機構 ……… 403
固定資産評価審査委員会 … 299	住宅取得等資金に係る
個別的要因 ……………… 377	相続時精算課税の特例 …… 356

サ

	集団規定 ………………… 101
再開発等促進区 …………… 51	収用交換等の場合の5,000万円
採草放牧地 ……………… 219	特別控除 ………………… 312
再調達原価 ……………… 389	準景観地区 ……………… 175
最有効使用の原則 ……… 379	準工業地域 ………………… 37
3,000万円特別控除 ……… 312	準住居地域 ………………… 36
市街化区域 …………… 23, 33	準都市計画区域 …………… 28
市街化調整区域 ……… 23, 33	準防火地域 …………… 44, 153
市街地開発事業 ……… 24, 54	商業地域 …………………… 37
——等予定区域 …… 55, 95	譲渡資産 ………………… 316
——の施行区域 ………… 93	譲渡所得 ………………… 307
軸組 ……………………… 456	消費者庁長官 …………… 433
事後届出制 ……………… 194	森林法 …………………… 272
事情補正 ………………… 387	清算金 …………………… 241
地すべり地 ……………… 440	生産緑地法 ……………… 273
地すべり等防止法 ……… 271	正常価格 ………………… 380
自然公園法 ……………… 272	正常な価格 ……………… 363
自然堤防 ………………… 445	制震構造 ………………… 465
事前届出制 ……………… 205	積算価格 ………………… 388
市町村都市計画審議会 …… 61	接道義務 ………………… 142
実質賃料 ………………… 398	扇状地 …………………… 445
指定確認検査機関 ……… 185	造成宅地防災区域 …… 265, 266
時点修正 ………………… 387	造成主 …………………… 262
	相続時精算課税 ………… 354

相対的稀少性 ……………… 374
贈与税 ……………… 353
　—の配偶者控除 ……… 358
促進区域 ……………… 55
組積造 ……………… 460
措置命令 ……………… 433

タ

大都市地域における住宅及び
　住宅地の供給の促進に
　関する特別措置法 …… 271
第一種住居地域 ………… 36
第一種中高層住居専用地域 … 36
第一種低層住居専用地域 … 35
第一種特定工作物 ……… 66
耐震構造 ……………… 465
台地 ……………… 442
第二種住居地域 ………… 36
第二種中高層住居専用地域 … 36
第二種低層住居専用地域 … 36
第二種特定工作物 ……… 66
宅地 …………… 262, 376, 439
宅地造成 ……………… 262
　—工事規制区域 ……… 261
　—等規制法 ………… 261
宅地地域 ……………… 376
短期譲渡所得 ………… 309
　—の課税の特例 ……… 310
段丘 ……………… 443
断層 ……………… 441
単体規定 ……………… 164
地域地区 ……………… 35
地域要因 ……………… 375
地区計画 ……………… 50
地区整備計画 ………… 51

中間検査 ……………… 184
注視区域 ……………… 205
長期譲渡所得 ………… 309
低地 ……………… 444
鉄筋コンクリート造 …… 461
鉄骨造 ……………… 461
田園住居地域 ………… 36
転用 ……………… 221
転用目的権利移動 …… 221
同一需給圏 …………… 386
道路規制 ……………… 142
登録免許税 …………… 343
道路斜線制限 ………… 133
道路内における建築制限 … 150
道路法 ……………… 273
特殊価格 ……………… 381
特殊建築物 …………… 176
特定街区 ……………… 44
特定価格 ……………… 381
特定工作物 ………… 65, 66
特定工程 ……………… 184
特定の買換え特例 …… 315
特定用途制限地域 …… 45
特別用途地区 ………… 42
特例容積率適用地区 … 42
都市計画区域 ………… 25
都市計画事業 ………… 92
　—の事業地 ………… 94
都市計画税 …………… 301
都市再開発法 ………… 271
都市施設 ……………… 48
都市緑地法 …………… 270
土砂災害警戒区域等における
　土砂災害防止対策の推進に
　関する法律 ………… 271

土壌汚染対策法 …………………… 274	文化財保護法 …………………… 272
土石流 ………………………………… 442	壁面線の指定による建築制限 … 162
土地鑑定委員会 ………………… 362	防火構造 …………………………… 154
土地区画整理組合 ……………… 235	防火地域 …………………… 44, 151
土地区画整理事業 ……………… 231	崩落跡地 …………………………… 440
土地区画整理法 ………………… 231	補助的地域地区 …………………… 42
土地収用法 ………………………… 272	保留地 ……………………………… 241
都道府県都市計画審議会 ……… 61	
取引事例比較法 ………………… 391	

ナ

2項道路 …………………………… 147	
日影規制 …………………………… 136	
農地 ……………………… 218, 376	
農地所有適格法人 ……………… 220	
農地地域 …………………………… 376	
農地法 ……………………………… 217	
─3条 …………………………… 220	
─4条 …………………………… 221	
─5条 …………………………… 221	
のり面 ……………………………… 448	

ハ

被災市街地復興推進地域 ……… 56	
比準価格 …………………………… 391	
標準地 ……………………………… 362	
風致地区 …………………………… 45	
賦課期日 …………………………… 298	
負担調整措置 ……………………… 303	
普通徴収 ……… 283, 288, 295, 301	
不動産鑑定士 ……………………… 363	
不動産鑑定評価基準 …………… 373	
不動産取得税 ……………………… 283	
不動産の種別 ……………………… 376	
不動産の類型 ……………………… 377	

マ

見込地 ……………………………… 376
密集市街地における防災街区の整備
の促進に関する法律 ………… 275
民間施行 …………………………… 235
免震構造 …………………………… 465
免税点 …………………… 286, 299
木造 ………………………………… 455

ヤ

遊休土地に関する措置 ……194, 212
遊休土地転換利用促進地区 ……… 56
有効需要 …………………………… 374
優良住宅地
─の軽減税率 ………………… 319
─の造成等のために土地等を
譲渡した場合の長期譲渡所得
の課税の特例 ……………… 319
容積率 ……………………………… 120
用途規制 …………………………… 102
用途地域 …………………………… 35
用途変更 …………………………88, 176

ラ

流通業務市街地の整備に関する法律
……………………………………… 274
隣地斜線制限 ……………………… 134

LEC東京リーガルマインド　2021年版出る順宅士 合格テキスト ③法令上の制限・税・その他　469

林地 …………………………… 376
林地地域 ………………………… 376
類似地域 ………………………… 386

ワ

枠組壁工法 ……………………… 459

出る順—第3巻 合格ステップ索引

索引
合格ステップ索引

1	都市計画区域	27
2	準都市計画区域	30
3	区域区分の定め	34
4	用途地域	39
5	用途地域と市街化区域・市街化調整区域	40
6	用途地域を指定することによる制限	41
7	補助的地域地区	46
8	都市施設	49
9	地区計画	53
10	都市計画の決定権者	59
11	都市計画の決定手続き	62
12	開発行為の許可制	64
13	開発行為とは	68
14	開発許可の例外	73
15	開発許可の手続き①（事前手続）	79
16	開発許可の手続き②（申請後手続）	80
17	開発行為の内容の変更など	83
18	開発許可を受けた開発区域内における建築規制	87
19	開発許可を受けた開発区域以外の区域内における建築規制	90
20	都市計画事業に関連する行為制限	97
21	用途規制①	104
22	用途規制②	108
23	敷地が用途規制の異なる複数の地域にわたる場合	112
24	建蔽率の制限	117
25	敷地が建蔽率制限の異なる地域にわたる場合	119
26	容積率の制限	124
27	容積率の規制の緩和・敷地が容積率制限の異なる地域にわたる場合	128
28	敷地面積の最低限度の制限	131
29	斜線制限	135
30	日影規制	140
31	第一種・第二種低層住居専用地域等内の高さ制限	141
32	接道義務の内容	146
33	「道路」に接していない場合	149
34	道路内における建築制限	151
35	防火地域・準防火地域内における建築制限	159
36	第一種・第二種低層住居専用地域等内の外壁の後退距離の制限	162

LEC東京リーガルマインド　2021年版出る順宅建士 合格テキスト ③法令上の制限・税・その他

471

37	都市計画区域及び準都市計画区域以外の区域内の建築制限 …………… 164
38	建築物の構造 …………… 168
39	建築設備 ………………… 170
40	建築協定 ………………… 173
41	建築確認の要否 ………… 180
42	建築確認の手続き ……… 186
43	届出が必要な土地売買等の契約 ………………… 197
44	事後届出の面積要件など …………………………… 198
45	一団の土地とは ………… 202
46	届出不要の例外 ………… 203
47	事後届出制の手続き …… 204
48	事前届出制(注視区域・監視区域) …………… 206
49	注視区域・監視区域の届出手続き …………… 210
50	農地・採草放牧地の意味 …………………………… 219
51	権利移動, 転用, 転用目的権利移動 …………… 223
52	農地法3条・4条・5条の規制 ………………… 225
53	土地区画整理事業の施行者 ………………… 238
54	建築行為等の制限 ……… 239
55	換地計画 ………………… 243
56	仮換地の指定とその効果 …………………………… 250
57	換地処分 ………………… 252
58	換地処分の効果 ………… 254

59	換地処分に伴う登記等 …………………………… 258
60	宅地造成等規制法のまとめ …………………… 269
61	その他の法令上の制限のまとめ ……………… 276
62	不動産取得税の課税主体 …………………………… 284
63	不動産取得税の課税客体 …………………………… 285
64	不動産取得税の税率・課税標準・免税点 …… 287
65	住宅に係る課税標準の特例(不動産取得税) … 290
66	宅地評価土地に係る課税標準の特例(不動産取得税) ………… 291
67	固定資産税の課税客体 …………………………… 296
68	固定資産税の納税義務者 …………………………… 298
69	固定資産税の税率・課税標準・免税点 …… 300
70	固定資産税の納付期日・納付方法 …………… 301
71	住宅用地の課税標準の特例(固定資産税) … 302
72	新築住宅の税額控除(固定資産税) ………… 304
73	特別控除の特例(譲渡所得) …………… 311
74	3,000万円特別控除の適用要件 …………… 315

75	特定の買換え特例の適用要件 …… 317	
76	軽減税率（譲渡所得）…… 320	
77	住宅ローン控除 …… 323	
78	特例相互の適用関係 …… 326	
79	課税文書・非課税文書 …… 333	
80	記載金額 …… 335	
81	記載金額の取扱い …… 337	
82	契約金額を変更する契約書 …… 337	
83	納付方法・消印 …… 338	
84	過怠税 …… 339	
85	非課税 …… 340	
86	登録免許税の課税標準 …… 344	
87	納税義務者 …… 345	
88	住宅用家屋の軽減税率（登録免許税）…… 347	
89	登録免許税の納付方法 …… 348	
90	登録免許税の非課税措置 …… 349	
91	贈与税の基本事項 …… 355	
92	住宅取得等資金の贈与を受けた場合の非課税，特例の適用要件 …… 357	
93	「標準地」と「正常な価格」 …… 365	
94	地価公示の手続き …… 367	
95	公示価格の効力 …… 369

96	価格形成要因 …… 378	
97	最有効使用の原則 …… 379	
98	不動産の価格の種類 …… 383	
99	鑑定評価手法の適用 …… 384	
100	試算価格を求める場合の一般的留意事項 …… 388	
101	原価法 …… 391	
102	取引事例比較法 …… 393	
103	収益還元法 …… 397	
104	住宅金融支援機構の目的 …… 403	
105	住宅金融支援機構の主な業務 …… 406	
106	業務の委託 …… 409	
107	一般消費者を誤認させるおそれのある広告 …… 424	
108	物件の特殊性に関する表示 …… 426	
109	法令上の制限に関する表示 …… 428	
110	交通機関と所要時間に関する表示 …… 429	
111	特定用語の使用 …… 431	
112	景品類の制限及び禁止 …… 433	
113	措置命令 …… 434	
114	宅地としての適否 …… 447	
115	のり面の保護 …… 450	
116	木造建築物 …… 460	
117	建築物の構造ごとの強度 …… 463

索引

合格ステップ索引

★法改正点は本試験に頻繁に出題されています。

　法改正情報は2021年8月末予定です。

※詳しくは本書巻頭に記載のインターネット情報提供サービスをご覧下さい。

LEC東京リーガルマインド　2021年版出る順宅建士 合格テキスト ③法令上の制限・税・その他　473

出る順宅建士シリーズ

2021年版　出る順宅建士 合格テキスト　**3**法令上の制限・税・その他

1988年 5 月24日　第 1 版　第 1 刷発行
2021年 1 月 5 日　第34版　第 1 刷発行
　　　　　編著者●株式会社　東京リーガルマインド
　　　　　LEC総合研究所　宅建士試験部

　　発行所●株式会社　　東京リーガルマインド
　　　　　〒164-0001　東京都中野区中野4-11-10
　　　　　　　　　　　アーバンネット中野ビル
　　　　　　　　　☎03(5913)5011(代　表)
　　　　　　　　　☎03(5913)6336(出版部)
　　　　　　　　　☎048(999)7581(書店様用受注センター)
　　　　　振　替　00160-8-86652
　　　　　www.lec-jp.com/

　　カバーデザイン●ブルーデザイン有限会社
　　本文イラスト●髙橋　雅彦
　　印刷・製本●日本プロセス秀英堂株式会社

©2021 TOKYO LEGAL MIND K.K., Printed in Japan　　　ISBN978-4-8449-9706-1
複製・頒布を禁じます。
本書の全部または一部を無断で複製・転載等することは、法律で認められた場合を除き、著作
者及び出版者の権利侵害になりますので、その場合はあらかじめ弊社あてに許諾をお求めくだ
さい。
なお、本書は個人の方々の学習目的で使用していただくために販売するものです。弊社と競合
する営利目的での使用等は固くお断りいたしております。
落丁・乱丁本は、送料弊社負担にてお取替えいたします。出版部までご連絡ください。

勉強スタイル×試験までの期間で選べる！
2021年版 LECの宅建士本ラインナップ

勉強初期

合格のトリセツシリーズ
⑦基本テキスト
⑧基本問題集

出る順シリーズ
①合格テキスト（全3巻）
②ウォーク問過去問題集（全3巻）

とらの巻シリーズ

⑨とらの巻

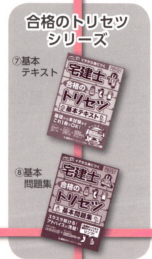

サワッと要点だけ！

しっかり万全に！

⑤一問一答○×
1000肢問題集

④逆解き式！最重要ポイント555

⑥当たる！直前予想模試

③過去30年良問厳選問題集

試験直前！

気になる商品の単品買いも、シリーズ揃えての活用もオススメです。

※画像はイメージです。

最新の法改正に対応しています！

テキスト ⇔ 問題集の反復に便利！
該当ページへのリンクを掲載！*

* ● ▲ ■ ◆ ★ の中で、同じマークがついた商品が対象です。
※商品間のリンクの詳細は、各書籍をご確認ください。
※記載された情報は、2020年11月現在のものです。予告なく変更となる可能性がございますので、ご了承ください。

【出る順宅建士シリーズ】
基礎知識の習得から条文内容の理解、試験攻略法まで！試験範囲の知識がもれなく身につく定番シリーズ。

●	▲	■			①	2021年版 出る順宅建士 in **合格テキスト**（全3巻） 宅建士の試験範囲を網羅した、詳細解説の基本テキスト。
●			◆		②	2021年版 出る順宅建士 out **ウォーク問 過去問題集**（全3巻） コンパクトで持ち運び便利！重要問題のみを収録した精選過去問集。
					③	2021年版 出る順宅建士 out **過去30年良問厳選問題集** 2021年4月発刊予定 30年間の過去問から選り抜いた良問を6回分の模試形式に凝縮。最新過去問付き。
	▲				④	2021年版 出る順宅建士 in **逆解き式！最重要ポイント555** 2021年4月発刊予定 重要ポイントを「読んで」「聴いて」覚えられる、直前期おすすめの総まとめ本。
		■			⑤	2021年版 出る順宅建士 out **一問一答○×1000肢問題集**（アプリ付） 2021年1月発刊予定 スマホで解けるアプリ付き！一問一答○×タイプのオリジナル問題集。
					⑥	2021年版 出る順宅建士 out **当たる！直前予想模試** 2021年6月発刊予定 本試験と同形式のオリジナル予想模試をたっぷり4回分収録！

【合格のトリセツシリーズ】
イチから合格のチカラをつける！試験攻略の重要知識を、やさしく、効率的に身につけるシリーズです。

				★	⑦	2021年版 宅建士 合格のトリセツ in **基本テキスト**（フルカラー）（分冊可） フルカラー&図表たっぷりで、とことん丁寧に解説したテキストです。
				★	⑧	2021年版 宅建士 合格のトリセツ out **基本問題集**（分冊可） 重要問題300問を収録し、問題の解き方がわかるように解説した問題集です。

【とらの巻シリーズ】
短期集中で学びたい方にぴったり！合格のエッセンスを凝縮した、法改正完全対応の直前期向けシリーズ。

	▲		◆		⑨	2021年版 どこでも宅建士 in **とらの巻** 2021年5月発刊予定 短時間でもポイントをおさえて覚えられる工夫が満載のテキストです。

in テキスト・インプット系書籍　　out 問題集（過去問またはオリジナル問題）
※お買い求めは、書店/インターネット/LECオンラインショップや各本校まで！

「とら」＋「模試」が効く！
夏から始める方のための
短期集中講座ラインナップ

合格まで全力疾走できる短期合格目標コース
ウルトラ合格フルコース＜全48回＞

ウルトラ速習 35時間完成講座 （15回×2.5h）	出た順必勝 総まとめ講座 （12回×2.5h）	とにかく6点アップ！ 直前かけこみ講座 （2回×2h）
短期合格を目指す 宅建スタートダッシュ講座 （3回×2.5h）	究極のポイント 300攻略講座 （3回×2h）	全日本宅建公開模試 （実戦編3回）
ウルトラ演習 解きまくり講座 （6回×2.5h）	試験に出るトコ 大予想会 （3回×2h）	ファイナル模試 （1回）

＜講座内容＞

夏から学習を始めて今年の宅建士試験に合格するためには、めったに出題されない論点や他の受験生が得点できない論点を思い切って切り捨てることが必要です。LECは、過去の出題傾向・正解率データをもとに、膨大な論点をダウンサイジングし、「合格に必要な知識」に絞り込みました。この「合格に必要な知識」を何度も繰り返し学習することで、「引っ掛け問題」や「受験生心理を揺さぶる問題」にも対応できる「合格力」が身につきます。合格まで一気に駆け抜けましょう。

①短期合格を目指す宅建スタートダッシュ講座⇒しっかり入門！
②ウルトラ速習35時間完成講座⇒短期学習の決定版！
③ウルトラ演習解きまくり講座⇒習得した知識を"使える"知識へ
④出た順必勝総まとめ講座⇒出た順で知識を総まとめ
⑤全日本宅建公開模試⇒自分の弱点を発見・克服する

⑥究極のポイント300攻略講座⇒○×チェック
⑦試験に出るトコ大予想会⇒本試験予想
⑧とにかく6点アップ！かけこみ講座⇒超直前！
⑨ファイナル模試⇒最後の予想模試

詳細はLEC宅建ホームページまたはコールセンターまで

＜別売テキスト＞

2021どこでも宅建士とらの巻	定価2,200円＋税	
2021ウォーク問過去問題集　❶権利関係	定価1,500円＋税	
❷宅建業法	定価1,500円＋税	
❸法令上の制限・税・その他	定価1,800円＋税	合計4冊／7,000円＋税

＜受講料＞

受講形態	一般価格（税込）
通信・Web動画＋スマホ＋音声DL	110,000円
通学・フォロー（Web動画＋スマホ＋音声DL）付	121,000円

※通信DVDもございます。また、通学・提携校通学の詳細はLEC宅建サイトをご覧ください。
※上記の内容は発行日現在のものであり、事前の予告なく変更する場合がございます。あらかじめご了承ください。

詳細はLEC宅建サイトをご覧ください ⇒ http://www.lec-jp.com/takken/

○×チェックでスピーディーにまとめる!

究極のポイント300攻略講座 全3回 ＜通学/通信＞

内容 合格のためには、知識を確実に身につけなければなりません。試験直前期には、その知識をより確実なものにする必要があります。この講座では、「合格に必要な知識」をさらに精錬した究極の300のポイントを示し、知識の再確認をします。

こんな人にオススメです
・合格に必要な知識を確実にし、合格を不動のものにしたい方
・直前期の勉強法に悩んでいる方

使用教材
究極のポイント300攻略講座
オリジナルテキスト（受講料込）

受講料

受講形態	一般価格(税込)	講座コード
通信・Web動画+スマホ+音声DL	14,300円	TB21571

※通学・通信DVDなどその他受講形態もございます。詳しくはLEC宅建ホームページをご覧ください。

今年も当てます!本試験!!

試験に出るトコ大予想会 全3回 ＜通学/通信＞

内容 過去問の徹底分析に基づき、LEC宅建講師陣が総力をあげて2021年度の宅建士試験に「出るトコ」を予想する講座です。復習必要度の高い重要論点ばかりで問題が構成されています。2021年度の宅建士試験合格を、より確実なものにできます。

こんな人にオススメです
・今年の宅建本試験に何がなんでも合格したい方
・一発逆転を狙う方
・2020年度宅建本試験にあと一歩だった方

使用教材
試験に出るトコ大予想会
オリジナルテキスト（受講料込）

受講料

受講形態	一般価格(税込)	講座コード
通信・Web動画+スマホ+音声DL	14,300円	TB21576

※通学・通信DVDなどその他受講形態もございます。詳しくはLEC宅建ホームページをご覧ください。

本試験前日の超直前講座!

とにかく6点アップ!直前かけこみ講座 全2回 ＜通学／通信＞

内容 2021年度宅建士試験は10月17日(日)に実施されます(予定)。本講座は、その前日、10月16日(土)に行います。本試験前日ともなると、なかなか勉強が手につかないもの。やり残した細かい所が気になってしまうのも受験生の心理でしょう。そんなときこそ、当たり前のことを落ち着いて勉強することが重要です。本講座で重要ポイントをチェックして、本試験に臨んでください。

こんな人にオススメです
・本試験に向けて最後の総まとめをしたい方
・最後の最後に合格を確実にしたい方

使用教材
とにかく6点アップ！直前かけこみ講座
オリジナルテキスト（受講料込）

受講料

受講形態	一般価格(税込)	講座コード
通信・Web動画+スマホ+音声DL	7,150円	TB21565

※通学・通信DVDなどその他受講形態もございます。詳しくはLEC宅建ホームページをご覧ください。

※上記の内容は発行日現在のものであり、事前の予告なく変更する場合がございます。あらかじめご了承ください。

■お電話での講座に関するお問い合わせ（平日9:30～20:00　土・祝10:00～19:00　日10:00～18:00）

LECコールセンター ☎ **0570-064-464**
※このナビダイヤルは通話料お客様ご負担となります。
※固定電話・携帯電話共通(一部のPHS・IP電話からもご利用可能)。

LEC Webサイト ▷▷▷ www.lec-jp.com/

情報盛りだくさん！

資格を選ぶときも、
講座を選ぶときも、
最新情報でサポートします！

▶最新情報
各試験の試験日程や法改正情報、対策講座、模擬試験の最新情報を日々更新しています。

▶資料請求
講座案内など無料でお届けいたします。

▶受講・受験相談
メールでのご質問を随時受付けております。

▶よくある質問
LECのシステムから、資格試験についてまで、よくある質問をまとめました。疑問を今すぐ解決したいなら、まずチェック！

▶書籍・問題集（LEC書籍部）
LECが出版している書籍・問題集・レジュメをこちらで紹介しています。

充実の動画コンテンツ！

ガイダンスや講演会動画、
講義の無料試聴まで
Webで今すぐCheck！

▶動画視聴OK
パンフレットやWebサイトを見てもわかりづらいところを動画で説明。いつでもすぐに問題解決！

▶Web無料試聴
講座の第1回目を動画で無料試聴！気になる講義内容をすぐに確認できます。

スマートフォン・タブレットからはQRコードでのアクセスが便利です。▷▷▷

自慢のメールマガジン配信中！（登録無料）

LEC講師陣が毎週配信！ 最新情報やワンポイントアドバイス、改正ポイントなど合格に必要な知識をメールにて毎週配信。

www.lec-jp.com/mailmaga/

LEC E学習センター

新しい学習メディアの導入や、Web学習の新機軸を発信し続けています。また、LECで販売している講座・書籍などのご注文も、いつでも可能です。

online.lec-jp.com/

LEC 電子書籍シリーズ

LECの書籍が電子書籍に！ お使いのスマートフォンやタブレットで、いつでもどこでも学習できます。
※動作環境・機能につきましては、各電子書籍ストアにてご確認ください。

www.lec-jp.com/ipad/

LEC書籍・問題集・レジュメの紹介サイト **LEC書籍部** www.lec-jp.com/system/book/

- LECが出版している書籍・問題集・レジュメをご紹介
- 当サイトから書籍などの直接購入が可能（＊）
- 書籍の内容を確認できる「チラ読み」サービス
- 発行後に判明した誤字等の訂正情報を公開

＊商品をご購入いただく際は、事前に会員登録（無料）が必要です。
＊購入金額の合計・発送する地域によって、別途送料がかかる場合がございます。

※資格試験によっては実施していないサービスがありますので、ご了承ください。

LEC全国学校案内

＊講座のお問合せ、受講相談は最寄りのLEC各校へ

LEC本校

■ 北海道・東北

札　幌本校　☎011(210)5002
〒060-0004 北海道札幌市中央区北4条西5-1　アスティ45ビル

仙　台本校　☎022(380)7001
〒980-0021 宮城県仙台市青葉区中央3-4-12
仙台ＳＳスチールビルⅡ

■ 関東

渋谷駅前本校　☎03(3464)5001
〒150-0043 東京都渋谷区道玄坂2-6-17　渋東シネタワー

池　袋本校　☎03(3984)5001
〒171-0022 東京都豊島区南池袋1-25-11　第15野萩ビル

水道橋本校　☎03(3265)5001
〒101-0061 東京都千代田区神田三崎町2-2-15　Daiwa三崎町ビル

新宿エルタワー本校　☎03(5325)6001
〒163-1518 東京都新宿区西新宿1-6-1　新宿エルタワー

早稲田本校　☎03(5155)5501
〒162-0045 東京都新宿区馬場下町62　三朝庵ビル

中　野本校　☎03(5913)6005
〒164-0001 東京都中野区中野4-11-10　アーバンネット中野ビル

新　橋本校　☎03(5510)9611
〒105-0004 東京都港区新橋2-14-4　マルイト新橋レンガ通りビル

立　川本校　☎042(524)5001
〒190-0012 東京都立川市曙町1-14-13　立川MKビル

町　田本校　☎042(709)0581
〒194-0013 東京都町田市原町田4-5-8　町田イーストビル

横　浜本校　☎045(311)5001
〒220-0004 神奈川県横浜市西区北幸2-4-3　北幸GM21ビル

千　葉本校　☎043(222)5009
〒260-0015 千葉県千葉市中央区富士見2-3-1　塚本大千葉ビル

大　宮本校　☎048(740)5501
〒330-0802 埼玉県さいたま市大宮区宮町1-24　大宮GSビル

■ 東海

名古屋駅前本校　☎052(586)5001
〒450-0002 愛知県名古屋市中村区名駅3-26-8
ＫＤＸ名古屋駅前ビル

静　岡本校　☎054(255)5001
〒420-0857 静岡県静岡市葵区御幸町3-21　ペガサート

■ 北陸

富　山本校　☎076(443)5810
〒930-0002 富山県富山市新富町2-4-25　カーニープレイス富山

■ 関西

梅田駅前本校　☎06(6374)5001
〒530-0013 大阪府大阪市北区茶屋町1-27　ABC-MART梅田ビル

難波駅前本校　☎06(6646)6911
〒542-0076 大阪府大阪市中央区難波4-7-14　難波フロントビル

京都駅前本校　☎075(353)9531
〒600-8216 京都府京都市下京区東洞院通七条下ル2丁目
東塩小路町680-2　木村食品ビル

京　都本校　☎075(353)2531
〒600-8413　京都府京都市下京区烏丸通仏光寺下ル
大政所町680-1 第八長谷ビル

神　戸本校　☎078(325)0511
〒650-0021 兵庫県神戸市中央区三宮町1-1-2　三宮セントラルビル

■ 中国・四国

岡　山本校　☎086(227)5001
〒700-0901 岡山県岡山市北区本町10-22　本町ビル

広　島本校　☎082(511)7001
〒730-0011 広島県広島市中区基町11-13　合人社広島紙屋町アネクス

山　口本校　☎083(921)8911
〒753-0814 山口県山口市吉敷下東 3-4-7　リアライズⅢ

高　松本校　☎087(851)3411
〒760-0023 香川県高松市寿町2-4-20　高松センタービル

松　山本校　☎089(961)1333
〒790-0003 愛媛県松山市三番町7-13-13　ミツネビルディング

■ 九州・沖縄

福　岡本校　☎092(715)5001
〒810-0001 福岡県福岡市中央区天神4-4-11　天神ショッパーズ
福岡

那　覇本校　☎098(867)5001
〒902-0067 沖縄県那覇市安里2-9-10　丸姫産業第2ビル

■ EYE関西

EYE 大阪本校　☎06(7222)3655
〒530-0013　大阪府大阪市北区茶屋町1-27　ABC-MART梅田ビル

EYE 京都本校　☎075(353)2531
〒600-8413　京都府京都市下京区烏丸通仏光寺下ル
大政所町680-1 第八長谷ビル

【LEC公式サイト】www.lec-jp.com/

QRコードからかんたんアクセス！

LEC提携校

＊提携校はLECとは別の経営母体が運営をしております。
＊提携校は実施講座およびサービスにおいてLECと異なる部分がございます。

■ 北海道・東北

北見駅前校【提携校】　☎0157(22)6666
〒090-0041　北海道北見市北1条西1-8-1　一燈ビル　志学会内

八戸中央校【提携校】　☎0178(47)5011
〒031-0035　青森県八戸市寺横町13　第1朋友ビル　新教育センター内

弘前校【提携校】　☎0172(55)8831
〒036-8093　青森県弘前市城東中央1-5-2　まなびの森　弘前城東予備校内

秋田校【提携校】　☎018(863)9341
〒010-0964　秋田県秋田市八橋鯲沼町1-60　株式会社アキタシステムマネジメント内

■ 関東

水戸見川校【提携校】　☎029(297)6611
〒310-0912　茨城県水戸市見川2-3092-3

熊谷筑波校【提携校】　☎048(525)7978
〒360-0037　埼玉県熊谷市筑波1-180　ケイシン内

所沢校【提携校】　☎050(6865)6996
〒359-0037　埼玉県所沢市くすのき台3-18-4　所沢K・Sビル　合同会社LPエデュケーション内

東京駅八重洲口校【提携校】　☎03(3527)9304
〒103-0027　東京都中央区日本橋3-7-7　日本橋アーバンビル　グランデスク内

日本橋校【提携校】　☎03(6661)1188
〒103-0025　東京都中央区日本橋茅場町2-5-6　日本橋大江戸ビル　株式会社大江戸コンサルタント内

新宿三丁目駅前校【提携校】　☎03(3527)9304
〒160-0022　東京都新宿区新宿2-6-4　KNビル　グランデスク内

■ 東海

沼津校【提携校】　☎055(928)4621
〒410-0048　静岡県沼津市新宿町3-15　萩原ビル　M-netパソコンスクール沼津校内

■ 北陸

新潟校【提携校】　☎025(240)7781
〒950-0901　新潟県新潟市中央区弁天3-2-20　弁天501ビル　株式会社大江戸コンサルタント内

金沢校【提携校】　☎076(237)3925
〒920-8217　石川県金沢市近岡町845-1　株式会社アイ・アイ・ピー金沢内

福井南校【提携校】　☎0776(35)8230
〒918-8114　福井県福井市羽水2-701　株式会社ヒューマン・デザイン内

■ 関西

和歌山駅前校【提携校】　☎073(402)2888
〒640-8342　和歌山県和歌山市友田町2-145　KEG教育センタービル　株式会社KEGキャリア・アカデミー内

■ 中国・四国

松江殿町校【提携校】　☎0852(31)1661
〒690-0887　島根県松江市殿町517　アルファステイツ殿町　山路イングリッシュスクール内

岩国駅前校【提携校】　☎0827(23)7424
〒740-0018　山口県岩国市麻里布町1-3-3　岡村ビル　英光学院内

新居浜駅前校【提携校】　☎0897(32)5356
〒792-0812　愛媛県新居浜市坂井町2-3-8　パルティフジ新居浜駅前店内

■ 九州・沖縄

佐世保駅前校【提携校】　☎0956(22)8623
〒857-0862　長崎県佐世保市白南風町5-15　智翔館内

日野校【提携校】　☎0956(48)5935
〒858-0925　長崎県佐世保市椎木町336-1　智翔館日野校内

長崎駅前校【提携校】　☎095(895)5917
〒850-0057　長崎県長崎市大黒町10-10　KoKoRoビル　minatoコワーキングスペース内

鹿児島中央駅前校【提携校】　☎099(206)3161
〒890-0053　鹿児島県鹿児島市中央町3-36　西駅MNビル　株式会社KEGキャリア・アカデミー内

沖縄プラザハウス校【提携校】　☎098(989)5909
〒904-0023　沖縄県沖縄市久保田3-1-11　プラザハウス　フェアモール　有限会社スキップヒューマンワーク内

※上記は2020年11月1日現在のものです。

お問合せ窓口

書籍・講座・資料のお問合せ・お申込み

○ **LECコールセンター** （通学講座のお申込みは、最寄りの各本校にて承ります）

☎ 0570-064-464

受付時間　平日 9:30～20:00　土・祝 10:00～19:00　日 10:00～18:00

※このナビダイヤルは通話料お客様ご負担となります。
※固定電話・携帯電話共通（一部のPHS・IP電話からのご利用可能）。
※LECの講座は全国有名書店や、大学内生協・書籍部でも受付しております。受付店舗についてはLECコールセンターへお問合せください。
※書店様のご注文・お問合せは、下記の**(書店様専用)受注センター**で承ります。

○ **LEC公式サイト**

www.lec-jp.com/

※書籍・講座のお申込みについてはLEC公式サイトにある「書籍・レジュメ購入」および「オンライン申込」から承ります。

QRコードから かんたんアクセス！

○ **LEC各本校** （「LEC全国学校案内」をご覧ください）

○ **(書店様専用)受注センター** （読者の方からのお問合せは受け付けておりませんので、ご了承ください）

☎ 048-999-7581　Fax 048-999-7591

受付時間　月～金　9:00～17:00　土・日・祝休み

書籍の誤字・誤植等の訂正情報について

○ **LEC書籍の訂正情報WEBサイト** （発行後に判明した誤字・誤植等の訂正情報を順次掲載しております）

www.lec-jp.com/system/correct/

※同ページに掲載のない場合は、「お問い合わせ」（www.lec-jp.com/system/soudan/）の各種フォームよりお問い合わせください。

なお、**訂正情報に関するお問い合わせ以外の書籍内容に関する解説や受験指導等は一切行っておりません**。また、お電話でのお問い合わせはお受けしておりませんので、予めご了承ください。

LECの取扱資格・検定一覧

法律系　司法試験／予備試験／法科大学院／司法書士／行政書士／弁理士／知的財産管理技能検定®／米国司法試験

公務員系　国家総合職・一般職／地方上級／外務専門職／国税専門官／財務専門官／労働基準監督官／裁判所事務官／家庭裁判所調査官補／市役所職員／理系（技術職）公務員／心理・福祉系公務員／警察官・消防官／経験者採用／高卒程度公務員

簿記・会計系　公認会計士／税理士／日商簿記／ビジネス会計検定試験®／給与計算検定

労務・キャリア系　社会保険労務士／FP（ファイナンシャルプランナー）／キャリアコンサルタント／貸金業務取扱主任者／年金アドバイザー／人事総務検定／労働時間適正管理者検定／特定社労士／マイナンバー管理アドバイザー

不動産系　宅地建物取引士（旧・宅地建物取引主任者）／不動産鑑定士／マンション管理士／管理業務主任者／土地家屋調査士／測量士補／民泊適正管理主任者／ADR調停人研修／住宅ローン診断士／土地活用プランナー／競売不動産取扱主任者／ホームインスペクター

福祉・医療系　保育士／社会福祉士／精神保健福祉士／公認心理師／心理カウンセラー／ケアマネジャー／登録販売者

ビジネス実務系　通関士／中小企業診断士／ビジネスマネジャー検定試験®／秘書検定／ビジネス実務法務検定試験®

IT・情報・パソコン系　ITパスポート／MOS試験

電気・技術系　QC検定

※上記に掲載されていない資格・検定等でも、LECで取り扱っている場合があります。詳細はLEC公式サイトをご覧ください。

企業研修

■人材開発・キャリア開発サポート
企業内での集合研修やeラーニング・通信教育の企画提案・提供
partner.lec-jp.com/

人材サービス

■プロキャリア事業部
資格や学習知識を活かした就職・転職をサポート
東京オフィス　☎03-5913-6081
大阪オフィス　☎06-6374-5912
lec-procareer.jp/

LECグループ

■事務所作りをトータルサポート　株式会社輪法
合格後の独立開業をバックアップ
☎03-5913-5801
rinpou.com/

■専門士業のワンストップサービス
士業法人グループ
新たな士業ネットワーク構築と独立支援・実務能力の養成をめざす
社会保険労務士法人LEC（エル・イー・シー）
司法書士法人法思
税理士法人LEC（エル・イー・シー）
弁護士法人LEC（エル・イー・シー）